KNAUR✳

Cristián Gálvez

LOGBUCH FÜR
HELDEN

Wie Männer neue Wege gehen

Besuchen Sie uns im Internet:
www.knaur.de

Originalausgabe Mai 2014
Knaur Taschenbuch
© 2014 bei Knaur Taschenbuch.
Ein Unternehmen der Droemerschen Verlagsanstalt
Th. Knaur Nachf. GmbH & Co. KG, München.
Alle Rechte vorbehalten. Das Werk darf – auch teilweise –
nur mit Genehmigung des Verlags wiedergegeben werden.
Umschlaggestaltung: ZERO Werbeagentur, München
Umschlagabbildung: drawport.com
Grafik vordere Klappe und Seite 38:
SEVN Agentur für Design & Marken, Köln
Satz: Adobe InDesign im Verlag
Druck und Bindung: CPI books GmbH, Leck
ISBN 978-3-426-78663-5

2   4   5   3   1

Für meine Eltern
Marthita & Sergio Gálvez

INHALT

1 DER TRAUM VOM FLIEGEN

Jeder Mann stirbt,
aber nicht jeder hat wirklich gelebt.
Braveheart

Köln 1972: Bernhard Rodenkirchen ist acht Jahre alt, als er zum ersten Mal Flughafenluft schnuppert – beim Tag der offenen Tür am Butzweilerhof, einem kleinen Flughafen am Rande von Köln. Der Hauptgewinn der Tombola: ein Rundflug in einer kleinen Propellermaschine. Knirps Bernie kommt ins Träumen, ist Feuer und Flamme. Wie gerne würde er abheben und den Himmel berühren. Am Ende gehört er nicht zu den Glücklichen, die in die Cessna steigen. Bernie bleibt Zuschauer. Doch sein Traum vom Fliegen ist geboren.

Bernie absolviert brav die Hauptschule und beginnt eine Lehre bei den Ford-Werken in Köln – wie schon der Vater. Der »Job« hat zwar viel mit Autofahren zu tun, aber nicht mit Fliegen. Bernie erledigt sein Tagwerk ordentlich, jahrelang. Sein Privatleben verläuft in ebenso geordneten Bahnen – zumindest in der Wahrnehmung seiner Freunde und seiner Familie. Aber ganz tief im Inneren spürt Bernie diese Unruhe. Irgendetwas in seinem Leben fühlt sich nicht stimmig an. Irgendetwas ist in seine Seele geraten, was ihm keine Ruhe mehr lässt. Was noch immer auf eine Antwort wartet. Was ihn zu rufen scheint. Was ihn möglicherweise glücklich machen würde.

Mit 28 Jahren betritt Bernhard dann zum ersten Mal ein Flugzeug: eine Boeing 737 der Lufthansa. Und schon steigt dieses Gefühl in ihm auf. Mit leuchtenden Augen fragt er die Stewardess neugierig und ein wenig naiv, was denn da vorne im Cockpit beim Start vor sich geht – ganz der kleine Bernie. Im richtigen Moment lässt er seinen Charme spielen. Tatsächlich kann die Purserin den Chefpiloten überreden, dass Bernie auf dem Jumpseat im Cockpit Platz nehmen darf. Endlich hat er das große Los gezogen: *Einfach nur geil,* denkt er, als die Maschine einen Ruck nach vorne macht, der ihn tief in den Sitz drückt, auf den Horizont zurast und schließlich unter den souveränen Händen des Piloten von der Startbahn abhebt. Das Gerumpel lässt bald nach; Bernie hört nur noch das leise Summen der Triebwerke. Aus dem Cockpit heraus fühlt es sich an, als würde er selbst fliegen. Bernie und die Sonne am Himmel strahlen um die Wette. Da ist es wieder dieses Gefühl: Fliegen!

Zwei Jahre später lädt ihn ein Freund zu einem Flug in einer Cessna von Weeze nach Leer-Papenburg ein. Ringsherum dröhnen die Propeller, die kleine Maschine wackelt in der Luft, und die Weiden und Kühe in der Landschaft unter ihnen scheinen mit den Händen greifbar zu sein. »Einfach geil!«, brüllt er selig durch das Röhren der Motoren.

Jetzt gibt es endgültig kein Halten mehr. Am nächsten Tag meldet sich Bernie zur Privatpilotenlizenz an. Die Fliegerei wird Teil seines Lebens. Bisher hat er immer alles getan, was von ihm erwartet wurde: eine Familie gegründet und einen Handwerksbetrieb, Kinder in die Welt gesetzt, ein Haus gebaut – ja sogar einen Baum gepflanzt. Und nun? Trotz Pilotenschein fühlt er sich noch immer »wie in einem Gefangenentransport auf Schienen, die durch ein graues Leben laufen«, wie er es später beschreibt.

Zehn Jahre später fliegt er mit Freunden nach Bukarest.

Auf dem Rückflug geraten sie in Turbulenzen. Wie im Auge des Hurrikans fühlt sich Bernie, als es um ihn herum kracht und wackelt – förmlich wie im siebten Himmel. Am liebsten würde er selbst jetzt vorne im Cockpit sitzen und den Flieger ruhig durch die Turbulenzen steuern. Sein Traum vom Fliegen braucht mehr Farbe, mehr Realität, mehr Hier und Jetzt.

Schon einen Tag später meldet sich Bernie Rodenkirchen zur Ausbildung als Berufspilot an. Mit 44 Jahren besteht er die Prüfung beim Luftfahrtbundesamt – nicht mehr der Jüngste, aber echter Pilot! Schluss mit dem Trott, mit den festen Lebensschienen, dem Gefangenentransport-Grundgefühl. Nur noch up, up and away, Technik, Himmel, Speed, die Welt von oben ... *Fliegen!* In Bernies Worten: *einfach geil!*

Heute lebt Bernie seinen Traum vom Fliegen jeden Tag. Als Geschäftsführer der Business Aircraft Charter befördert er die Schönen, Reichen und Erfolgreichen mit einem hochmodernen Jet durch die Lüfte – immer voll und ganz in seinem Element und »mitten im Leben«. Und so ganz nebenbei ist er der bessere Ehemann, der bessere Vater, der bessere Freund, der bessere Unternehmer – immer mit diesem Bernie-Strahlen im Gesicht, wie damals am Butzweilerhof.

Jeder Mann hat Träume. Aber wie kommt es, dass manche Männer ihre Träume leben und andere ihre Träume so lange verschleppen, bis sie verblassen? Wenn Träume rufen und wir dem Ruf folgen, unsere Welt verändern und dadurch bessere Männer werden, dann sind wir die Helden, die wir immer werden wollten. Von diesen Menschen handelt dieses Buch – also von Ihnen. Es geht um Veränderung zu Ihrem Besten. Fliegen Sie mit! The sky is the limit: Jeder Mann kann Held!

2 BEVOR SIE ABHEBEN

Weißt du, das Leben kann sehr hart sein, manchmal
ist es auch ungerecht, aber du hast immer die Wahl.
Du kannst entweder den harten Weg gehen
und dein Leben besser machen, oder
du kannst es schlimmer machen.
Seite an Seite

In diesem Buch geht es um ganz normale Menschen, die ihren Weg gegangen sind und ein erfülltes Leben führen. Nicht mehr und nicht weniger. Es geht um Veränderung und Lebendigkeit. Bevor Sie tief in die Prinzipien, Strategien und Wege echter Lebenshelden eintauchen, möchte ich Ihnen gerne erzählen, wie es zu diesem Buch gekommen ist.

Der Keim für dieses Buch wurde schon vor vielen Jahren gelegt. Nach meinem Studium der Betriebswirtschaftslehre, der Wirtschafts- und Sozialpsychologie in Deutschland und den USA habe ich meine Koffer gepackt, um in Hollywood den Wirkungsmechanismen der Traumfabrik auf den Grund zu gehen. Mich faszinierte schon damals die Tatsache, dass es eine Industrie gibt, die Menschen auf der ganzen Welt gleichermaßen berührt und bewegt. Damals wollte ich verstehen, wie es den Produzenten, Regisseuren und Autoren in Hollywood gelingt, Emotionen zu steuern. Die Erkenntnisse finden Sie in meinem Buch *Du bist, was du zeigst! Erfolg durch Selbstinszenierung.* In Los Angeles stieß ich damals auch erstmals auf das Werk von Joseph Campbell, dem wohl bedeutendsten Mythenforscher des vergangenen Jahrhunderts.

Campbells einzigartiger Ansatz besteht in der Entde-

13

ckung, dass alle Geschichten, Mythen und Märchen, die seit Jahrtausenden auf der ganzen Welt erzählt werden, auf dem gleichen Muster basieren. Von der Prähistorie bis in die Gegenwart, von den Eskimos in der Arktis bis zu den Beduinen in der Sahara, von den Indios in Südamerika bis zu den Aborigines in Australien beruht jede Heldengeschichte auf der gleichen Struktur.

Die Helden der Mythen führen ein Leben jenseits des Mittelmaßes. Sie warten nicht darauf, dass sich die Welt verändert – sie verändern die Welt und nehmen ihr Leben zu einem bestimmten Zeitpunkt selbst in die Hand. Dabei wachsen Helden über sich hinaus. Campbell versteht diese Entwicklung als eine Art Reise und nennt sie »Heldenreise«. Die Landkarte dieser Heldenreise verläuft über alle Kontinente und Kulturen seit Jahrtausenden nach gleichen Mustern. In seinem Hauptwerk *Der Heros in tausend Gestalten* aus dem Jahre 1949 verrät er das Geheimnis dieser Heldenreise.

Die Ersten, die dieses Geheimnis für ihren Erfolg genutzt haben, war eine neue Generation von Hollywoodregisseuren. Sie verwendeten Campbell als Blaupause, um Filme zu produzieren, die zu Blockbustern wurden. Einer der ersten großen Schüler Campbells war George Lucas, der nach seiner Anleitung die Saga *Star Wars* zu einem Megaerfolg machte. Die großen Namen der Filmbranche folgten ihm. Heute sind die Entdeckungen des Mythenforschers bei Drehbuchautoren, Regisseuren und Produzenten kein Geheimnis mehr. Auch über sechzig Jahre nach Erscheinen der ersten Auflage ist die Originalausgabe von *Der Heros in tausend Gestalten* bei amazon.com immer noch ein Bestseller. Die besten Filmemacher rund um den Globus nutzen Campbells Wahrheit für ihre kommerziellen Erfolge.

Vor allem Campbells Wahrheiten rund um die Erzählung der Heldenreise haben mich sofort fasziniert. Die kraftvolle Bedeutung seiner Gedanken für das Feld der Persönlichkeitsentwicklung wurde mir erst viele Jahre später bewusst. Durch meine Coachings, Seminare und Vorträge lerne ich seit über zehn Jahren fast täglich neue Menschen kennen. Immer wieder treffe ich dabei auch auf herausragende Persönlichkeiten, die mich mit ihren Lebensgeschichten auf besondere Weise berühren. Das sind außergewöhnliche Menschen, die offensichtlich erfüllt durch ein intensives und positiv aufgeladenes Leben schweben. Menschen, die im Laufe ihres Lebens überaus erfolgreich und glücklich wurden und besonders lebendig wirken. Menschen, die bis heute anderen als Vorbilder dienen und die Welt durch ihr Sein bereichern. Menschen, die es geschafft haben, sich selbst zu entwickeln – über sich hinauszuwachsen. Menschen wie der Unternehmer, Überflieger und Familienmensch Bernie Rodenkirchen.

Mir wurde klar, dass solche Persönlichkeiten Campbells Heldenreise durchlaufen haben. Ihre Lebensgeschichten zeigen die gleiche Struktur wie die großen Mythen, die Märchen und die Hollywood-Blockbuster. Plötzlich passte alles zusammen. Campbell schuf mit seinem Werk also nicht nur eine Blaupause für Filmemacher, sondern lieferte, ohne es zu wissen, die Struktur für ein erfülltes Leben. Die psychologischen Wirkungsmechanismen guter Geschichten und die Befindlichkeit hinter erfüllten Lebenswegen bauen auf den gleichen Prinzipien auf! Warum das so ist, werden Sie schon bald erfahren.

Campbell, Filme, Heldengeschichten und die Lebenshelden vor meinen Augen ließen mich nicht mehr los. In den letzten Jahren beschäftigten mich vor allem folgende Fragen: Wie denken, fühlen und handeln Lebenshelden? Was führt dazu, dass Menschen am Ende ihres Lebens auf ein erfülltes Leben mit Happy End blicken können? Welche Strategien, Techniken und Entscheidungen führen Menschen auf diesen besonderen Weg? Wie sieht der Heldenbauplan für den Alltag aus? Und wie kann man ein einfaches System entwickeln, von dem andere Menschen lernen können?

Um Antworten zu finden, habe ich in den vergangenen Jahren unzählige quicklebendige, lebensbejahende, lebenshungrige Menschen aufgesucht und interviewt. Dabei habe ich ihre Lebensmuster und -strategien beobachtet und analysiert. Es waren wunderbare Begegnungen, und durch jede einzelne wurde das Bild immer klarer. Einige dieser Geschichten möchte ich mit Ihnen teilen, denn sie zeigen uns, was im Leben möglich ist. Die Lebenshelden in diesem Buch habe ich nach ihren Lebenswirklichkeiten ausgewählt, denn sie zeigen auf beeindruckende Weise, was aus einem ganz normalen Leben werden kann. Alle Geschichten sind auf ihre Weise filmreif. Sie lernen einen ehemaligen Maurer und Tankstellenwart kennen, der heute der bedeutendste Namenserfinder Deutschlands für Marken und Unternehmen ist. Sie treffen einen ehemaligen Unternehmensberater, der im Alter von 34 Jahren seinen Porsche abgestellt hat, um Medizin zu studieren, und einen Kaufmann, der heute als Designprofessor die Welt ein bisschen schöner gestaltet. Sie begegnen einem Querschnittsgelähmten, der nach seiner Drogenkarriere zum Olympiasieger wurde, einem Ex-Banker, der heute in Afrika Schulen baut, und vielen mehr.

Diese Lebenshelden sind inspirierende Vorbilder. Schon Albert Bandura, der geistige Vater der Theorie des Modelllernens, zeigt, dass wir besonders gut durch Vorbilder lernen. Wahrscheinlich würden wir uns immer noch auf allen vieren fortbewegen, wenn nicht unsere entfernten Vorfahren den aufrechten Gang erlernt und diese Fähigkeit untereinander weitergegeben hätten. In den ausgewählten Lebenshelden finden Sie die Vorbilder, die auf ihre Art aufrecht durch das Leben gehen. Darüber hinaus bieten sie strukturell und inhaltlich Lösungen für wichtige Fragestellungen der persönlichen Heldenreise.

Auf der Suche nach weiteren Antworten wurde mir bewusst, dass ich beileibe nicht der Erste bin, der das Campbell-Prinzip für die Persönlichkeitsentwicklung aufgreift. Im Laufe der intensiven Auseinandersetzung mit dem Thema traf ich auf artverwandte Trainings- und Therapiemethoden, die das Konzept der Heldenreise aufgreifen. Im Rahmen meiner Forschungen habe ich gestalttherapeutische Literatur studiert und bei Seminaren über mehrere Tage »die Welle getanzt«. Häufig war ich dabei von »Mitreisenden« umgeben, die spirituellen, tanztherapeutischen und körperlichen Erfahrungen sehr nahestanden. Ich bin sehr dankbar dafür, dabei gewesen zu sein. Für viele Menschen in meinem Umfeld klingt dieser Weg zu esoterisch. Nach zahlreichen Gesprächen mit Freunden, Kollegen und den Erfahrungen aus unzähligen Coachings möchte ich Ihnen *meinen* Weg anbieten. Also, keine Angst, Sie müssen nicht die Welle tanzen oder um eine Kerze durch den Raum schreiten. Auch wenn ich davon überzeugt bin, dass solche Erfahrungen sehr wertvoll sein können.

Im Austausch mit meinen Lehrern, Weggefährten und Freunden suchte ich nach weiteren Antworten. Mein beruflicher Alltag und die damit verbundene Erfahrung aus der Arbeit mit Menschen in Coachings, Vorträgen und Seminaren sowie die psychologisch geprägte Fachliteratur, Neurowissenschaften, Männerbücher, Filmtheorien und die unterschiedlichsten Arten von Heldengeschichten gaben mir weitere Impulse.

Bis zur Fertigstellung dieses Buches war es ein langer Weg. Es freut mich, Ihnen das Ergebnis mit *Logbuch für Helden* vorlegen zu können, und es freut mich sehr, wenn Sie sich auf den Trip einlassen. Wenn sich bei den Begegnungen mit den Lebenshelden und der täglichen Arbeit mit Menschen in mir etwas gefestigt hat, dann die Überzeugung: In jedem Mann steckt ein Held.

Reise-Infos

In diesem Buch geht es nicht nur um finanziellen Reichtum. Denn Lebenshelden erkennt man nicht an schnellen Schlitten, teuren Klamotten, Bling-Bling und schon gar nicht an Sattheit und Selbstgefälligkeit. Steve Jobs, Nelson Mandela, Martin Luther King oder auch Sporthelden wie Dirk Nowitzki haben die Welt nicht für einen neuen Sportwagen, eine größere Wohnung oder eine schickere Uhr verändert. Stefan Raab, Robbie Williams oder der Gründer des Cirque du Soleil, der ehemalige Straßenkünstler Guy Laliberte haben die Unterhaltungsindustrie nicht nachhaltig geprägt, um sich auf ihrer Yacht die Plauze zu bräunen. Sie haben ihre Heldenreise angetreten, mit allen Ups und Downs, und sind als Helden daraus hervorgegangen. Nebenher sind sie finanziell unabhängig geworden. Und sie machen weiter.

Die angewandte Psychologie bietet unzählige Analysetools, um sich selbst besser zu verstehen, Potenziale zu realisieren und Karriere zu machen. Auch ich setze in vielen Fällen Analysetools ein. Männer mögen das, siehe oben. Doch die wirklich großen Helden der Weltgeschichte haben kein Verhaltensprofil erstellt, kein Assessment-Center durchlaufen, keine Motivanalyse gemacht.

Wenn Ihnen zu Beginn Ihres Heldenwegs manches ungewohnt vorkommt, dann begrüßen Sie diese Irritation als echte Wachstumschance. Tauchen Sie ein in ein neues Lerngefühl. Bedenken Sie dabei immer, dass alles, was uns altbekannt und vertraut vorkommt, uns dahin geführt hat, wo wir heute sind und vielleicht nie sein wollten. Ein neuer Weg kann nur mit neuen Impulsen und anderen Methoden gelingen.

Ihr persönliches Logbuch

Mir geht es vor allem um das »Machen«. Helden zeichnen sich durch Handlung, durch sichtbare Heldentaten aus, und diese kann man nicht aus dem gemütlichen Ohrensessel heraus unternehmen.

Das Buch schickt Sie auf eine Reise. Eine Heldenreise ist eine unbequeme Expedition, auf der es einiges zu entdecken gibt. Ich lade Sie deshalb ein, unterwegs ein Logbuch zu führen, um auf gutem Kurs zu bleiben und Ihre Gedanken zu vertiefen. Dabei ist es egal, ob Sie das gesamte Buch erst einmal durchlesen und dann die Übungen machen oder ob Sie sich innerhalb der Kapitel bereits beim ersten Lesen die Zeit dafür nehmen und sich Notizen machen.

Ihr persönliches Logbuch ist ein Schreibheft, das Sie im Verlauf der Übungen begleiten wird. Gerne dick, schön und hochwertig. Immerhin geht's um Ihr Leben. Ein Logbuch, das Ihnen gefällt. Ein vertrauter Wegbegleiter. Innerhalb der Kapitel finden Sie Übungen für Ihren ganz persönlichen Heldenweg. Je intensiver Sie sich mit den Übungen auseinandersetzen, desto wertvoller wird dieses Buch. Sie entdecken höchstwahrscheinlich eine neue »Welt der unbegrenzten Möglichkeiten«.

Wenn Sie sich wirklich Erfolge wünschen, dann gehen Sie in Aktion. Denn nur Handeln schafft Ergebnisse: »Es gibt nichts Gutes, außer man tut es«, um es mit Erich Kästner zu sagen.

Jede Reise beginnt mit dem ersten Schritt. Das *Logbuch für Helden* handelt von kleinen Schritten für eine große Sache. Kein Mensch kann den zweiten und dritten Schritt vor dem ersten machen. Entscheiden Sie sich deshalb in einem ersten Schritt, wann und wo Sie genau Ihr Heldentagebuch zum ersten Mal aufschlagen. Nach dem ersten Lesen? Beim ersten Lesen? Egal. Denn Sie wissen selbst, was gut für Sie ist. Nur werfen Sie einen Blick darauf, wie gut Sie sich an diese Selbstverpflichtung halten. Viele scheitern an den einfachsten Vorsätzen. Die Erfahrung aus der Arbeit mit Menschen zeigt, dass Konzepte und Ideen häufig als richtig und wichtig angesehen werden, aber vieles auf der Strecke bleibt. Abwarten und Tee trinken – da kommen keine Helden bei raus. Lassen Sie die Zeilen nicht einfach an sich vorbeirauschen. Handeln Sie!

Risiken und Nebenwirkungen

Die Lektüre dieses Buches birgt Gefahren. Sie könnten Ihrem Leben eine neue Richtung geben. Sie könnten sich von Vertrautem verabschieden. Wahrscheinlich werden Ihnen im Alltag immer häufiger Helden begegnen. Das liegt an den Geschichten, Beispielen und Werkzeugen in diesem Buch. Selektive Wahrnehmung nennt die Psychologie dieses Phänomen. Sobald Sie beginnen, sich einer Sache zu widmen, nehmen Sie verstärkt Muster und Gesetzmäßigkeiten wahr, die Ihre Wahrnehmung bestätigen. Unser Gehirn ist darauf angelegt – lassen Sie es für sich arbeiten! Sie werden es ohnehin nicht vermeiden können, Menschen mit Heldenzügen stärker wahrzunehmen und von ihnen im Vorbeigehen zu lernen. Mit neuen Perspektiven und geschärfter Wahrnehmung stoßen Sie höchstwahrscheinlich auf weitere Überraschungen: mehr Selbstbewusstsein, mehr Energie, mehr Lebensfreude, bessere Perspektiven, völlig neue Ziele. Außerdem besteht die Gefahr, dass Sie als Persönlichkeit wachsen. Es könnte also sein, dass Ihr Leben an Lebendigkeit und Intensität gewinnt. Wenn Sie dafür bereit sind, dann lesen Sie ruhig weiter.

Logbuch-Übung:
Ihre ersten Schritte

Entscheiden Sie jetzt, wann Sie Ihr persönliches Logbuch für Ihre Übungen kaufen werden. Sobald Sie es haben, schreiben Sie auf, was gerade anliegt. Ohne nachzudenken. Fühlen Sie in sich hinein – in sich selbst. Beginnen wir mit der einfachsten und alltäglichsten Frage: Wie geht's Ihnen?

Schreiben Sie eine Woche lang von morgens bis abends alle drei Stunden auf, wie es Ihnen mit den Dingen, die Sie gerade tun, tatsächlich geht. Beginnen Sie den Tag damit und beenden Sie ihn so. Lassen Sie sich von Ihrem Handy daran erinnern. Wenn Sie in einer Besprechung sitzen, machen Sie sich eine vorläufige Notiz. Trainieren Sie, sich und Ihren Gefühlszustand wahrzunehmen! Investieren Sie täglich fünfmal drei Minuten – in der Summe also gerade einmal eine *Tagesschau*-Länge.

Um folgende Fragen könnte es gehen: Wie fühlen Sie sich? Empfinden Sie Freude? Waren Sie so bei der Sache, dass die Zeit vom letzten Signal wie im Fluge verflog? Sind Sie müde? Fühlen Sie sich lebendig? Gelangweilt? Angestrengt? Überfordert? Unterfordert? Glücklich? Getrieben? Wichtig? Unwichtig? Was tun Sie gerade? Wie geht es Ihnen damit? Seien Sie ehrlich! Hören Sie auf Ihre innere Stimme und fragen Sie sich, ob Sie gerade zur rechten Zeit am rechten Ort sind oder sich wie im falschen Film fühlen. Sind Sie gerne zusammen mit den Menschen, die Sie umgeben? Oder sind Sie in Gedanken eigentlich ganz woanders? Versuchen Sie nicht zu analysieren oder irgendetwas vor sich selbst zu rechtfertigen, sondern nehmen Sie erst einmal nur wahr, was wahrzunehmen ist.

Die Lektüre dieser Heldenreise kann eine tragische Komponente haben – nämlich dann, wenn Sie Ihr Heldenpotenzial entdecken und trotzdem Ihre Chancen nicht nutzen. Dann sind Sie auf dem Weg zum tragischen Helden. Bisher verlief vielleicht alles wie selbstverständlich in Ihrem Leben, aber nicht mehr lange. Mittelmaß, Holzweg oder Heldenweg, einen Weg *müssen* Sie gehen! Wenn Sie sich auf den kommenden Seiten als Held bestätigt fühlen – *chapeau!* Für alle anderen wird es bald keine Ausreden mehr geben, nur noch Entscheidungen in die eine oder andere Richtung. Denn am Ende des Buches sind Ihnen die wichtigsten Schritte, Techniken, Methoden und Prinzipien für Ihren persönlichen Heldenweg bekannt. Dann liegt es nur noch an Ihnen.

Vor nicht allzu langer Zeit wühlte ich in einer Kiste mit Schätzen aus meiner Vergangenheit. Mir fiel eine Karte in die Hände, die mir meine Schwester zum fünfzehnten Geburtstag geschenkt hatte. Auf der Karte steht: *Es ist schwer, ein Held zu sein. Doch irgendjemand muss die Rolle übernehmen.* Ich wünsche Ihnen, dass Sie am Ende des Buches sagen: *Es ist nicht leicht, ein Held zu sein. Doch ein Leben im Mittelmaß ist viel schlimmer.*

3 DER HELDENBAUPLAN

Es ist schwer, das Leben eines Menschen
in seiner Bedeutung zu beurteilen.
Einige würden sagen, man misst es an denen,
die man zurücklässt.
Einige meinen, man misst es am Glauben oder an der Liebe.
Andere wiederum sagen, das Leben hätte
nicht die geringste Bedeutung.
Ich, ich glaube, man misst sich an den Menschen,
die sich ihrerseits an einem selbst messen.
Das Beste kommt zum Schluss

Die Heldenreise ist gemäß Joseph Campbell ein Modell, das man bis zu den Anfängen der Menschheitsgeschichte zurückverfolgen kann. Sie enthält so viel Wahrheit über unser Sein, dass sie über alle regionalen, nationalen und kulturellen Grenzen hinweg das gleiche Muster aufweist, vom Aufbruch über zahlreiche Abenteuer, Gefährten, Gegner und Prüfungen bis zur Rückkehr als Held.

Heldengeschichten von Homers Odysseus bis Avatar spiegeln, wer wir sind und was wir sein können. Die Helden in den großen Mythen der Welt führen uns vor, wie jemand es schafft, seine eigenen Grenzen zu überschreiten, um ein anderer, wirkungsmächtiger Mensch zu werden, dessen Heldentaten die Welt zu einem besseren Ort machen. Uns bewegen diese erzählten Wahrheiten, weil wir uns vorstellen können, selbst ein solcher Held zu sein.

Monomythen und Archetypen

Mit einem Begriff von James Joyce nennt Campbell das immer wiederkehrende Grundgerüst der Heldengeschichten Monomythos. Er umfasst die immer gleiche Matrix, den gleichen Quellcode oder das gleiche genetische Programm.

Carl Gustav Jung, der Begründer der analytischen Psychologie, verfolgte die These von den Archetypen als »Formen oder Bilder kollektiver Natur [… die] ungefähr auf der ganzen Erde als Konstituenten der Mythen und gleichzeitig als autochthone, individuelle Produkte unbewussten Ursprungs vorkommen«.[1] Frei übersetzt: Archetypen sind über alle Kulturen konstant und spiegeln das kollektive Unbewusste der Kulturen wider – ihre Volksseele, wenn man so will. Mentoren, Schwellenhüter und all die anderen archetypischen Gestalten, die Sie auch in diesem Buch kennenlernen werden, bilden ein Vorstellungsreservoir, aus dem die Menschen über verschiedene Kulturen und Zeiten wichtige Bedeutung für das eigene Leben schöpfen. Diese Archetypen gehören zur Natur des Menschen.

Mythen sind deshalb, wie Joseph Campbell einmal sagte, der »Gesang des Universums, die Musik der Sphären«. Mythen mit ihren Archetypen durchströmen unsere Träume und erklären unser Unbewusstes. Aus diesem C. G. Jungschen »Bildervorrat« schöpfen wir auch unsere Heldengeschichten. Diese archetypischen Bilder tauchen wieder auf, in Märchen, Gleichnissen, Filmen – ein bisschen anders erzählt, aber strukturell im gleichen Muster des Monomythos.

Die magische Blockbuster-Formel

Heute strömen wir ins Kino und zappen uns durch die Fernsehprogramme, um Heldengeschichten zu verfolgen, denn die Kinofilme von heute sind die Mythen von gestern. Christopher Vogler, jahrzehntelang Berater der großen Hollywoodstudios, hat in seiner *Odyssee des Drehbuchschreibers* das von Campbell formulierte Modell in eine »magische Erfolgs-Formel für Blockbuster« übertragen. Vogler benennt zwölf Stadien auf dem Weg zum Helden: die gewohnte Welt, der Ruf des Abenteuers, die Weigerung, die Begegnung mit dem Mentor, das Überschreiten der Schwelle, Bewährungsproben, Verbündete und Feinde, das Vordringen zur tiefsten Höhle, die entscheidende Prüfung, die Belohnung, der Rückweg, die Auferstehung und die Rückkehr mit dem Elixier.[2]

Der Grund, weshalb dieser Monomythos mit seinen zwölf Schritten noch heute so frisch daherkommt: Er bringt die Zuschauer ins Schwingen, er löst etwas aus. Jedes Leinwandabenteuer erzählt von dem Heldenpotenzial in uns. Ob *Indiana Jones*, *Django Unchained*, *Harry Potter*, *Les Misérables*, *Herr der Ringe* oder *Krieg der Sterne*: Wir tauchen ein in die Story des Helden, gleichen unser Leben ab mit den Handlungen und Entwicklungen auf der Leinwand. Viele Geschichten führen uns weit weg, ins Unbekannte – aber eigentlich geht es gar nicht darum, die fernste Fremde zu suchen, sondern um das tiefe, intensive Eintauchen in uns selbst.

Dabei strotzt jedes große Blockbuster-Kino wie schon die *Ilias* und die *Odyssee* von Abenteuern mit Fabelwesen und Bösewichten und einem Helden, der über sich hinauswächst. Um »realistische« Abenteuer geht es dabei gar nicht. Der Traumfabrik geht es um das Auslösen psychologischer Prozesse, und die entsprechen nun einmal unseren archetypischen Träumen: überhöht, fiktiv, abenteuerreich.

Schauen wir uns das an einem Beispiel an: Truman Burbanks gewohnte Welt in dem Klassiker *Truman Show* ist das kleine Örtchen Seahaven. Eingebettet in einem gigantischen Fernsehstudio. Dort wird er rund um die Uhr von über 5000 Kameras beobachtet. Von Geburt an ist er förmlich gezwungen, dort zu wohnen. Er kennt es nicht anders. Es ist seine gewohnte Welt. Alle Versuche, auszubrechen, werden von seinen Mitmenschen auf seltsame Weise unterbunden. Kein Wunder: Sie sind nur Schauspieler und haben die Aufgabe, den nichtsahnenden Truman innerhalb der Kulissen der *Truman Show* in seine Rolle zu pressen. Truman selbst hält das nicht davon ab, seine Welt immer intensiver zu hinterfragen, bis er sich am Ende des Films aufmacht, um eine neue »echte« Welt zu entdecken. Damit beginnt seine und unsere Heldengeschichte. Psychologisch betrachtet, fiebern wir mit, weil die Bilder unser Unbewusstes ansprechen und wir uns fragen, ob wir nicht auch in einem solchen »Dorf« hocken, in einer gleichförmigen Welt, in der irgendetwas nicht stimmt, und aus der wir am liebsten ausbrechen würden. Das bewegt uns zwischen Popcorn und Eiskonfekt.

Gut gemachte Monomythen und Archetypen docken an unser Unbewusstes an. Nicht zufällig spricht man davon, dass Zuschauer sich »in Helden hineinversetzen«: Sie identifizieren sich mit ihm, da unbewusste Anteile in ihnen aktiviert werden und sie gefühlt selbst zum Teil der Heldensaga werden. Campbells Kernbotschaft lautet: »Die Menschen gehen ins Kino, um eine Selbstoffenbarung zu erhalten.«[3] Das bedeutet: Einen guten Film erkennt man daran, dass man ihn nicht auf Abstand halten kann. Filmhelden scheinen förmlich von der Leinwand zu steigen und sich im Bewusstsein der Zuschauer festzukrallen. Die Geschichte vom Helden ist vordergründig etwas, das man konsumiert, um sich zu unterhalten, in Wirklichkeit aber eine Erzählung, die sich in unserer Seele festsetzt. Durch »Jungsche Bilder« gesteuert, lassen wir uns emotional gerne auf sie ein; wir wollen von den dargestellten Helden etwas erfahren, um für unsere eigene Heldenreise gewappnet zu sein. Es geht also nie um Indiana Jones, Rocky & Co., sondern immer um uns selbst.

Helden aus Fleisch und Blut

Deshalb bietet Ihnen der Monomythos einen Bauplan, von dem Sie lernen können. Die Heldenreise ist ein Lernprogramm für Ihren ganz persönlichen Lebensweg. Vor Ihnen liegt eine Art Heldengeburtshilfe.
Natürlich retten die symbolischen Helden der Kunst nicht die echte Welt, sondern Helden aus Fleisch und Blut. Und diese Helden tauchen in den unterschiedlichsten Gestalten auf. Erstens: die »Spontanhelden«, die mehr oder weniger zufällig in eine schicksalhafte Ausnahmesituation geraten und so mutig wie entschlossen ihr Leben einsetzen. Zweitens: die »Helden des Alltags«, die jeden Tag ihre großen und kleinen Abenteuer bestehen. Und drittens: die »Lebenshelden«, von denen Sie in diesem Buch lernen werden.

Spontanhelden

»Gern geschehen!« soll Chesley B. Sullenberger gesagt haben, nachdem der Pilot des US-Airways-Flugs 1549 gerade 155 Menschen das Leben gerettet hatte. In die Triebwerke des Linienflugs von New York nach Seattle war kurz nach dem Start ein Schwarm Kanadagänse geflogen, und der Flieger schaffte es nicht mehr zurück zur Startbahn. Stattdessen ließ Sullenberger die Maschine auf dem Hudson River notwassern. Als Letzter verließ er das »sinkende Schiff«, in diesem Fall den Airbus, und wurde für ganz Amerika der »Held vom Hudson«.

Spontane Hilfe im Angesicht möglicher Katastrophen ist etwas zutiefst Menschliches und Wichtiges. Unser Alltag mit seinen Überraschungen bietet immer wieder die Möglichkeit, spontan zum Helden zu werden. Und dennoch: Die Helden dieses Buches gehen jedoch nicht spontan, sondern bewusst auf ihre Reise. Sie machen sich auf, nicht um ein Unglück zu verhindern, sondern um glücklicher zu werden.

Alltagshelden

Sie sind *immer* Helden, zumeist jenseits des Rampenlichts. Sie haben in sich hineingehört und sich dafür entschieden, beruflich permanent im Heldenmodus zu sein. Krankenschwestern, Pfleger, Feuerwehrmänner, Erzieherinnen, Therapeuten, Ärzte und die vielen anderen sozial Berufstätigen sind jeden Tag im Heldeneinsatz, und oft geht es ihnen nicht um die finanzielle Entlohnung. Ihre Motivation beziehen sie aus dem Gefühl der Fürsorge und Verantwortung für ihre Mitmenschen. Alltagshelden sind ein wichtiger Bestandteil der Gesellschaft, und sie verdienen unseren Dank. Viele dieser Alltagshelden sind auch echte Lebenshelden.

Die Lebenshelden

Lebenshelden begeben sich im vollen Bewusstsein auf ihre Heldenreise, um ihr Bestes zu leben. Ob Odysseus, Indiana Jones oder Lebensheld: Die Struktur ist und bleibt immer diejenige, die Campbell und Vogler beschreiben. Manche dieser Lebenshelden stehen in der Öffentlichkeit, andere wiederum leben jenseits der großen Bühnen. Bei den Recherchen für dieses Buch haben mir gerade die Begegnungen mit den stillen Lebenshelden gezeigt, wozu jeder »noch so normale« Mensch in der Lage ist.

Der zweite Lebensheld in diesem Buch entspringt einer deutsch-deutschen Geschichte. 1950, als die DDR nicht einmal ein halbes Jahr alt war, erblickte Axel Mitbauer das Licht der Welt. Das Paradies des real existierenden Sozialismus wollte sich schon Klein Axel nicht so recht erschließen. Als 1961 die Mauer hochgezogen wurde, drängte er die Mutter, in den Westen zu gehen, bevor es zu spät sein würde. Sie hatte jedoch nicht »die Traute«, wie er es ausdrückt, und die vorerst letzte Chance war dahin.
Acht Jahre war Axel alt, als sein Schwimmtalent entdeckt wurde, mit zwölf Jahren gehörte er zum Nationalkader. Bei einem Wettkampf in Budapest unterhielt sich der mittlerweile Achtzehnjährige mit einem westdeut-

schen Schwimmer und Trainer. Was er nicht ahnte: Die Stasi war schon auf seinen Spuren. »Einen genaueren Lebenslauf kriegen Sie nicht als Ihre Stasiakte. Die haben genau aufgeschrieben, wie lange ich mit welchem anderen Schwimmer, ob aus dem Westen oder dem Osten, geredet habe«, erzählt er kopfschüttelnd.

Axel Mitbauer wurde schon bald verhaftet und ins dunkle Herz der Stasidiktatur, die Normannenstraße in Berlin, verschleppt. Die Befragungen verliefen so, wie man sie aus Schwarzweiß-Agentenfilmen kennt: Der Befragte wird grell angeleuchtet, die Peiniger bleiben unerkannt im Dunkeln. Zu dieser Zeit war Mitbauer Weltranglistensechster und für Olympia 1968 in Mexiko qualifiziert, aber von einer Sekunde auf die andere war sein Traum geplatzt. Sportstätten waren für ihn ab sofort verbotene Zonen.

Das Ende? Nein, der Anfang! Bei einer privaten Feier hörte er, wie sich zwei Gäste über gewisse Aussichten unterhielten: dass man »da oben«, westlich von Rostock an der Ostseeküste, bei gutem Wetter den Westen sehen könne. »Da hat es bei mir klick gemacht …« Das war sein Moment des Rufs – seine Mission: über die Ostsee in den Westen. Im Freistil in die Freiheit.

»Ich habe das nicht geplant. Ich habe das einfach gemacht.« Mit der Stasi an den Hacken setzte sich Axel Mitbauer in den Zug Richtung Rostock. Bei Schwerin nutzte er einen günstigen Moment, warf sein Bündel aus dem Zug und sprang ihm hinterher. Querfeldein, mit dem Taxi und per Anhalter erreichte er Boltenhagen an der deutsch-deutschen Ostseegrenze. Unerkannt quartierte er sich auf einem Campingplatz ein und beobachtete eine Woche lang aus dem Dickicht die Grenzbefestigungen.

Am 17. August 1969 ging Mitbauer dann ins Wasser. Ohne Kompass und Neoprenanzug schwamm er um sein Leben. Auf die Frage, was er damals dachte, antwortet er: »Ich hoffte, mein Leben wiederzufinden.« Nach 25 Kilometern durch die eiskalte Ostsee traf er auf eine Leuchtboje, an der er sich ausruhte und an den ersten Sonnenstrahlen wärmte. Einige Stunden später kreuzte die Fähre Nordland auf dem Weg von Bornholm nach Travemünde seinen Weg. Axel Mitbauer war frei.

Er studierte an der Sporthochschule Köln und wurde Trainer. Über Jahrzehnte vermittelte er dem Schwimmnachwuchs nicht nur sportliche Fähigkeiten, sondern zeigte ihm auch den Weg ins Leben. Im Verlauf des Buches werden Sie immer wieder auf Axel Mitbauer stoßen, denn die psychologischen Prozesse im Verlauf seiner Reise und die Erfolgsprinzipien und Strategien sind nichts anderes als das, was alle Helden auf ihrer Reise erleben.

Die vier K des Lebenshelden

Lebenshelden werden nicht auf einer Sänfte in die Arena getragen. Sie sind keine Superstars, Topmodels oder Casting-Sternchen, die das Schicksal auf einer Welle nach oben gespült hat. Helden sind nicht gemacht, Helden sind geworden. Aus sich selbst heraus. Das können wir von ihnen lernen. Alle Lebenshelden, die ich im Laufe der Jahre persönlich treffen durfte, sind nicht nur Campbells Bauplan gefolgt, sie zeichnen sich überdies durch vier große K aus: Klarheit, Kompetenz, Kongruenz und Konsistenz.

Klarheit

Helden verfügen über Klarheit. Sie lösen sich von den Erwartungen, die andere für sie vorsehen. Sie sehen die Welt, wie sie für sie sein soll. Die Realität um sie herum nehmen sie mit ebenso bestechender Klarheit wahr. Deshalb sind sie auch in der Lage, Entscheidungen zu treffen. Sie sind sich der Folgen bewusst. Sie sind selbstbewusst. Sie wissen, warum sie tun, was sie tun. Und diese klare Linie ist auch für ihr Umfeld erkennbar. Helden kennen die Richtung, in die es geht, haben Nah- und Zwischenziele und die Idee einer erfüllenden Zukunft. Eine Vision, der sie mit aller Klarheit folgen.

In unzähligen Filmen gibt es eine Passage, an deren Anfang Bilder, Botschaften und Informationspartikel vor dem inneren Auge des Helden durcheinander schwirren und sich nicht zu einem einheitlichen Bild fügen: eine entscheidende Situation, immer krisenhaft, in der alles auf dem Spiel steht. Schließlich wird aus der dissonanten Polyphonie eine harmonische, klare Vorstellung. Irgendwann reißen die Wolken auf. Dies ist der Moment, in dem der Held seinen Ruf hört, begreift und verinnerlicht: der Moment der Klarheit, der zu Großem befähigt.

Axel Mitbauers Moment der Klarheit war ein Partygespräch, in dem es um den unverstellten Blick in den Westen ging – ohne Stacheldraht, nur Wasser. Das stellte sein weiteres Leben auf den Kopf. Zu den Zielen dieses Buches gehört es, Ihnen diese Klarheit für Ihren Weg zu vermitteln.

Kompetenz

Helden verfügen über Fähigkeiten und Fertigkeiten. Über persönliche, soziale, fachliche wie methodische Kompetenzen. James Bond kann die Welt nur retten, weil er eine besondere Ausbildung durchlaufen hat. Axel Mitbauer konnte die Langstrecke nur deshalb bewältigen und als Held aus dem Wasser steigen, weil er jahrelang intensiv Mittelstrecke trainiert hatte. Flugkapitän Sullenberger konnte der Held vom Hudson werden, weil er 19 000 Flugstunden auf dem Buckel hatte. Substanz – nicht Schäume und Träume – ist in Sachen Heldenreise entscheidend.

Dabei muss es nicht immer jener lineare Weg sein, den die Gesellschaft vorzeichnet. Steve Jobs brach sein Studium schnell wieder ab und genoss seine Freiheit, indem er sich eine scheinbar »unnütze« Kunst aneignete:

»Weil ich keine herkömmlichen Vorlesungen besuchen musste, entschied ich mich, Kalligraphieunterricht zu nehmen. Ich lernte etwas über Schriftarten mit und ohne Serifen, wie man den Abstand zwischen unterschiedlichen Buchstabenkombinationen variiert, was herausragende Typographie großartig macht. Es war wunderschön. Es hatte Geschichte und war auf eine Weise künstlerisch subtil, wie die Wissenschaft es nicht zu erfassen vermag. Ich fand es faszinierend.«[4]

Später, als es um die ständige Verbesserung von Hard- und Software ging, wurde aus diesem überflüssigen ein äußerst wertvolles Wissen, und Jobs setzte es gewinnbringend ein bei der Gestaltung der schlicht-eleganten Oberflächen und simplen Bedienungseinheiten der Apple-Computer. Jobs hatte eben »irgendwie« geahnt, dass

Kalligraphie für ihn wichtiger sein würde als das Studium.

Neben ihren Fachkompetenzen gibt es spezifische Fähigkeiten und Fertigkeiten, mit denen Heldentypen schneller ans Ziel kommen. Das sind erlernbare Strategien und Techniken, die Sie hier lernen werden.

Kongruenz

Wahre Helden sind echte Persönlichkeiten. Die Worte »Person« und »Persönlichkeit« stammen vom lateinischen persona (Maske). Im Mittelalter wurde aus der Maske die »Person«, der die Wortzusammensetzung »per-sonare« zugrunde liegt, das Hindurchschallen, Hindurchtönen, Hindurchklingen durch die Maske.

So verhält es sich im übertragenen Sinne bei Helden. Es tönt durch, dass Inneres und Äußeres im Einklang stehen. Ihre Taten sprechen mit einer Stimme. Sie sind kongruente Personen, bei denen außen und innen identisch sind. Ex-Bundespräsident Christian Wulff sprach viel über Transparenz – und löste sie nicht ein. Karl-Theodor zu Guttenberg, Jan Ullrich und Lance Armstrong beteuerten, nicht getäuscht zu haben – und trotzdem spürten viele, dass irgendetwas Schales durch die Maske tönte. Axel Mitbauer hingegen beschloss, sich konsequent vom System der Lügen zu lösen. Er verstellt sich nicht. Das ist stimmig, das ist kongruent.

Denken und Fühlen, Inneres und Äußeres, Sein und Sollen in Einklang zu bringen – das ist eine der fundamentalsten Aufgaben des Helden und damit dieses Buches.

Konsistenz

Ein Held ist kein Fähnchen im Wind. Jeder Held durchschreitet weitreichende Veränderungen. Aber sie sind selbst gewählt und entspringen der Freiheit. Helden haben sich auf ihrem Weg geändert, sie haben ihr Leben und das Leben anderer durch ihren Mut verbessert. Im Bewusstsein dieser Veränderungen bleiben sie sich selbst treu. Ihr einmal gewonnener Ruf, der Glaube an das Richtige, die gesteckten Ziele, die Werte, die sie vertreten – das alles ist nichts, was vom nächstbesten Windhauch umgeworfen werden kann. Was Helden heute denken und tun, gilt auch morgen und übermorgen. Sie sind stabile Persönlichkeiten. Die Herausforderungen, auf die sie treffen, können und werden sich ändern, und ihr Handeln ist deshalb situationsabhängig. Aber die Gründe für ihr Handeln offenbaren ihre Persönlichkeit und ihre Identität. Solche Konsistenz entsteht vor allem über die Klarheit des Rufs.

Wendehälse und Opportunisten, die »von nichts gewusst haben«, leben in fremden Vorstellungen und wechseln sie mitunter wie das Unterhemd. Axel Mitbauer verschloss seine Augen nicht vor den Realitäten und wollte seinen Ideen, Idealen und Werten folgen – und dafür ging er ins Wasser. Jeder Mensch hat seine eigenen Ideen, Ideale und Werte. Diese spiegeln sich im Ruf. Die Übungen, Geschichten und Beispiele werden Ihnen helfen, Ihren Ruf glasklar zu hören und greifbar zu machen.

Der Heldenkompass

Um Ihre persönliche Reise besser planen zu können, werden Sie auf den folgenden Seiten den Heldenkompass durchlaufen. Er wird Sie dabei unterstützen, zukünftig in Sachen Wachstum bewusster und klarer unterwegs zu sein. Dieser Kompass schafft Orientierung. Er führt Sie durch alle wichtigen Stationen, die Helden seit Jahrtausenden durchlaufen.

Ist es ein einfacher Weg? Nein! Jedes Feld auf dem Heldenkompass kostet Kraft. Ich kann Ihnen aber jetzt schon versichern, dass Sie für Ihren hohen Energieverbrauch eine wertvolle Gegenleistung erhalten. Und zwar in der gleichen Währung. Ihre Energien sind regenerativ – und mehr als das.

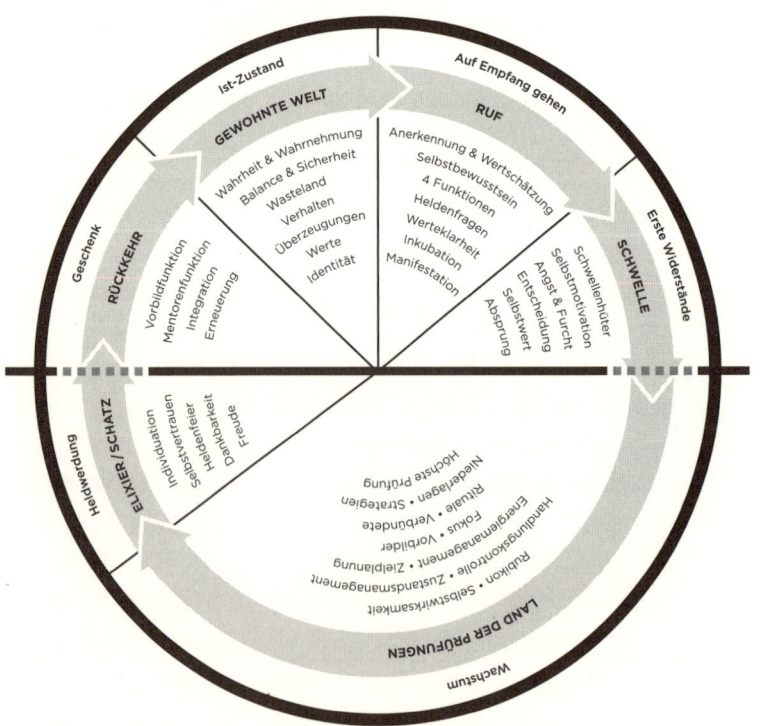

Wenn Sie dem Heldenkompass folgen, kehren Sie von Ihrer Reise stärker zurück. Weitgereiste Helden meistern ihre beruflichen und privaten Herausforderungen kraftvoller und entschlussstärker. Sie überwinden Widerstände schneller, nutzen Potenziale besser, gehen gelassener durchs Leben, treffen selbstbewusster Entscheidungen, erkennen Wachstumschancen besser und ergreifen sie schneller. Sie kommen ins Handeln. Was nicht heißt, dass ihnen zwangsläufig alles gelingt. Aber wenn sie scheitern, dann nicht, ohne gleichzeitig auch innerlich zu wachsen.

Logbuch-Check

- Die Heldenreise ist ein archetypisches Modell, das bis in die Anfänge der Menschheitsgeschichte zurückreicht.
- Über alle Kulturen hinweg, von Troja bis Hollywood, werden frappierend ähnliche Monomythen als Heldengeschichten nach dem gleichen Bauplan mit den gleichen Archetypen erzählt.
- Nach Vogler gibt es zwölf Heldenstufen: die gewohnte Welt, der Ruf des Abenteuers, die Weigerung, die Begegnung mit dem Mentor, das Überschreiten der Schwelle, Bewährungsproben, Verbündete und Feinde, das Vordringen zur tiefsten Höhle, die entscheidende Prüfung, die Belohnung, der Rückweg, die Auferstehung und die Rückkehr mit dem Elixier.
- Heldengeschichten werden erzählt, um die eigenen Energien, die eigenen Potenziale, die eigenen Heldenkräfte zu erkennen, mehr über sich selbst zu erfahren, seine eigenen Grenzen zu überschreiten, über sich hinauszuwachsen und damit die Welt ein bisschen besser zu machen.
- Von gut erzählten Geschichten lernen wir mehr als von grauen Theorieerläuterungen. Menschen lieben Geschichten, weil sie sich mit Helden identifizieren können.

- Helden zeichnen sich durch Klarheit, Kompetenz, Kongruenz und Konsistenz aus.
- Der Heldenkompass ist ein Modell für die Stationen der Reise. Er dient zur Orientierung auf dem eigenen Heldenweg.

4 DER HELDENCOCKTAIL: DOPAMIN, TESTOSTERON & CO.

Gentlemen, Sie sind die Elite,
die Besten der Besten.
Wir machen Sie noch besser!
Top Gun

Jeder Mann kommt als Held auf die Welt. Allerdings mit dem versteckten Hinweis versehen, dass nur er selbst den Helden in sich lebendig halten kann. Das klingt nach einer tollkühnen Behauptung, lässt sich aber durch die Neurowissenschaften erklären, die die männlichen Anlagen zum Helden entschlüsselt haben.

Lebenshelden begeistern vor allem mit ihrem außergewöhnlichen Verhalten. Der Heldenbauplan steht, wie Sie ihn im letzten Kapitel kennengelernt haben, für Aufbruch, den mutigen Sprung über die Schwelle, das Bestehen der Prüfungen und die damit verbundene persönliche Entwicklung. Das alles ist nur möglich, wenn der Held handelt. Jedes Handeln wird durch Emotionen gesteuert. Die Emotion Angst sorgt zum Beispiel dafür, dass wir danach handeln, Gefahren im Alltag zu vermeiden und Sicherheiten anzustreben. Komplexe Emotionssysteme bestimmen die Art und Weise, wie wir im Alltag durch das Leben gehen – als Helden, die aufbrechen, oder als Menschen, die jede Form der Veränderung scheuen. Diese bedeutsamen Emotionssysteme liegen zwischen unseren Ohren und wurden durch die Hirnforschung, einem vergleichsweise jungen und breit aufgestellten Forschungsgebiet, unter die Lupe genommen.

Schon mit einem kleinen Grundverständnis für die Hirnforschung werden Sie verstehen, warum Männer als Helden zur Welt kommen. Sie werden begreifen, warum es in der Natur des Mannes liegt, sein gewohntes Umfeld zu verlassen, den Mut aufzubringen, seinem Ruf zu folgen, um im Leben den Weg zu gehen, auf dem er sich am meisten entwickeln kann. Machen wir also einen Ausflug in die Hirnforschung und schauen den Männern unter die Schädelplatte.

Menschliche Gefühl- und Denkstrukturen basieren auf der Gehirnstruktur und einem bunten Cocktail von Hormonen und Nervenbotenstoffen. Hirnwissenschaftler sprechen von der Neuroanatomie und Neurochemie. Beides zusammen steuert das Verhalten.

Wenn Sie sich einen Porsche zulegen, gerne Achterbahn fahren und beim Sport auf dem Siegertreppchen stehen wollen, haben Sie höchstwahrscheinlich eine andere Neuroanatomie und Neurochemie, als wenn Sie ein Reihenhaus erwerben, in Ihren Bausparvertrag einzahlen und im Vorgarten ein Rosenbeet pflegen. Denn bei aller Klarheit im Denken, die uns Menschen offenbar ausmacht, vergessen wir, dass wir kaum bewusste Entscheidungen treffen. Unser Bewusstsein ist allenfalls in der Lage, unsere unbewussten Entscheidungsabläufe zu rechtfertigen. 70 bis 80 Prozent dieser Prozesse verlaufen nach herrschender Meinung unbewusst über die Emotionssysteme. Und der Rest wird auch nicht ganz so rational gesteuert, wie wir glauben. Dafür ist im Wesentlichen das limbische System verantwortlich, ein entwicklungsgeschichtlich alter Gehirnteil, der unser Denken, Fühlen und Handeln bis heute fest im Griff hat.

Männer und Frauen ticken aufgrund ihrer unterschiedlichen neuroanatomischen und -chemischen Grundausstattung von Geburt an unterschiedlich. Das ist weder eine Wertung der Geschlechter, noch bedeutet es, dass Frauen nicht auch das Rüstzeug zur modernen Heldin hätten. Moderne Helden und Heldinnen kommen allerdings durch unterschiedliche Strategien und Handlungsempfehlungen zum Ziel. Das wissenschaftliche Fundament legt sogar nahe, dass für Frauen ein Heldinnenweg von Beginn an schwerer ist. Der Mann ist von Natur aus auf dem einfacheren (Helden-)Weg, denn das männliche Gehirn bringt anatomische und chemische Voraussetzungen mit, die für Aufbruch, Veränderung und Wachstum besonders vorteilhaft sind. Schauen wir uns das mal etwas näher an.

Stimulanz, Dominanz und Balance: die glorreichen drei

Die Gruppe Nymphenburg Consult AG bietet mit den wissenschaftlichen Forschungsarbeiten unter Federführung des Neurowissenschaftlers Hans-Georg Häusel ein geeignetes Modell, das die wichtigsten Erkenntnisse der Disziplinen zusammenfasst und uns unser Denken und Handeln näherbringt. Neben sogenannten Vitalbedürfnissen wie Essen, Schlafen und Atmen sind es drei große Emotionssysteme, die uns durch das Leben führen: Stimulanz, Dominanz und Balance.

Das **Stimulanz-System** ist auf der steten Suche nach dem Neuen. Es sorgt für den »richtigen Kick«, das Prickeln. Hier regiert die Vorfreude, jene lustvolle Erwartungshaltung auf das lohnende Unbekannte! Andere Neurowissenschaftler sprechen auch vom »Belohnungssystem«. Dabei geht es weniger um die tatsächliche Belohnung als vielmehr um die *Aussicht* auf eine Belohnung. Alleine die Erwartung auf den Kick sorgt für die Ausschüttung des Neurotransmitters Dopamin. Deshalb freuen wir uns über den Anstieg auf der Achterbahn, kaufen uns die neuesten Spielzeuge und können es kaum abwarten, bis die nächste vermeintlich aufregende SMS unser Handy zum Vibrieren bringt. Dopamin sorgt auch für das besondere Gefühl bei erotischen Phantasien. Denn auch hier dominiert die Vorfreude: Die einfache Nacktheit sorgt dabei für weniger Dopaminausstoß als das verführerische Stückchen Stoff, hinter dem wir uns eine Belohnung versprechen.

Für Lebenshelden ist ein gut funktionierendes Stimulanz-System von enormer Bedeutung. Denn der Aufbruch zu neuen Ufern kann nur dann erfolgen, wenn wir eine wertvolle Belohnung erwarten. Jeder Junge kommt mit einem natürlichen Entdeckerdrang zur Welt. Ständig etwas Neues zu entdecken steckt seit frühester Kindheit in uns. Sobald die Krabbelei beginnt, werden Grenzen überwunden. Stets auf der Suche nach dem Neuen. Der amerikanische Neurobiologe Panksepp benutzt den Begriff »Seeking« für das permanente Auf-der-Suche-Sein, das den Mann prägt.

Die berauschende Wirkung von Dopamin hat aber auch Nebenwirkungen; viele Süchte finden hier ihren Ursprung. Studien weisen immer wieder darauf hin, dass Männer im Vergleich zu Frauen doppelt so häufig der Drogen-, Alkohol- oder Spielsucht verfallen. Sie brauchen offensichtlich den Kick des Neuen wie die Luft zum Atmen. Die gute Nachricht: Unseren Drang nach Rausch und Belohnung können wir nicht nur durch körperliche und psychische Süchte stillen, sondern durch ein berauschendes (Helden-)Leben.

Das zweite bedeutsame Emotionssystem setzt auf Konkurrenz und Verdrängung. Deshalb nennen es die Wissenschaftler das **Dominanz-System**. Es äußert sich durch ein Streben nach Macht und Leistung, aber auch durch Aggression. Hier findet sich beim Start ins Leben auch ein gewaltiger Unterschied zwischen Mann und Frau. Die Gehirnstruktur und der besagte Mix der Hormone und Nervenbotenstoffe sind beim Mann schon vorgeburtlich vom männlichen Geschlechtshormon Testosteron geprägt. Streng genommen ist das Testosteron kein rein »männliches« Hormon, denn auch Frauen verfügen über einen Testosteronanteil, wie auch Männer über »weibliche« Östrogene verfügen. Aber die Mischung macht's. Bei Männern überwiegt das Testosteron, bei Frauen schlagen Östrogen und Progesteron verstärkt durch. Bereits in der sechsten bis siebten Schwangerschaftswoche kommt es beim Embryo genetisch bedingt zur Herausbildung der Hoden. Das, was mal Eierstöcke werden sollten, verkümmert. Ein oftmals kleiner Unterschied, der aber gar nicht so klein ist. Denn im Hoden wird hauptsächlich das Testosteron produziert. Ab der zehnten Woche spiegelt sich der unterschiedliche Hormonmix im gesamten Körper wider. Durch die unterschiedliche Körperlichkeit bekommt das Gehirn eine zusätzliche Rückmeldung. In einem komplexen Miteinander verstärkt dieses Zusammenspiel noch im Mutterleib die Verschiedenartigkeit der Gehirnstruktur.

Männer mit einem ausgeprägten Dominanz-System präsentieren sich gerne von ihrer »starken« Seite. Ihr Ziel ist die Demonstration der Überlegenheit, die Vergrößerung der Macht, die Erhöhung des Status. Wenn wir mit

Vollgas auf der Autobahn unterwegs sind, die Tachonadel glüht und wir den Vordermann von der Überholspur wegblinken wollen, dann steuert uns gerade das Dominanz-System. Wenn wir uns über die VIP-Einladung, das große Haus und den riesigen Werkzeugkeller freuen, dann führt vor allem Testosteron die Regie. Wenn wir uns als Männer raufen, im sportlichen Wettkampf messen oder unsere Muskeln nach dem Pumpen mit Stolz im Spiegel betrachten, dann geht es weniger um Balance, Bindung, Fürsorge oder Stimulanz, sondern um Dominanz. Wenn Männer dann auch noch ihre Ziele erreichen, dann werden Endorphine ausgeschüttet. Das gute Gefühl stellt sich ein. Der Begriff »betrunken von sich selbst«, etwa bei biographischen Erfolgen, gedanklichen Höchstleistungen oder beruflichen Erfolgserlebnissen, deutet auf eine erfolgreich endorphingesteuerte Lebensweise hin.

Das dritte bedeutsame Emotionssystem stellt sich den Veränderungen des Lebens und damit der Heldenreise förmlich in den Weg: Ganz nach dem Motto »Bloß nicht zu viel Veränderung« agiert das **Balance-System.** Dieses System sucht nach Sicherheit, Stabilität und Kontrolle. Die gute Seite ist nicht zu unterschätzen, denn im Laufe der Evolution hat selbst der Mann gelernt, dass er mit seinen Energien haushalten muss. Befänden wir uns ständig auf Heldenreise, kämen wir nie zur Ruhe – nur durch den Ausgleich der Systeme (Homöostase) können wir die Energie tanken, die wir in den anderen Systemen verbrauchen. Ergo: Wann immer wir uns nach Sicherheit, Stabilität und Geborgenheit sehnen, meldet sich unser Balance-System. Es sorgt dafür, dass wir den Gefahren aus dem Weg gehen und uns die Gewohnheiten zu eigen machen, die uns durch das Leben führen. Wir kaufen Versicherungen, tragen Helme, benutzen Kondome, gehen zur Vorsorgeuntersuchung und haben Sicherheitscodes für unsere Smartphones, denn wir wollen prinzipiell nicht vom Leben unangenehm überrascht werden.

Bei starkem Ungleichgewicht entwickeln sich Angst, Stress und Furcht. Diese Reaktion hat sich evolutionär bewährt. Wenn Sie zum Beispiel gedankenverloren durch einen Park spazieren und plötzlich der Tiger vor Ihnen steht, liefert die Amygdala, ein Kerngebiet tief in Ihrer Hirnstruktur, eine Riesenportion Cortisol und Noradrenalin. Dieser Cocktail bildet eine Art Energieturbo, der Sie noch ein bisschen schneller laufen oder beherzter den Kampf aufnehmen lässt, je nach Flucht- oder Angriffsreflex. All das sorgt für einen Gewinn an Sicherheit. Neurowissenschaftler betonen gerne, dass sich seit den Zeiten des Säbelzahntigers nicht wirklich viel verändert hat. Die menschlichen »Programme« laufen seit Tausenden von Jahren evolutionsbedingt gleich ab.

Ein interessanter Baustein für Männer ist das zum Balance-System zurechenbare Bindungsmodul. Hier hat sich die Natur von ihrer cleversten Seite gezeigt, denn Prolactin, GABA, Cortisol und Oxytocin übernehmen dort die Steuerung. Das wohl bekannteste Hormon ist Oxytocin, auch als »Kuschelhormon« bezeichnet. Frauen und Babys erleben den Oxytocinrausch bei der Geburt. Forscher gehen davon aus, dass das Hormon die Bindung zwischen Mutter und Kind sowie zwischen Mann und Frau fördert. Denn auch beim »Liebemachen« sorgt Mutter Natur bei Mann und Frau für reichliche Oxytocinschübe. Dank dieses Hormons fühlt sich der Mann seiner Partnerin verbunden, was zu einem deutlichen Sicherheitsgewinn für alle Beteiligten führt.

Das bedeutet: Dem Testosteron-Gegenmittel Oxytocin ist zu verdanken, dass Männer nicht direkt zur nächsten Begattung aufbrechen.

Um jetzt nicht einem Nervenbotenstoff die gesamte Verantwortung für Treue zuzuschreiben, sollte noch Vasopressin genannt werden. Solange die Frau mit dem Baby beschäftigt ist, sorgt dieses Hormon beim Mann für Nestverteidigung und wird deshalb gerne »Monogamie-Molekül« genannt.

Das »Bindungsmodul« ist also Teil des Balance-Systems. Es sorgt für Bindung und damit für Stabilität und Sicherheit durch Anschluss. In der Gruppe fühlen wir uns sicher. Wenn Männer sich Trikots ihrer Lieblingsvereine überziehen, gemeinsam Bier trinken oder schweigend mit anderen Männern um den Schwenkgrill stehen, dann zeigt sich das Balance-System mit seinem Bindungsmodul von seiner besten Seite.

Logbuch-Übung:
Erkennen Sie eine Emotionsdominanz?

Streifen Sie gedanklich durch die großen Stationen und Entscheidungen Ihres Lebens. Haben Sie eine Idee, welches Emotionssystem bei Ihnen besonders stark ausgeprägt ist? Gehören Sie zu denen, die über ein besonders stark ausgeprägtes Stimulanz-System verfügen? Sind Sie permanent auf der Suche nach dem Neuen? Oder sind Sie in Ihren Entscheidungen sehr stark durch Sicherheits- und Stabilitätsdenken geprägt? Regiert bei Ihnen das Balance-System? Oder gehört Erobern, Kämpfen und Gewinnen zu Ihren Leidenschaften? Verfügen Sie über ein starkes Dominanz-System? Zeichnen Sie in Ihr Logbuch drei nebeneinanderstehende Säulen, die ihre Einschätzung widerspiegeln. Welches Emotionssystem ist Ihrer Einschätzung nach bei Ihnen besonders stark ausgeprägt?

Es scheint offensichtlich, dass für den Helden ein ausgeprägtes Balance-System bremsend wirkt. Denn ein Heldenleben bedeutet immer Risiko, Instabilität und Unwägbarkeiten. Odysseus, Harry Potter, Indiana Jones und Captain Kirk wären niemals aufgebrochen, wenn bei ihnen ein stark ausgeprägtes Balance-System auf Sicherheiten, starre Regeln und doppelten Boden gesetzt hätte: Dopamin und Testosteron waren hier die Antreiber.

Und genau das ist es, was Männern vorgeburtlich in die Wiege gelegt wurde. Die Dominanz- und Stimulanz-Systeme gehören zur Startausrüstung. Deshalb denken, fühlen und verhalten sich Jungen und Mädchen bereits in den ersten Jahren völlig unterschiedlich. »Typisch Junge« ist beim Start ins Leben keine leere Floskel. »Typisch Junge« zeigt sich im Verhalten. Es ist von der Natur so vorgegeben. Der deutsche Hirnforscher Gerald Hüther drückt es in einem Satz aus: »Männer machen sich schon als kleine Jungen mit mehr Antrieb auf einen etwas anderen Weg.«[1] Dieser »kleine Junge« will die Welt entdecken, gestalten und sich damit zusätzlich Halt verschaffen. Er ist chronisch unangepasst an eine stabile, starre, bürokratische oder standardisierte Umwelt. Der »kleine Junge« träumt nicht vom Reihenhaus mit gepflegtem Vorgarten, sondern von der großen Burg mit breitem Wassergraben als Ausgangspunkt seiner vielen Abenteuer. Jungen haben von Geburt an den natürlichen Drang zur Heldenreise.

Wie kommt es nun, dass trotz der Startvoraussetzungen sich Männer im Alter so unterschiedlich verhalten? Bei dem einen überwiegt ein ausgeprägtes Dominanz-System mit einer Megaportion Testosteron. Er lebt nach der ehrgeizigen Devise »Hauptsache Erster«. Bei dem anderen hat das Stimulanz-System eine durchschlagende Wirkung. Auf der chronischen Suche nach der nächsten Belohnung gibt er sich den verlockenden Überraschungen des Lebens hin: »Immer wieder neu. Immer wieder aufregend.« Und dann gibt es in einer ausgeprägten Form den Typ »Bewahrer« mit einem ausgeprägten Balance-System. Die Wissenschaftler nennen ihn den »Harmonizer«. Bloß keine Veränderung. Hauptsache, alles ist und bleibt stabil. Bindung, Fürsorge und Harmonie lenken die Entscheidungen und damit das Verhalten. Wie kommt es also, dass im Laufe der Jahre viele Männer ihren natürlichen Drang verlieren, für ihre Traumburg zu kämpfen?

Die Forschung geht davon aus, dass uns etwa 40 bis 50 Prozent der Emotionssysteme in die Wiege gelegt wurden. Trotz eines von Geburt an ausgeprägten Dominanz-Systems hat sich bei vielen Männern ein starkes Balancesystem im Laufe des Lebens entwickelt. Denn die Neuroanatomie und Neurochemie verändert sich mit den Angeboten des Lebens. Umfeld, Erziehung, Ereignisse, Erfahrung, Schicksalsschläge, Krankheiten, Veränderungen und alles, was unsere gewohnte Welt an Reizen zu bieten hat, formen sich zu neuen Verknüpfungen und Synapsen, die uns zu den Männern machen, die wir heute sind. Die Wissenschaft nennt das »Neuroplastizität«. Deshalb ist auch nicht alles im Leben von Geburt an gegeben. Viele förderliche und bremsende Seiten entstehen über die Jahre durch die Angebote, die wir annehmen und nutzen. Unser Gehirn bildet sich schließlich weiter, formt sich und macht uns zu den Persönlichkeiten, die wir heute sind. Hirnbildung schafft Persönlichkeit.

Logbuch-Übung:
Wie war der »kleine Junge«?

Wer den Heldenweg beschreitet, will vor allem eines: mehr Lebendigkeit. Werfen Sie einen Blick auf Ihre frühesten Kinderfotos. Vielleicht haben Sie sogar Filme aus Ihrer Kindheit, Videos, DVDs oder Super 8. Was sehen Sie? Wie sehen Sie sich? Entdeckerdrang? Freude? Lebendigkeit? Neugierde? Wachstum? Entwicklung? Oder blicken Sie auf ein Kind, das seinen Laufstall am liebsten nie verlassen hätte? Manchmal tut es gut zu sehen, mit welcher Selbstverständlichkeit wir damals aufgebrochen sind. Jeden Tag eine kleine Heldenreise.

Wenn Sie nun das Gefühl beschleicht, dass Ihr natürlicher Entdeckerdrang unterwegs ein wenig auf der Strecke geblieben ist, liegt das mit großer Wahrscheinlichkeit daran, dass Ihre Lebenswelt Ihnen eine Vielzahl an Angeboten unterbreitet hat, die ausgerechnet Ihr Balance-System über Jahre gestärkt haben.

Mit einer solchen Neuroanatomie und -chemie zwischen den Ohren geht Ihnen das Thema Stabilität im wahrsten Sinne des Wortes »nicht mehr aus dem Kopf«. Jede Form der Veränderung greift ein in die Balance Ihres Lebens, kostet Energie, und die gilt es zu erhalten. Die schlechte Nachricht: Eine Welt, die so angelegt ist, zeigt keine Wege in ein Land der Prüfungen. Erst jenseits der alltäglichen Sicherheiten finden Wachstum, Entwicklung und das lebendige Leben statt.

Die gute Nachricht: Jüngste neurowissenschaftliche Forschungsergebnisse beweisen, dass das Gehirn täglich bis ins hohe Alter dazulernt. Von einfachen bis komplexen Mustern bietet es uns enormes Entwicklungspotenzial. Neuroplastizität bedeutet nicht nur in jungen Jahren, sondern auch heute noch: Unser Gehirn entwickelt sich gemäß unserer Lebensweise – jederzeit. Und deshalb lässt sich jedes noch so starke Balance-System im Gehirn durch neue Angebote in Richtung Entdeckerdrang formen.

Sie erinnern sich an die ersten beiden Sätze dieses Kapitels? Jeder Mann kommt als Held auf die Welt. Allerdings mit dem versteckten Hinweis versehen, dass nur er selbst den Helden in sich lebendig halten kann. Lebenshelden verschaffen sich die richtigen Angebote, aus denen sie schöpfen können. Balance ist wichtig. Doch für Wachstum, Veränderung und Lebendigkeit gilt es, Grenzen zu durchbrechen. Dopamin und Testosteron sind dabei Ihre natürlichen Weggefährten und begleiten Sie schon vorgeburtlich. Männer möchten von Natur aus wachsen – höher, schneller, weiter und über sich hinaus. Ein wesentlicher Schlüsselfaktor für die Hirnbildung ist Begeisterung. Menschen brauchen Angebote, die sie begeistern. Dieses Buch macht Ihnen und Ihrem Gehirn Angebote, die Sie in neue Richtungen denken, entscheiden und handeln lassen. Vorausgesetzt, Sie springen auf die Angebote an und Sie lassen sich von der Begeisterung der Lebenshelden anstecken.

Bei allem, was wir tun und heute sind, stellt sich nur eine entscheidende Frage: Wie haben die Angebote des Lebens Ihr Gehirn gebildet? Welche Angebote haben Sie aufgenommen? Was hat das Leben aus Ihren heldenhaften Startvoraussetzungen gemacht? Was ist verschüttet und schlummert noch in Ihnen? Diese Fragen führen uns direkt in Ihre gewohnte Welt, das »Dorf«, das Sie zu dem gemacht hat, der Sie heute sind. Im übernächsten Kapitel werfen Sie aus den unterschiedlichsten Perspektiven einen Blick auf die Angebote Ihrer gewohnten Welt. Schauen wir auf das, was Sie geformt hat, zu dem, der Sie heute sind. Doch vorher geht's um Erfolg und Erfüllung.

Logbuch-Check

- Sie wissen, dass menschliches Handeln durch Emotionssysteme geprägt wird.
- Sie kennen die großen drei steuernden Systeme: Balance-, Stimulanz- und Dominanz-System.
- Vielleicht haben Sie ein Gefühl dafür, welches System Ihr Handeln derzeit dominiert.
- Sie wissen, dass die Emotionssysteme von Geburt an unser Verhalten beeinflussen.
- Der Entfaltungs- und Entdeckungsdrang wurde dem Mann mit seiner Neuroanatomie und Neurochemie in die Wiege gelegt. Der Mann ist von Natur aus nicht auf Stabilität und Sicherheit aus. Der Heldenweg mit allen Veränderungen, Risiken und Überraschungen liegt in Ihnen!
- Sie wissen aber auch, dass die Angebote des Lebens und wie wir sie aufgenommen haben, uns zu dem gemacht haben, was wir heute sind. Vieles haben wir verlernt!
- Die Neuroplastizität zeigt, dass wir das, was wir verlernt und verloren haben, neu lernen können. Wir können unser Gehirn auch im hohen Alter immer noch formen. Der einfachste Weg auf dem Weg zu neuem Fühlen, Denken und Handeln geht über Begeisterung.
- Lassen Sie sich von den Helden in diesem Buch neu begeistern!

5 ERFOLGREICH ODER ERFÜLLT?

Eines weiß ich.
Als er starb, waren seine Augen geschlossen,
aber sein Herz war offen.
Das Beste kommt zum Schluss

Wenn Sie das Gefühl beschleicht, in Ihrem Leben könnte irgendetwas besser laufen, befinden Sie sich in guter Männergesellschaft. Denn dieses Gefühl spricht dafür, dass Ihr Stimulanz- und Dominanz-System intakt ist. Sie sind dabei zu entdecken, welche Möglichkeiten Sie haben, und bereit, Ihre Welt zu verändern. Sie sind auf dem besten Weg, mit Begeisterung und Leidenschaft durch das Leben zu gehen und Ihre Spuren zu hinterlassen, darin besteht Ihre Perspektive.

Auch Thomas Schneider hatte irgendwann das mulmige Gefühl, dass irgendetwas in seinem Leben besser laufen könnte. Im Alter von 34 Jahren ist in ihm etwas vorgegangen, das sein Leben auf den Kopf gestellt hat. Dabei verlief nach der Schule erst einmal alles in ganz ruhigen Bahnen. Ganz gewöhnlich. Weil er nicht genau wusste, was er studieren sollte, entschied Schneider sich für Wirtschaftsinformatik und wurde anschließend Unternehmensberater. Schon bald stellte sich Erfolg ein; Thomas Schneider verdiente ordentlich Geld, trug teure Anzüge, fuhr Porsche und flog in der Welt herum. Stunden verbrachte er auf der Autobahn; zwischen seinen recht ähnlichen Projekten spürte er, dass in seinem Leben etwas nicht stimmte. Der Job brannte ihn zunehmend aus, er fühlte sich platt. Bereits im Alter von

34 Jahren beschloss er, »nie wieder eine PowerPoint-Präsentation zu basteln«. Schneider hängte seinen Karrierejob an den Nagel, gab den Porsche zurück und bestieg das Fahrrad. Denn er hatte andere Pläne. Sehr konkrete Pläne, die ihn strahlen ließen. Er wollte Menschen heilen. Und er zog es durch: Er tauschte Anzug gegen Pflegekittel, begann ein Medizinstudium und heiratete; noch während des Studiums kam das erste Kind, was eine weitere finanzielle Einschränkung seiner Lebensverhältnisse bedeutete. Doch seitdem ist Thomas Schneider glücklich und erfüllt von seinem neuen, komplett selbstbestimmten Leben. Obwohl der ehemalige Unternehmensberater mit seinen 38 Jahren noch immer Medizin studiert, fühlt er sich »dem Paradies ein bisschen näher«. Schon bei den Urvölkern fühlten sich die Menschen manchmal abgeschnitten von dem, was man in der jeweiligen Kultur unter »Paradies« verstand. Auch hier begegnen wir dem archetypischen Phänomen, dass in der Volksseele aller Menschen das Gleiche vorgeht. Kulturübergreifend haben Menschen eine »Ahnung« von einer besseren Welt (den Begriff »Ahnung« leitet C.G. Jung übrigens direkt von den »Ahnen« ab, die den Jüngeren ihre Erfahrungen weitergeben). Und es gibt sehr unterschiedliche Vorstellungen von diesem besonderen Ort oder Zustand: Garten Eden, Paradies, Traumzeit, Ursprung, Zeit der Urahnen.

Wenn die Menschen in vorgeschichtlicher Zeit sich dem paradiesischen Zustand besonders fern fühlten, kamen die Schamanen, Medizinmänner, Zauberinnen und Priester ins Spiel. Sie vollführten sogenannte Initiationsriten, um den Stammeszugehörigen ein Gefühl von Erfülltheit zu geben. Dabei weckten sie nur, was ohnehin in den Menschen steckt. Denn ähnlich wie Thomas Schneider brauchten auch damals schon die Menschen hin und wieder mal eine Phase der bewussten Auseinandersetzung mit dem Leben, um festzustellen, dass sie möglicherweise nicht auf dem Helden-, sondern auf dem Holzweg sind.

In den Initiationsriten der Urvölker sollten Menschen vor allem über eine schwierige Lebensschwelle geführt werden. Priester, Schamanen und Zauberer setzten bei diesen interaktiven Übergangszeremonien auf sehr symbolträchtige und meist auch blutige Spezialeffekte, um das Beste aus den Menschen herauszuholen. So wurden Heranwachsende ganz gezielt in ihre Männerrolle eingewiesen, indem die Älteren sie aus ihrer gewohnten Dorfumgebung voller Geborgenheit und Fürsorge an die Grenzen des Dorfes führten, um mit ihnen bestimmte Initiationsriten durchzuführen – eine Art Junggesellenabschied, der ihnen eine ganz konkrete Rolle zuwies: Mann zu sein.

Heute würde man bei solchen Veranstaltungen von einem »Event« oder im therapeutischen Kontext von einem »Psychodrama« sprechen: ein interaktives Mitmachtheater mit hoher Erlebens- und Erfahrungsqualität. Mit solchen oftmals rauschhaften Zeremonien machte man seit Jahrtausenden Menschen mit dem Ziel, Verborgenes in sich selbst neu zu entdecken, absichtlich völlig strubbelig im Kopf. Im Grunde genommen gingen die Menschen damals zu ureigenen Stammesseminaren, -workshops oder -trainings, wenn sie spürten, dass irgendetwas im Leben nicht stimmte. Sie klopften bei den Schamanen an die Tür, um einen Teil ihres alten Denkens, Fühlens und Handelns sterben zu lassen, um mit neuem Denken, Fühlen und Handeln erfüllter durch das Leben zu schreiten.

Wenn ein Mann wie Thomas Schneider seine Identität

als Unternehmensberater sterben lässt, um als Mediziner ein erfüllteres Leben zu führen, ist das genau ein solcher Übergang. C.G. Jung würde sagen: »Das alte Ich stirbt. Sein Selbst erwacht. Ein Prozess der Individuation.« Es geht also um eine charakterliche Entwicklung, eine Phase im Leben, in der es etwas Wichtiges zu entdecken gibt. Eine Phase, in der wir uns verändern. Diejenigen, die sich aufmachen, um einen neuen Horizont zu erforschen und ihr Leben dadurch zu verändern, sind Helden. Sie brechen auf, sie sind neugierig.

In welchem Maße Übergangsrituale für die psychische Entwicklung und das Selbstverständnis von Bedeutung sind, merken wir bei den kleinen Übergängen im Leben. Wenn Sie in Gedanken Ihre Kindheit und das Erwachsenwerden Revue passieren lassen, dann sind die häufig genannten Riten der heutigen Zeit der Kindergarten, die Schultüte, der dreizehnte Geburtstag (endlich »Teenie«), der achtzehnte Geburtstag (endlich volljährig), der Führerschein, Schulabschluss, Ausbildung, Studium … immer lassen wir endgültig etwas hinter uns, weil vor uns etwas Neues liegt. Hinzu kommen in unserem Kulturkreis die Riten, die uns die Kirchen durch ihre Sakramente anbieten: Kommunion oder Konfirmation, Hochzeit, das sind Dinge, zu denen Familien- und Freundeskreise eingeladen werden, um Zeugen für die Veränderung zu haben – und diese wissen wiederum um die Bedeutung dieser »Events«. Überall dort bieten sich Möglichkeiten, wichtige rituelle Erfahrungen zu machen und für einen kurzen Moment Erfülltheit zu spüren.

Riten sind für die psychische Entwicklung des Menschen von enormer Bedeutung, denn in diesen Momenten plätschert das Leben nicht weiter vor sich hin. Wir machen Erfahrungen, die unser Bewusstsein schärfen und unsere

Persönlichkeit formen. Wer in seiner Kindheit bei rituellen Übergängen nicht die nötige Aufmerksamkeit, Anerkennung und Liebe symbolhaft durch Feiern, Geschenke oder Anwesenheit erhalten hat, dem fehlt häufig eine wichtige Ressource im Leben. Denn Riten schenken uns Kraft, Selbstbewusstsein und ein Gefühl von Selbstwirksamkeit. Wir brauchen das. Es liegt in uns.

Dem Schamanenzauber mit Hühnerblut und Maske ist zwischenzeitlich die Magie genommen. Man zeigt sich heute aufgeklärter. Menschen erfahren ihren »Übergang« in ein anderes Lebensstadium nicht mehr in geheimen Urwaldhöhlen. Transformation ist jedoch ein elementarer Bestandteil unserer Entwicklung geblieben. Neben den Riten des Lebens, die Übergänge markieren, vermitteln uns Erzählungen und Parabeln aus Literatur, Theater und Film, worum es bei menschlichen Veränderungen geht. Denn die weniger blutrünstigere Form der Transformation findet statt, wenn bei Geschichten etwas in uns ins Schwingen kommt, wenn wir uns mit Erzählungen und Figuren identifizieren. Filme sind eine Art passives Mitmachtheater, ein visuelles Erlebnis, in dem uns Figuren und Helden Identifikationsangebote stellen – oder sogar selbst eine Entwicklung durchlaufen. Wenn wir ins Kino gehen und uns eine Heldengeschichte ansehen, dann setzen wir uns in gewisser Weise, mit Popcorn bewaffnet, wieder in die dunkle Höhle, um durch den Zauber Hollywoods in ein Übergangsritual einzutauchen – und dank 3-D-Technologie werden wir fast spürbar selbst ein Teil der Geschichte. Eine gut erzählte Geschichte löst in uns das Gefühl aus, dem Leben und seinen Verästelungen nah zu sein und selbst einen Platz darin zu haben: »Eine der wahrhaft magischen Kräfte des Geschichtenerzählens liegt eben in dem

Umstand, dass Autoren jeden einzelnen Menschen im Publikum dazu bewegen können, einen Teil seines Egos auf die Figur zu projizieren, die er da auf der Bühne, der Leinwand oder in dem Buch beobachtet.«[1]

Das hat wenig mit esoterischem Schamanenzauber zu tun als vielmehr mit einem jahrtausendealten, sehr bewährten Bedürfnis nach unverfälschtem Wachstum aus uns selbst heraus. Die Heldenreise stillt diese Sehnsucht. Dann geht es uns gut. Oder wie Bernie Rodenkirchen, der ehemalige Hauptschüler mit Pilotenlizenz und eigenem Jet zu sagen pflegt: »Einfach nur geil!« Wenn wir voller Überzeugung fast täglich in unserem Leben so etwas hinausbrüllen können, dann ist das Paradies ein Dauerzustand. Und genau darum geht's.

Die vier Funktionen echter Lebenshelden

Aber was genau stimmt denn da eigentlich nicht, wenn man das Gefühl hat, es fehlt etwas im Leben? Was fehlt uns zum Glück, wo genau setzt die eigene Erfüllung an? Wo ist der Unterschied zwischen erfolgreich und erfüllt, bewegt, beseelt? Und welche konkrete Veränderung könnte dafür sorgen, dass wir am Ende unser bestes Selbst leben?

Hier kommt die Zahl Vier ins Spiel, die in alten Mythen große Bedeutung hat. Auch Joseph Campbell wies immer wieder darauf hin, dass die Mythenwelt sich fast ausschließlich »vierfältig« darstellt. Auch dabei handelt es sich um eine archetypische Gesetzmäßigkeit über alle Kulturen.

Denken Sie einmal darüber nach, wie häufig im Leben

Ihnen die Zahl Vier begegnet: Ein vierblättriges Kleeblatt macht glücklich, vier Himmelsrichtungen zeigen uns den Weg, vier Jahreszeiten bestimmen unseren Lebensrhythmus. Menschen wurden geviertelt, um ihre Ganzheit zu zerstören; die ideale Besetzung einer Boyband: vier; *Sex and the City* – vier Frauen für alle Lebenslagen. Fragen Sie kleine Kinder nach der Größe einer idealen Familie, dann antworten die meisten mit »Mama, Papa und zwei Kinder«. Wenn Sie in einer Filmdatenbank in der Titelsuche »Vier« eingeben, tauchen über 250 Titel auf. *Lassie – Held auf vier Pfoten* hätte mit drei Pfoten auch wirklich Schwierigkeiten gehabt. Erst *Drei Männer und ein Baby* rocken die Komödie. Und auch *Die drei Musketiere* waren erst mit dem vierten im Bunde so richtig komplett.

Die Zahl Vier steht in vielen Kulturen für Ganzheit. Kein Wunder, dass auch der Mensch in seiner Ganzheit vierfältig daherkommt, nämlich als ein Wesen, das sich aus Körper, Geist, Herz und Seele zusammensetzt. Das sind die vier Funktionen, aus denen die Helden gemacht werden.

Die großen Mythen der Antike und die erfolgreichsten Streifen Hollywoods erzählen Geschichten von Helden, die einen Mangel in sich spüren: Mindestens eine dieser vier Komponenten ist unterentwickelt, aus dem Ruder, nicht in Einklang mit den anderen drei, oder verkümmert. Das ganze Bestreben von Helden liegt darin, Körper, Geist, Herz und Seele wieder in Einklang zu bringen. Wenn einer oder mehrere dieser Wesenszüge verletzt wurden, entsteht ein Mangel, den der Held auf seiner Reise wieder auffüllt. Wenn wir von einem »Leben in Fülle« sprechen, dann meinen wir genau das. Erfüllung bedeutet nichts anderes als die vollkommene Ausgeglichenheit zwischen Körper, Geist, Herz und Seele; C.G. Jungs »vier Funktionen des menschlichen Seins«.

Das Ich besteht nach Jung aus vier sogenannten Basisfunktionen, die bei jedem Menschen unterschiedlich stark ausgeprägt sind: die Wahrnehmungsfunktion, die Denkfunktion, die Fühlfunktion und die Intuitionsfunktion – Körper, Geist, Herz und Seele. Daraus entspringt Jungs Definition von »Komplex«. In diesem Komplex finden sich alle vier Funktionen wieder und bilden ein Geflecht.

Mangelerscheinungen

Körper und Geist stehen in einer maskulin geprägten Geschäftswelt natürlich an erster Stelle. Auch beim Unternehmensberater Thomas Schneider hat die Körperfunktion in Gestalt von Willens- und Handlungskraft sowie die Geistfunktion erfolgreich funktioniert. Aber Herz und Seele liefen auf Sparflamme, was ihm dieses unangenehme Gefühl bescherte, dass in seinem Leben die Balance fehlt. Hier wird das eigentliche Problem zwischen Erfolg und Erfüllung deutlich: Selbst wenn die eine oder andere Funktion verkümmert, können wir gesellschaftlich trotzdem als erfolgreiche Kerle auftreten – bis der Körper sich mit Alarmsignalen meldet, oder die Ehefrau den Koffer packt, die Kinder mitnimmt und den Herren der Schöpfung auf brutalste Weise mit seinen Mängeln in Herz und Seele konfrontiert.

Oft ist eine unserer Seiten so stark entwickelt, dass wir gar nicht merken, wenn die anderen Funktionen verkümmern – und bei Männern sind natürlich die körperlich-geistigen Funktionen viel gefragter, vor allem im Verhältnis untereinander. Aber wir ruhen uns zu sehr auf dieser Seite aus und vergessen im erfolgreichen, harten (Männer-)Alltag, dass es vielleicht noch andere Funktionen in uns zu füttern gibt. C.G. Jung nennt unsere Hauptfunktion die »superiore«, die weniger entwickelten Funktionen die »inferioren« Funktionen. Die inferioren Seiten wollen ebenso entwickelt werden, sonst fühlt man sich selbst nicht komplett. Helden entwickeln alle vier Funktionen gleichermaßen.

Die gute Nachricht: Egal wo Sie im Leben stehen, in mindestens einer Funktion sind Sie gut unterwegs. Der brillant analytische Kopf, der über die Jahre Herz, Körper und Seele vernachlässigt, ist erfolgreich, wenn er sich beruflich mit Excel-Dateien oder Auswertungen beschäftigt. Der Spitzenathlet, der sich auf den »Lorbeeren« seiner Körperfunktion ausruht und das Denken nicht entwickelt, wird trotzdem gefeiert. Die Zahl der Stars, die von den Massen gefeiert werden, während die Seele keine Nahrung findet, ist extrem hoch. Künstler, die auf kreative Weise mit Unterstützung von bewusstseinserweiternden Mittelchen ihre Seele füttern und dabei wenig sozialkompatibel an Größenwahn und Herzenskälte leiden: Sie alle sind in ihrer Außenwirkung erfolgreich. Aber sind sie deshalb erfüllt?

Statt auf innere Signale zu hören, machen die meisten von uns einfach immer »weiter so«. Man könnte das Phänomen auch mit einer einfachen Metapher umschreiben: Wenn nur einer der vier Autoreifen einen Platten hat, ist das Fahrzeug kaum noch unter Kontrolle zu halten. Je mehr Reifen die Luft ausgeht, umso schwieriger wird es. Moderne Autos verfügen über sogenannte Run-Flat-Tires. Selbst mit wenig Luft kommt man irgendwie voran. Sicher ist eine solche Fahrt nur bei geringem Tempo. Dazu verbraucht das Fahrzeug wesentlich mehr Energie. In unserer heutigen Gesellschaft bewegen wir uns häufig wie auf angeschlagenen Run-Flat-Tires. Wir spüren zwar häufig eine »innerliche Plattheit«, doch nach außen sind wir erfolgreich. Und weil die Gesellschaft, der ach so wichtige Job und die Karriere uns darauf trainiert haben, die Kontrolllampen zu übersehen, ändern wir nichts am Kurs. Auch wenn uns dieses Durch-das-Leben-Rollen sehr viel Energie kostet.

In allen mythologischen Geschichten, in allen Filmen und bei echten Lebenshelden geht es um Wachstum im Sinne des perfekten Zusammenspiels von Körper, Geist, Herz und Seele. Sobald wir bei einem oder zwei dieser vier einen Mangel verspüren, kann die Korrektur der Beginn einer besonderen Heldengeschichte sein: Held der eigenen Biographie. Durch die Harmonie und das Wachstum der »magischen vier« entsteht das Erlebnis, das uns das Heldengefühl beschert.

Körper – das Zusammenspiel von Kraft, Willens- und Handlungsenergie

In dem Film *Ziemlich beste Freunde* ist die Hauptfigur Philippe, ein Millionär, nach dem Absturz seines Gleitschirms an den Rollstuhl gefesselt. Kurz zuvor starb auch noch seine über alles geliebte Frau. Ihm sind durch diese Traumata Körper, Herz und Seele geraubt worden – eine furchtbar traurige Geschichte, wäre da nicht sein brillanter Geist. Nach C. G. Jung ist Philippes überragende Intelligenz die superiore Funktion; dank ihrer entwickelt sich der bewegungslose Zyniker zum vierseitigen Helden. Der Film zeigt die Wandlung eines hoffnungslosen, teils aggressiven Mannes hin zu einem beseelten, neu verliebten und trotz starker Behinderung wieder aktiven Menschen. Philippe schöpft die Möglichkeiten aus. Wir erleben das Zusammenspiel von Körper, Geist, Herz und Seele auf einer neuen Ebene.

Für angehende Lebenshelden ist der Mangel an strotzenden Muskeln nicht unbedingt die ausschlaggebende Säule. Eine angeschlagene Körperfunktion offenbart sich nicht immer in rein körperlichen Merkmalen. In Filmen und im wahren Leben erleben wir häufig einen Mangel an Handlungs- und Willenskraft. Im Laufe der Handlung entwickelt die Figur Handlungs- und Willenskraft und wird dadurch zum Helden. So mangelte es dem Klassiker Rocky nicht wirklich an Muskeln. Der Boxer gab im ersten Teil vielmehr durch eine ausgeprägte Willensschwäche seinem Leben keine gute Richtung.

Im Kleinen spüren wir regelmäßig durch die Funktion »Körper« heldenhafte Augenblicke. Zum Beispiel, wenn wir es schaffen, mit unserem Willen unsere Ernährungsgewohnheiten umzustellen, uns das Rauchen abzugewöhnen, wenn wir nach einer Verletzung durch Kraft, Ausdauer und gezieltes Training wieder in die Gänge kommen oder uns mit Erfolg auf einen sportlichen Wettkampf vorbereiten. Dann haben wir das zutage gefördert, was in uns steckt, verbunden mit dem guten Gefühl, auf dem richtigen Weg zu sein.

Geist

Nicht nur starke Körper- oder Willenskraft schaffen Helden, auch der Geist kann seinen Anteil haben. Viele Hollywoodfilme sind erfolgreich, weil die Hauptfigur ihr Denken einem radikalen Veränderungs- respektive Verstehensprozess unterziehen muss. Umdenken fördert

Helden, die unsere Bewunderung ernten: Wie Walt Kowalskis gewaltige Denkwende in *Gran Torino*, in dem ein polnischstämmiger Koreakriegsveteran voller rassistischer Vorurteile seine Ressentiments ablegt, neudeutsch: sein »Mindset« neu ordnet. Seine neuen asiatischen Nachbarn führen ihm vor Augen, dass nicht alle Asiaten einfach nur als »Pingpong« oder »Knickknack« über einen Kamm geschert werden können. Als sie seine Hilfe brauchen, erleben die Zuschauer eine beeindruckende Wandlung in Kowalskis Denken, die schließlich dazu führt, dass er die wahren Bösen ausmacht und seinen Frieden mit den guten Nachbarn machen kann. Kowalski findet zurück zu seinem besseren Ich und – ja, wir sitzen in einem Clint-Eastwood-Film – beschließt die Sache recht männlich, indem er sich opfert.

Auch hier kommt die Transformation von innen. Typisch in *Gran Torino* wie in zahlreichen Filmen (und im normalen Leben) ist für den Psychologen, Philosophen, Produzenten und Drehbuchautor Joachim Hammann in diesem Zusammenhang die sogenannte patriarchale Kastration: Wir lernen, dass nicht alles unbedingt gut sein muss, was wir von unseren Vätern gelernt haben. Auf der Leinwand führt das negative Vordenken der Väter bei den Söhnen zu »Eindimensionalität, Einseitigkeit, Verengung, Verarmung, Askese, Disziplin, Zucht und Ordnung, Sauberkeit, Gehorsam, Puritanismus und Rechthaberei«.[2] Wenn der Mann im Laufe des Films zum Helden wird, dann erleben die Zuschauer oft, dass er einschränkende oder überholte Überzeugungen ablegt, die er aus seiner Erziehung kennt. Viele Menschen üben beispielsweise einen Beruf aus, der ihnen von ihren Vätern in die Wiege gelegt wurde. Das kann erfüllend sein, muss es aber nicht. Wenn Männer einschränkendes geistiges Erbe verändern, wachsen sie über sich hinaus und werden zu Helden.

Bernie Rodenkirchens Geistfunktion war eingetrübt. Dafür sorgen oft vorgezeichnete Lebensbahnen. Wie selbstverständlich, nämlich unreflektiert fand er sich in den Ford-Werken wieder. Zwischen Geist und Wille stand eine Blockade. Fliegen war »von Hause aus« nie eine Option. Das passte nicht ins gewohnte Denken. Dann war er jahrelang davon überzeugt, dass seine große Leidenschaft mit seinem Familienleben und seinem Unternehmen nicht zu vereinbaren war. Wann sollte er da noch die Pilotenlizenz machen? Und war er ohnehin nicht schon zu alt?

Steve Jobs' Denken wurde zunächst durch ein Studium der Literaturwissenschaften und Physik am renommierten Reed-College beschnitten. Seine eigentliche Heldenreise begann damit, dass er gegen den Willen seiner Eltern nur Kurse besuchte, die ihm Spaß machten. Sie sehen: Große Heldentaten entstehen nicht nur durch körperlichen, sondern auch durch geistigen Ausgleich von Mängeln wie Überwindung geistigen Erbes, falscher Werte oder einschränkender Erwartungen an sich selbst.

Herz

Nahezu alle Liebesfilme und Beziehungsdramen bilden einen Mangel in Herzensangelegenheiten ab. Das Herz des Helden wurde gebrochen; er zeigt verschrobene Seiten, im Verlauf seiner Abenteuer findet er zum Glück zurück. Campbell sieht in dieser Funktion auch die Verletzung der eigenen Wertewelt. Ganz nach dem Motto: »Das Herz verrät, was wirklich wertvoll ist.« *Pretty Wo-*

man vereint mit Richard Gere und Julia Roberts plakativ Liebe und Werte im Herzen. Ein Finanzinvestor hat sich über die Jahre von sich selbst entfernt und die Rolle eines knallharten Investors übernommen. Ausgerechnet über eine Prostituierte findet er zurück zum Wert der Liebe: ein Märchen, dass die Entwicklung einer »Heuschrecke« zum vierseitigen Helden mit Körper, Geist, Herz und Seele veranschaulicht.

Der ehemalige Unternehmensberater Thomas Schneider hatte gemerkt, dass PowerPoint, Excel und Projektmeetings kein Herz haben, sondern ihm das Blut aus den Adern saugen – während seine »Herzensangelegenheit« ganz woanders lag. Deshalb entschied er sich für einen neuen Weg und erkannte in der Medizin den Mehrwert für seine Erfüllung. Axel Mitbauers Wertewelt war in der ehemaligen DDR massiv traumatisiert. Seine Liebe galt dem Sport, und ausgerechnet diese Liebe wurde ihm durch ein lebenslanges Sportstättenverbot und Stasiknast geraubt. Als er endlich freikam, war ihm vollkommen klar, was er zu tun hatte. Mitbauer folgte seinen Herzensthemen Sport und Freiheit und sprang in die kalte Ostsee.

Eine schöne Herzens-Heldengeschichte spiegelt auch das Leben des ehemaligen Vermögensverwalters Stefan Wentzel. Schon immer galt seine große Liebe dem afrikanischen Kontinent. Einen Großteil seiner Kindheit hatte er in Nigeria verbracht. Schule und Ausbildung führten ihn zurück nach Hamburg. Es folgte der Klassiker mit »Lohnsteuerkarte, Sozialversicherung und BfA«. Ende der achtziger Jahre lernte er seine Frau Mekaela kennen, eine Engländerin – und es verschwammen die Grenzen. Ihre Hochzeitsreise führte sie nach Kenia. Irgendwie spürte er, dass hier sein Herz anders schlug.

Von nun an reisten die beiden jedes Jahr nach Kenia. Immer wieder stellte er sich die Frage, was man sonst noch machen könnte. Bei einem dieser Urlaube besuchte er mit einem Freund das Haus eines Kenianers. Aus einer Bierlaune heraus, »der Schweiß tropfte in das Bierglas«, entstand an diesem Abend die Idee, eine Schule in Kenia zu bauen. Gemeinsam mit den Menschen vor Ort. Sein Herz blühte auf. Das war ihm auf einmal wichtig. Das Projekt nahm langsam Gestalt an. Jahre später, als es um den ganz großen Schritt ging, fragte ihn ein südafrikanischer Freund: »Wo bist du mit deinem Wissen nützlicher? Hier in Afrika oder in Deutschland?« Stefan Wentzel und seine Frau Mekaela brachen ihre Zelte in Deutschland ab und zogen nach Kenia, um von nun an das Projekt vor Ort zu betreuen. Die Mekaela Academies ermöglichen heute über 1000 Schülern eine erstklassige Schulbildung. Hinzu kommt eine Arbeitsagentur für arbeitslose Eltern und zügig initiierte Projekte zum Beispiel im Rahmen der Hungerkatastrophe im Norden Kenias.

Die Funktion des Herzens muss bei Helden nicht immer im beruflichen Kontext zu finden sein. Oft dient einfach die richtige Frau als entscheidender Sidekick, im Leben wie im Film! In *Jerry Maguire* spielt Tom Cruise einen Sportagenten, der sich hinsichtlich der Funktionen Geist und Willenskraft ganz klar auf der Überholspur befindet. Doch zum ganzheitlichen Helden wird er erst durch eine Frau an seiner Seite. Sein letzter Satz im Film lautet: »Heute war für unser kleines Projekt, für unsere Firma ein sehr erfolgreicher Tag. Ein sehr, sehr erfolgreicher Tag. Aber er war nicht vollständig. Er war nicht annähernd so ähnlich wie etwas, was der Vollständigkeit nahekommt. Weil ich ihn nicht mit dir teilen konnte. Ich konnte deine Stimme nicht hören. Oder mit dir darüber lachen ... Ich liebe dich. Du vervollständigst mich.«

Seele

Mit einer Verletzung der Seele bleiben besonders Schöpfungskraft und Intuition auf der Strecke. Es wird nicht mehr von innen heraus gehandelt, sondern getan, was andere uns vorschreiben. Überall, wo Menschen nicht erlaubt wird, das zu werden, was sie wollen, entsteht ein Mangel, der die Alarmglocken erklingen lässt. Im *Club der toten Dichter* werden junge Männer von ihren Eltern und einem Erziehungssystem in Rollen gepresst, die letztlich nicht ihre sind. Geist und Körper genießen eine elitäre Ausbildung, aber nicht die Seele – bis die Dichtkunst den Schülern ihr Bedürfnis danach klarmacht.

Letztlich geht es bei allen Heldengeschichten um die Seele. Denn wenn Körper, Geist und Herz betroffen sind, bleibt auch immer die Seele auf der Strecke. Umgekehrt genauso. »Seele« ist Leben, das lateinische anima. Was nicht beseelt ist, ist tot. Viele Menschen folgen täglich einer Beschäftigung, von der sie nicht beseelt sind und die sie deshalb nicht trägt, geschweige denn »animiert«. Die Zahlen des Gallup-Instituts sprechen hier eine eindeutige Wahrheit aus. Jährlich wird in Deutschland der sogenannte Engagement-Index erhoben. In einer repräsentativen Umfrage werden Angestellte in deutschen Unternehmen nach ihrer emotionalen Bindung und Motivation befragt. Derzeit fühlen sich nur 15 Prozent der deutschen Arbeitnehmer dem Unternehmen und ihrer Arbeit emotional verbunden und setzen sich aktiv für die Ziele ein. 61 Prozent erledigen »Dienst nach Vorschrift«. Sie sind nur anwesend und tun, was sie tun müssen – keinen Deut mehr. 24 Prozent haben bereits innerlich gekündigt. Sie sind zwar physisch anwesend, man hört sie atmen, ansonsten haben sie ihre Heldenseele aber beim Pförtner abgegeben.

Bis auf die 15 Prozent der Arbeitnehmer, die voller Leidenschaft wichtige Lebenszeit in ihrem Beruf verbringen und wahrscheinlich erfüllt und ausgefüllt sind, machen 85 Prozent nur das, was ihnen ihr berufliches Umfeld vorschreibt, weil sie weder animiert noch motiviert sind. Fast jeder deutsche Arbeitnehmer verbringt den Großteil des Tages mit etwas, was weder für ihn noch für andere einen Wert hat. Wenn nur jeder Zehnte dieser 85 Prozent etwas finden würde, was ihn beseelt, wie viel reicher, lebendiger und erfüllter wären manche Gesichter, in die wir täglich in der Straßenbahn schauen müssen. Die erschreckenden Zahlen der Gallup-Studie korrelieren natürlich mit Fehlzeiten, Krankenständen, Leistungsbereitschaft, Burn-out-Raten und Depressionen. Die Kosten für die Wirtschaft betragen 18,3 Milliarden Euro. Die Kosten für die 85 Prozent sind unermesslich.

Clemens Stübner ist ein »glücklich Beseelter«. Als jüngster Sohn in einer großen Familie wurde ihm das Streben nach Sicherheit und Vernunft in die Wiege gelegt. Risiken einzugehen – dazu war kein Raum für die Eltern, die sieben Kinder durch das Leben zu führen hatten. Der Beruf des Vaters in der Kirchenverwaltung ernährte die Familie, allerdings waren »große Sprünge« nicht möglich.

Nach dem Abitur entschied er sich zunächst für eine kaufmännische Ausbildung und im Anschluss für ein Betriebswirtschaftsstudium. Mehr Sicherheit gibt's nicht. Ein durchaus vernünftiger Weg. Wahrscheinlich zu vernünftig, denn schon während der Ausbildung brach die kreative Gestaltungslust in ihm durch. Er zeichnete, entwarf und baute Möbel. Seinen Entfaltungsdrang konnte er in der Auseinandersetzung mit Formen, Materialien und Ästhetik deutlich spüren.

Diese Tätigkeiten beseelten ihn, ließen ihn Zeit und Raum vergessen. Er folgte seiner inneren Stimme, brach das BWL-Studium ab und startete neu durch. Heute ist Clemens Stübner Diplom-Designer und Professor am Fachbereich Gestaltung der FH Aachen. Er wäre sicher ein guter Betriebswirt geworden, aber so wurde er ein »beseelter« Professor. Nun lebt der Familienvater in einem Vierklang aus Körper, Geist, Herz und Seele. Was wäre aus ihm geworden, wenn er sein altes Ich nicht zerstört hätte, um für sein neues Selbst zu kämpfen? Ein einfacher Weg? Sicherlich nicht. Doch wie viel schwerer ist ein lebenslanger Weg, der einem nicht liegt.

Wenn Körper, Geist, Herz und Seele im Gleichklang schwingen, dann tauchen wir ein in den natürlichen Fluss des guten Lebens, dann schwimmen wir im *Flow*. Die Veränderung auf dem Heldenweg setzt immer dort an, wo der eigentliche Mangel steckt. Dann ist das Leben lebendig, dann fühlen wir uns erfüllt, dann spüren wir den Helden in uns. Das kann bei der Steuererklärung passieren, bei dem Schreinern eines Möbelstücks, beim Fliegen, bei dem Plan, die Heimat zu verlassen und Schulen zu bauen, oder bei dem, was Sie erfüllt.

Maske und wahre Identität

Jeder Mangel an Körper, Geist, Herz und Seele kann als jene »Persona«, als eine Maske verstanden werden, die sich Menschen im Laufe der Jahre überstreifen, ohne es zu bemerken, und die das Regime über das wahre Gesicht übernimmt. Bei Bernie Rodenkirchen war es die Maske eines eingeschränkten Denkens, bei Axel Mitbauer die Maske einer fremden Wertewelt und bei Clemens Stübner eine Maske, die sich mit einem verlockenden Gefühl der Sicherheit auf die Seele gelegt hatte. Mit jeder aufgesetzten Maske verlieren wir einen Teil unserer echten Persönlichkeit. Eine Heldenreise ist demnach ein Abwerfen dieser Masken und das Finden des Selbst. Dafür waren früher die Zauberer, Priester und Schamanen mit ihren Initiationsriten zuständig. Menschen, die heute ihren Mangel erkennen und sich eigenständig auf die Suche machen, de-maskieren sich zu etwas Neuem, aus sich selbst heraus. Demaskieren bedeutet auch Entlarven. Helden »entlarven« im wahrsten Sinne, was den eigentlichen Kern verhüllt, und zeigen sich als Schmetterling. Ich gebe zu, ein sehr weibliches Bild. Doch wenn man darüber nachdenkt, dass in der Natur der männliche Zitronenfalter im Vergleich zu seinem weiblichen Ebenbild in seiner Farbigkeit kraftvoller daherkommt, dann kann man auch als Kerl mit der Metapher leben. Richard Gere hat sich in seiner Rolle in *Pretty Woman* von der einfältigen, geldorientierten Heuschrecke zum vierfältigen Schmetterling entpuppt. Und wir waren Zeuge dieser Transformation, haben dadurch unsere Heldenseelen in Schwingung gebracht und ernten zudem die Bewunderung von Frauen, die diese Transformation begleiten – wie Pretty Woman Julia Roberts.

Logbuch-Übung:
Die kleinen Heldenmomente

Seit unserem ersten Atemzug wachsen wir. Das gehört zum Leben. Und Wachsen bedeutet Veränderung, Beseelung. Wenn unsere Zellen aufhören zu wachsen, sind wir tot. Wenn nicht nur unsere Zellen wachsen, sondern wir uns im Wachstum lebendig fühlen, dann erleben wir die kleinen Heldenmomente. Jeder Mensch hat sich in seinem Leben mit vielen dieser kleinen Heldenmomente beschenkt. Nicht dann, wenn sich etwas äußerlich verändert hat, sondern wenn wir selber daran gearbeitet haben und in Unbekanntes vorgedrungen sind, bei dem wir Wachstum und uns selbst gespürt haben. Diese Momente sind für die Entwicklung des Menschen wichtig.

Schreiben Sie in Ihr Logbuch mindestens zehn Momente Ihres Lebens zu Körper, Geist, Herz und Seele, in denen Sie heldenhafte Selbstwirksamkeit gespürt haben. Und denken Sie daran, es geht nicht darum, die Welt gerettet zu haben; es geht auch nicht darum, sich eine teure Uhr oder den Porsche gekauft zu haben. Es geht um Ihren Wesenskern, der sich in solchen Momenten zeigt. Manchmal zeigt sich Selbstwerdung in den kleinen Dingen des Lebens. Schauen Sie also genau hin. Ihre Kindheit, Ihre Jugend und Ihr jetziges Leben sind voll davon. Hier sind vier Beispiele, die Ihr Denken beflügeln können:

Körper (Willens- und Handlungskraft)

Ich habe im letzten Jahr 99 Tage keinen Alkohol getrunken. Das war ein kleiner Heldenmoment für mich.

In der Schule hatte ich beim Sportabzeichen die schnellste Zeit auf 50 Meter. Das war ein kleiner Heldenmoment für mich.

Obwohl viele meiner Freunde und meine Partnerin rauchen, habe ich aufgehört. Das war ein kleiner Heldenmoment für mich.

Geist

Ich habe im Alter von 15 Jahren bei einem Schüleraustausch zum ersten Mal erlebt, dass ich mich mit Menschen in einer fremden Sprache unterhalten kann. Das war ein kleiner Heldenmoment für mich.

Ich erinnere mich noch an mein erstes Blockflötenkonzert. Das war ein kleiner Heldenmoment für mich.

Meinen ersten Brief habe ich meiner Oma geschrieben Das war ein kleiner Heldenmoment für mich.

Mein Chef kam letzte Woche zu mir, und ich löste ein Problem für ihn. Das war ein kleiner Heldenmoment für mich.

Herz

Obwohl jeder in meiner Familie Tennis spielt, habe ich mich für Squash entschieden. Das war ein kleiner Heldenmoment für mich.

Einmal im Jahr verbringe ich bei einem Städtetrip nur Qualitätszeit mit meinen Kindern. Das ist jedes Mal ein kleiner Heldenmoment für mich.

Wenn ich morgens neben meiner Süßen aufwache und sie sich an mich kuschelt, spüre ich, dass mir ohne sie etwas Wichtiges im Leben fehlen würde. Das ist jeden Tag ein kleiner Heldenmoment für mich.

Seele

Als ich das erste Mal für Freunde gekocht habe, da merkte ich, dass mir das richtig Spaß macht. Das war ein kleiner Heldenmoment für mich.

Als Kind bin ich stundenlang alleine ins Wasser gesprungen. Da fühlte ich mich lebendig. Das war ein kleiner Heldenmoment für mich.

Nach der Schule bin ich durch Australien gereist und habe ganz neue Seiten an mir entdeckt. Das war ein kleiner Heldenmoment für mich.

Jeder Mensch hat diese kleinen Heldenmomente. Schauen Sie zurück, schreiben Sie auf, was Ihnen einfällt. Lassen Sie Ihre Gedanken fliegen und spüren Sie, wie das ist, wenn man an seinem inneren Helden schnuppert. Es ist nie äußerlich. Es ist immer in Ihnen. Viel Spaß!

Die Welt verändert sich nicht – höchstens Ihre Welt

Wir sehen die Welt nicht, wie sie ist, sondern nur, wie wir sie sehen. Es ist allein »unsere« Welt, die wir wahrnehmen und verändern können. Von da draußen tut sich sonst nichts. Wenn Männer echte Lebenshelden werden, hat das nichts mit äußerlichen Veränderungen zu tun, sondern immer mit einer Rückbesinnung im Inneren. Helden verändern sich durch den Weg, den sie gehen. Viele Menschen bringen ihr Lebensglück durch Wenn-dann-Beziehungen zum Ausdruck:

»Wenn ich erst einmal im Lotto gewinne, dann werde ich glücklich.«

»Wenn ich erst einmal Porsche fahre, dann klappt's noch besser mit den Frauen.«

»Wenn mir erst einmal die richtige Frau zuläuft, dann wird es schon passen.«

»Wenn meine Firma mir andere Möglichkeiten bieten würde, dann könnte ich auch Karriere machen.«

»Wenn mein Chef mich motivieren würde, dann würde ich auch mehr Leistung zeigen.«

»Wenn die Kinder aus dem Haus sind, dann kann ich anfangen das Leben zu genießen.«

»Wenn meine Frau mich betrügt, dann kann ich sie endlich verlassen.«

»Wenn ich noch jünger wäre, dann würde ich mich selbständig machen.«

»Wenn ich älter wäre, würden mich meine Vorgesetzen ernster nehmen.«

Den in diesem Buch vorgestellten Lebenshelden scheint die Wenn-dann-Beziehung fremd zu sein. Denn dabei geht es um Kausalitäten, die nicht wirklich kausal sind. Hier werden Zusammenhänge dargestellt, die nur Gründe liefern, warum man nicht ins Handeln zu kommen braucht. Der Ansatz der Wenn-dann-Zeitgenossen besteht darin, das Glück in Äußerlichkeiten zu suchen. Sobald ein Mangel wahrgenommen wird, wird darauf gewartet, dass sich äußerlich erst einmal etwas verändern muss. Keiner der großen Helden in den jahrtausendealten Mythen oder in den erfolgreichen Blockbustern Hollywoods und auch keiner der hier vorgestellten Lebenshelden hat jedoch durch die Außenwelt eine Veränderung vollzogen. Von den Initiationsriten bei den Urvölkern bis zu »Helden 2.0« vollzieht sich Erfülltheit und das damit verbundene Lebensglück immer durch die eigene Aktivität, durch das innere Zusammenfügen von Körper, Geist, Herz und Seele. Nicht die Umstände ändern sich, sondern das Selbst. Und das schafft automatisch neue Umstände und bringt Helden hervor.

Logbuch-Check

- Schon immer hatten Menschen das Gefühl, dass es im Leben noch ein bisschen mehr geben muss. Menschen hatten schon immer eine Vorstellung von dem, was sie »Paradies« nannten.
- Zauberer, Priester und Schamanen halfen schon bei den Urvölkern, das Stillen der Sehnsucht nach dem Paradies aus sich selbst heraus zu entwickeln. Das geschah über Initiationsriten.

Riten sind in jeder Heldengeschichte zu finden, von den Mayas bis Julia Roberts.

- Menschen kommen durch ein Mangelgefühl ins Handeln. Hinter jeder guten Veränderung steckt seit Urzeiten das tiefe Bedürfnis, das verlorene Paradies zurückzugewinnen.
- Mangelnde Erfüllung zeigt sich durch einen Mangel an Körper, Geist, Herz oder Seele.
- Erfolg bedeutet deshalb auch nicht immer Erfüllung. Denn Menschen können gesellschaftlichen Erfolg haben, ohne dabei in der Ganzheit erfüllt zu sein.
- Im Laufe der Heldenreise erkennt der moderne Lebensheld seinen Mangel und findet Wege, sich in Bezug auf diesen Mangel zu entwickeln.
- Dabei entsteht die Veränderung nie durch Äußerlichkeiten, sondern immer von innen durch selbstbestimmtes Handeln.
- Erfüllung zeigt sich beim Helden in der Ganzheit aus den vier Funktionen Körper, Geist, Herz und Seele.

6 DAS DORF: IHRE »GEWOHNTE« WELT!

Jeder, der seinen Platz in der Welt finden möchte,
muss erst zugeben, dass er keine Ahnung hat, wo er ist.
Thor

Jede Heldenreise geht von einem »Dorf« aus, einem umgrenzten Raum, der gewisse Gewohnheiten mit sich bringt: Odysseus ist von Hause aus ein unauffälliger Familienvater, bevor er in See sticht; *Indiana Jones* alias Dr. Henry Walton Jones, Jr., lehrt leicht introvertiert und versponnen Archäologie an der Uni; *Spiderman* Peter Parker ist zunächst einmal ein Außenseiter, der in Manhattan studiert, Pizza austrägt und gerne einmal ein Foto bei einer Tageszeitung unterbringen würde; Rocky schlägt sich erst einmal buchstäblich innerhalb der Grenzen seines Blocks durchs Leben; in *Ziemlich beste Freunde* findet sich das »Dorf« im sozial schwachen Milieu des vorbestraften Pflegehelfers Driss wieder. Wo auch immer der Held auf seinen Reisen hingelangt, das soziale Milieu, die gewohnte Welt ist der Ausgangspunkt. Deshalb nennen wir es »Dorf«.

Wenn in Hollwood moderne Heldengeschichten zum Blockbuster werden, dann folgen sie mit großer Wahrscheinlichkeit den Gesetzmäßigkeiten jenes Monomythos, der bei Campbell besagt, dass man sich als Mensch »vom Grab des Schoßes zum Schoß des Grabes« bewegt. Ohne groß psychologisieren zu müssen, besagt das Zitat, dass nur der im Leben steht, der sich aus mütterlicher

Geborgenheit emanzipiert, indem er das warme, wohlige, heimelige »Dorf« verlässt, um etwas aus sich zu machen. Also: Schön bei Mutti bleiben oder in die weite Welt hinaus? Nichts gegen das Dorf und die gewohnte Welt; jeder von uns kommt ursprünglich von dort. Das einzige Problem, das moderne Helden mit ihrem eigenen Dorf haben, besteht darin, dass es eben nicht immer den besten Einfluss auf die Entwicklung von Körper, Geist, Herz und Seele hat.

Besonders deutlich wird der Mangel, der im »Dorf« entsteht, in dem Mystery-Thriller *The Village* des Regisseurs Night M. Shyamalan. Der Film demonstriert, wie das Dorf potenzielle Helden zurückdrängen kann. Im gleichnamigen Film sind die Menschen nahezu plakativ bescheiden und gehen mit Hosenträgern und langen Röcken ihrem Tagwerk nach, sie leben in Holzhäusern und versammeln sich abends zu Tanz und Bürgerversammlung … denn The Village darf auf keinen Fall verlassen werden, da der Wald ringsum von den bedrohlichen »Unaussprechlichen« beherrscht wird. Außer dem Protagonisten Lucius Hunt will sich niemand gegen die Gefahr von außen stemmen. Hunt steht vor der Dorfgrenze und will nur eines: raus hier.

Im gleichen Maße wie bei einer Bedrohung von außen muss ein Held gegen den Widerstand seiner Mitbewohner ankommen. Denn obwohl im Dorf alles so herrlich idyllisch erscheint, ist jener Lucius Hunt in Wirklichkeit umgeben von Menschen, die ihn genau dort haben wollen, wo er ist – weil sie sich selbst nicht trauen, auszuziehen. Denn die »Welt da draußen« wird von den Dorfbewohnern als bedrohlich empfunden. Aber, keine Frage: Lucius Hunt ist ein potenzieller Held, weil er spürt, dass es noch eine andere Welt geben muss, und sein Drang nach draußen kaum zu zügeln ist. In Wirklichkeit, so stellt sich viel später nach einem Sprung über eine Mauer heraus, ist diese Welt bei weitem nicht so bedrohlich, wie sie schien. Die Dorfältesten hatten die Gefahr über Jahre selbst inszeniert. Die »Unaussprechlichen« waren nur erfunden, um die Bewohner in ihren Grenzen zu halten. Das idyllische 19.-Jahrhundert-Dorf war ein Konstrukt, der Film selbst spielt in unserer Zeit, hinter der Mauer befindet sich eine Straße, die den Nationalpark umgrenzt, und die uns wohlbekannte Zivilisation des 21. Jahrhunderts. Die Dorfbewohner lebten ihr Leben in dem Glauben, dass es nur ihre heile Welt gibt, und den Dorfältesten war es lieber, sie mit Angst und Schrecken in dieser Illusion leben zu lassen. *The Village* demonstriert deshalb auf krasse Weise, was die Gehirnforscher uns heute auch beweisen: Das Dorf formt uns, ob wir es wollen oder nicht.

Wir alle stammen aus einem Dorf

Irgendwann und irgendwo sind Sie geboren; das bekommen Sie aus Ihrem Personalausweis nicht heraus. Der Mikrokosmos, für den Sie sich heute entschieden haben, ist Ihre lokale wie geistige Heimat. Wenn Sie dort bleiben, werden Sie auch noch morgen, übermorgen und bis zum Rest Ihres Lebens im Wesenskern der bleiben, der Sie heute sind – und wenn es Ihnen damit gutgeht, weil Sie sich in einem Umfeld bewegen, in dem Sie sich voll und ganz entfalten können und berauscht durch das Leben fliegen, gratulieren Sie sich selbst. Sie sind gleichermaßen zu Hause und unterwegs.
Wenn Sie sich in Ihrem Dorf wohl fühlen und Ihnen Sta-

bilität, Harmonie und Sicherheit das Wichtigste im Leben sind, dann legen Sie das Buch aus den Händen, lehnen Sie sich entspannt zurück und genießen Sie Ihre Welt. Denn das Leben außerhalb der Dorfgrenzen birgt Risiken, Unsicherheiten und jede Menge Abenteuer.

Falls Sie aber eine innere Unruhe spüren und tief in sich schon wissen, dass Sie in Ihrem Leben eigentlich noch einiges vorhaben, dann bleiben Sie dran. Die jahrtausendealten Heldengeschichten, die Wahrheiten des Monomythos, die realen Lebenshelden in diesem Buch und um Sie herum lehren uns, dass es viele gute Gründe gibt, das Dorf zu verlassen und auf Entdeckungsreise zu gehen. Und dabei müssen Sie nicht einmal Ihre Herkunft aufgeben.

Die Wahrheit beobachten

Wenn Sie nackt vor dem Spiegel stehen und den Bauch entspannen, dann sehen Sie sich so, wie Sie sind. Sie haben den ungeschönten Blick auf Ihre Muskulatur, den Körperbau, den Fettanteil, Ihre Haltung und Ihre Haut. Was Sie da im Spiegel sehen, ist das, was Sie aus Ihrem Leben gemacht haben. Es ist, wie es ist. Und Veränderung beginnt immer mit Bewusstwerdung.

Um einen solchen ungeschönten Blick geht es auf den folgenden Seiten. Werfen Sie zunächst einen entspannten und unverfälschten Blick auf Ihre gewohnte Welt. Machen Sie sich bewusst, unter welchen Voraussetzungen Sie sich in neue Abenteuer stürzen. Lernen Sie, Ihr Umfeld bewusst wahrzunehmen. Bevor Sie sich aufmachen, um Neues zu entdecken, und dabei in die Fußstapfen der modernen Helden treten, werfen wir einen ungeschönten Blick auf Ihr derzeitiges Startequipment. Dann wird Ihnen schneller klar, wo ein möglicher Mangel in Sachen Körper, Geist, Herz oder Seele herrscht. Erst durch das genaue Hinschauen und »Hinfühlen« wird Ihnen bewusst, wovon Sie sich trennen möchten, trennen sollten, und was Sie vielleicht auch für Ihre Zukunft mitnehmen möchten. Bedenken Sie vor allem, dass es in einem ersten Schritt nicht um Bewertung, sondern nur um Beobachtung geht. Das Gefühl dazu kommt von alleine. Vieles ist gut, wertvoll und richtig. Deshalb soll es auch so bleiben. Letztlich geht es um eine entscheidende Frage: Wie fühlt es sich an, wenn Sie Ihr »Dorfleben« unverfälscht im Spiegel betrachten? Ist es wirklich alles so gut, was Ihnen Ihr Dorf angeboten hat? Mit dem klaren Blick auf die gewohnte Welt lassen sich neue Horizonte erkennen.

Vielleicht wird Ihnen bewusst, dass in der Vergangenheit die angebotene Wahrheit Ihr Denken, Fühlen und Handeln so geformt hat, dass Sie derzeit ein Leben unter Ihren Möglichkeiten führen. Selten hält das Dorf selbst Mittel zur Veränderung bereit. Das zeichnet ja das Dorf aus – dass sich nicht viel ändert. Das Dorf ist ein Ort, an dem sich Ihr Balance-System erfreut. Die Idylle hat ihre Tücken. Das Village kann übrigens auch Berlin oder New York heißen, denn es ist kein kleiner Ort, aus dem wir in die große Stadt ausbrechen müssen, sondern ein figurativer Begriff für Einschränkungen – ein Ort, an dem Körper, Geist, Herz und Seele nicht wachsen können.

Der Einfluss unseres gewohnten Umfelds ist enorm. Im vierten Kapitel haben Sie bereits gelernt, dass wir mit einem ausgeprägten Dominanz- und Stimulanz-System auf die Welt gekommen sind. Ein ausgeprägtes Balance-System gehörte nicht zum Startequipment. Damit haben wir alles mitbekommen, was Lebenshelden brauchen. Unsere gewohnte Welt (ver)formte uns zu dem, was wir heute sind. Familie, Freunde, Sozialisation, Kultur – die Einflüsse sind vielfältig. Von unserem ersten Tag bis heute bietet unser Dorf die Welt, aus der wir schöpfen können. Hier werden die Angebote gemacht, die unser Gehirn formen. Schon in der Kindheit entscheidet es sich, ob wir typisch Junge oder typisch Mädchen bleiben, ob wir unseren selbstbewussten Entdeckerdrang ausleben oder verlernt haben, ihn wirklich zu spüren. Die Angebote, aus denen Körper, Geist, Herz und Seele Erfahrungen schöpfen können, entspringen dem Dorf. Wenn wir hier nicht die Erfahrungen machen können, die uns in allen vier Funktionen erfüllen, dann sollten wir uns allerdings zu anderen Ufern aufmachen.

Dabei hat jedes Dorf seine eigenen Spielregeln: Kleinkleckersdorf, New York City und sogar das Global Village. Diese Spielregeln drücken sich im Verhalten der Dorfbewohner aus und werden von unserem Gehirn auf diese Weise ständig abgeglichen. Infrastrukturelle, politische oder historische Veränderungen können simultan über Nacht vollkommen neue Welten aufstellen. Das Deutschland der »goldenen zwanziger Jahre«, die dunklen Dreißiger, die Wirtschaftswunderjahre der Fünfziger, die Sechziger mit Rock 'n' Roll und Revolution verkörpern jeweils unterschiedliche Welten. Unser Verhalten entwickelt sich eben nicht nur durch die Neuroanatomie und -chemie, die uns in die Wiege gelegt wurde, sondern durch das, was unser privates, berufliches und sonstiges Umfeld aus uns gemacht hat. Schauen wir also auf das Dorf, das uns im Wesen so geprägt hat.

Mann, Frau, Held:
In welcher Rolle stecken wir eigentlich?

Früher gab es für Männer meistens einen klaren, vorgegebenen Weg. Gesellschaftlich waren die Werte klar verteilt – und ein bisschen simpel: Ein Mann war ein Mann war ein Mann war ein Mann. Das war die uns zugeschriebene Rolle, die wir zu übernehmen hatten: »Junge, trete in die Fußstapfen deines Vaters und werde, was er war.« Unsere Identität war gesetzt. Über Generationen hinweg wurden tradierte Rollen vorgelebt, und die Gemeinschaft funktionierte über diese eindeutige Rollenverteilung. In Zeiten der Bedrohungen von außen mussten Männer alternativlos »ihren Mann stehen«, sonst drohte die Eroberung durch den Feind. Belohnung und Bestrafung waren die Mittel, mit denen Jungen zu scheinbar echten Männern wurden. Der Mann bringt das Geld nach Hause, die Frau kümmert sich um »das bisschen Haushalt« inklusive Kinder: Herr des Hauses und Heimchen am Herd waren die eingeübten Rollen in einem dörflichen Modell; Küche, Kinder, Kirche als weibliche Betätigungsfelder, Karriere, Krieg und Politik als männliche Domänen – und aus den jeweils anderen hatten sich Mann und Frau tunlichst herauszuhalten. Wenn Männer nicht gerade wieder das Bedürfnis hatten, sich gegenseitig totzuschlagen, funktionierte die Rollenaufteilung über Jahrtausende und schaffte weitgehend stabile Gesellschaften.

Kämpfer, Krieger und Soldaten sind Auslaufmodelle vergangener Tage. Neue Rollenbilder sind auf beiden Seiten entstanden. Während sich in den letzten Jahrzehnten gesellschaftlich vor allem für die Frau neue Lebenswege und Modelle eröffneten, blieb der Mann mit seiner schwachen konstitutionellen Bauweise ein wenig auf der Strecke. Die Entwicklungen seit den sechziger Jahren haben auch die Rolle des Mannes weitgehend in Frage gestellt. Doch welche Rolle ist es genau, die wir, unser Dorf, unsere Gesellschaft den Männern zuschreiben? Die Kämpfer, Krieger und Soldaten vergangener Tage schippern ein wenig orientierungslos in die eigene Zukunft. Während der Feminismus die weiblichen Rollenzuschreibungen sprengte und eine intensive Diskussion initiierte, die bis heute nicht abgeebbt ist, blieb eine solche Selbstvergewisserung auf männlicher Seite weitgehend aus.

Der »neue Mann« hat seine alte Rolle verloren, aber eine neue noch nicht gefunden. Viele Männer scheinen zerrissen zwischen der traditionellen und der nicht wirklich definierten modernen Rolle, zwischen dem geschlechterbezogenen Dorfdenken vergangener Tage und den allgegenwärtigen Imperativen, es abzuschütteln. Zum alten und veralteten Bild des Mannes gehören weitgehende Rechte und Pflichten. Als alleiniger Ernährer der Familie und Träger der Verantwortung war der Mann zugleich alleiniger Herr im Hause. Viele Männer von heute haben das Gefühl, ihre Rechte weitgehend abgegeben zu haben, ihre Pflichten jedoch weiterhin schultern zu sollen. Klar, dümmliche Machos und überlegenheitstrunkene Chauvis stehen nicht mehr hoch im Kurs. Einerseits werden von modernen Männern in privaten Kontexten Gefühlslagen wie Zärtlichkeit, Einfühlungsvermögen und Warmherzigkeit verlangt. Das sind Verhaltensweisen, die die Natur dem Durchschnittsmann erst einmal nicht zugeeignet hat, denn sein Oxytocin-, Prolactin- und Östrogenspiegel liegt, wie eingangs gesagt, deutlich unter dem der Durchschnittsfrau, die genau das Verhalten von ihm einfordert. Auf der anderen Seite sind in beruflichen und anderen öffentlichen Rollen durchaus althergebrachte, archaische Eigenschaften immer noch gefragt und maßgeblich für die Durchsetzungskraft, die Dynamik und den Erfolg des Mannes. Hier soll der Erfolgsmann ein Stück weit immer noch »gewaltbereit«, aggressiv, zupackend, mutig, angriffslustig, risikobereit und dominant sein.

Vielleicht wurde aus solchen Gründen *Shades of Grey* ein unglaublicher Überraschungserfolg. Die Story: Eine junge Studentin unterwirft sich über tausend Seiten lang in allen Details den Sadomaso-Vorlieben eines hochattraktiven Milliardärs. Dieser Weltbestseller gilt generell als schnöder Mamiporno, die israelische Soziologin Eva Illouz vertritt jedoch die These, dass Bücher wie *Shades of Grey* zu Bestsellern werden, weil sie ein sozio-kulturelles Problem darstellen und lösen.[1] Sie sieht den Ansatz als eine Art Ratgeber in Zeiten der Desorientierung der Geschlechterrollen und unterstreicht das offensichtlich starke Bedürfnis nach Hierarchie und Ordnung in Paarbeziehungen – immerhin scheinen sich weit über 70 Millionen Frauen in ihren Phantasien und Sehnsüchten diesem klassischen Frau-Mann-Spiel hingegeben zu haben. Sie haben etwas konsumiert, was sie in ihrem Dorf nicht finden und was ihnen offensichtlich enorme (Lese-)Lust bereitet hat.

Dennoch: Der Typ testosterongetriebene bissige Bulldogge ist heute schwer vermittelbar und ein vom Aussterben bedrohtes Relikt vergangener Tage. Der Typ zahnloser Softie, der sich in den achtziger und neunziger Jahren rasend schnell verbreitet hatte, verzichtet weitgehend auf die Entfaltung seiner Heldenpotenziale, damit nicht zuletzt auch auf den ökonomischen und gesellschaftlichen Erfolg – und er ist, tief in seinem Herzen, kreuzunglücklich darüber, seine Männlichkeit an der Garderobe abgegeben zu haben. Denn letztlich kam er mit anderen Voraussetzungen auf die Welt. Die Natur hatte ursprünglich etwas anderes für ihn vorgesehen, nämlich Veränderung, Selbstentfaltung, Entdeckung und Wachstum.

All jene, die den Spagat zwischen beidem versuchen, werden bald mit dem eigenen Scheitern konfrontiert. Sie wollten »sowohl als auch« und bekommen »weder noch«. Den Männern von heute fehlt also in vielen Fällen eine klare Identität. James Bond ist der Weltretter, Dr. House der skurrile Gesundmacher und Rocky der Kämpfer mit Herz. Das schafft Klarheit und Orientierung für das eigene Handeln. Welche Rolle hat Ihr Dorf für Sie vorgesehen?

Logbuch-Übung:
Welche Rolle erwartet man von Ihnen?

Früher wurden Indianer als Jäger und Krieger geboren. Im Zweiten Weltkrieg wurde jeder Mann Soldat. Und in den Wirtschaftswunderjahren versorgte er die Familie mit dem ersten Fernseher, dem ersten Auto und dem Reihenhaus. Jäger, Soldat, Versorger – die Identitäten waren eindeutig und durch das jeweilige »Dorf« vorgegeben.

Wenn Sie heute einen Blick in Ihr gewohntes Umfeld werfen, welche Rollen sind dort für den Mann vorgesehen? Hier geht es nicht um Bewertung, sondern nur um Beobachtung: Was wird von Ihnen als Mann auf jeden Fall erwartet? Lassen Sie Ihren Gedanken bei allen Fragen freien Lauf! Nehmen Sie sich Zeit.

Beginnen wir in Ihrem beruflichen Umfeld. Welche Rolle erwartet Ihr Unternehmen von Ihnen? Sind Sie Unterstützer, Macher, Entscheider, Zuarbeiter, Controller, Kreativer, Visionär, Netzwerker,

Juniorchef, Seniorchef, Manager, Leader, Veränderer ...? Welche Rolle hat man Ihnen auf den Leib geschrieben? Oder müssen Sie gleich mehrere erfüllen?

Wie sieht's in Ihrem familiären Umfeld aus? Welche Rolle erwartet man hier von Ihnen? Sohn, Ernährer, Versorger, liebevoller Ehepartner, Idol, Macher, Unterstützer, Erzieher, Motivator ...? Was erwartet Ihre Familie von Ihnen?

Gleiches gilt für das soziale Umfeld. Auch hier zerren die Erwartungen aus allen Richtungen. In wie vielen Identitäten stecken Sie hier? Was braucht's, um in diesem Dorf dazuzugehören? Sind Sie der Spaßmacher, Zuhörer, Problemlöser, Coach, Anführer, Mitläufer, Organisator ...? Was erwartet Ihr sonstiges soziales Umfeld von Ihnen?

Gibt es Rollen, in die Sie hineingeführt wurden? Prince William von England hat seine »Prinzenrolle« angenommen und wächst in die Rolle des Königs von England hinein. Unternehmerkinder werden oft auf die Nachfolge vorbereitet, aber sie wachsen oft aus genau der erwarteten Rolle heraus. Gibt es Rollen, die von Ihnen ein Leben lang erwartet worden sind und die Sie heute ausfüllen?

Und fragen Sie sich vor allem eines: Wie fühlen Sie sich in Ihren privaten, beruflichen und sonstigen Rollen?

Werte: Was im Dorf zählt!

Unser »Dorf« lebt uns bestimmte Werte vor. Hier herrscht Einigkeit, an die wir uns anpassen, um Stabilität und Sicherheit im Leben zu genießen. Besonders deutlich wird das im beruflichen Kontext. Weil Werte Sicherheit bedeuten, haben viele Unternehmen ihre Werte als Erfolgsfaktoren erkannt. Das sind Leitlinien, nach denen sich die Mitarbeiter im Dorf »Unternehmen« ausrichten sollten. Die besseren Unternehmen schreiben diese Werte nicht vor, sondern ermitteln sie aus den eigenen Reihen heraus. Der Gründer eines mittelständischen Unternehmens machte mit seinen knapp zwanzig Mitarbeitern eine überraschende Erfahrung. Er bat jeden einzelnen aufzuschreiben, was ihm im Unternehmen wichtig sei. Mit Blick auf die Einreichungen war er überrascht, dass nahezu alle Mitarbeiter ähnliche Werte einreichten. Wen wundert's? Aus verhaltenspsychologischer Sicht ist das Ergebnis weniger überraschend, denn schließlich hat dieser Unternehmer die Mitarbeiter ausgewählt und eingestellt, die bereits seinen Wertevorstellungen entsprechen. Schon der Volksmund sagt: Gleich und Gleich gesellt sich gerne, und Unternehmer, die neue Mitarbeiter einstellen, setzen instinktiv auf Sicherheit und Stabilität, und das geht am einfachsten über einen gemeinsamen Wertekanon. Keine Frage – wir schätzen Menschen, wenn sie mit uns auf der gleichen Wertewelle durch das Leben surfen; das verschafft Ruhe und Stabilität. Konflikte und Auseinandersetzungen beruhen auf unterschiedlichen Werten und kosten Energie. Da die Evolution uns gelehrt hat, mit unseren Energien zu haushalten, missachten wir manchmal unsere eigenen Werte, nur um nicht anzuecken.

Unterschiedliche Werte sorgen für unnötige Reibung. Schöne Beispiele findet man in der Welt des Sports mit ihren herausragenden Mannschaften. »Mia san mia« heißt es beim FC Bayern München, dem wohl erfolgreichsten Fußballverein der Bundesliga, bei Borussia Dortmund kicken erklärte »11 und mehr Freunde«. Mit diesem Anspruch der Einzigartigkeit zeigen Vereine ihre Werte und mit welchem Rollenverständnis man zur Sache geht. Bei Bayern München ergibt sich eine Wertewolke aus Leistung, Durchsetzung, Status, Elite, Sieg, Präzision und weiteren verwandten Begriffen. Die »echte Liebe« bei Borussia Dortmund bewegt sich in einer anderen Wertewolke. Werte wie Spaß, Risikofreude, Kreativität, Teamgeist und Offenheit steuern bei den Schwarz-Gelben das Verhalten und werden von der »Gelben Wand« dazu angefeuert.

Es ist nicht überraschend, das sich die Bayern-Führung gerne für Trainer entscheidet, für die Status, Elite, Präzision wichtige Werte darstellen. Der ehemalige Nationaltrainer und Macher des Sommermärchens 2006 Jürgen Klinsmann steht für eine andere Wertewelt, in der Ruhe und Sensibilität mit einer Prise amerikanischen Mannschaftsgeistes und Avantgarde gemischt wird. Sein Engagement beim FC Bayern München konnte nur von kurzer Zeit sein. Zu groß war die Reibung durch unterschiedliche Werte. Van Gaal und Jupp Heynckes spiegelten die Wertewelt des Dorfes FCB schon eher wider.

Das einzige Problem: Während im Fußball die Trainer werteorientiert ausgesucht werden und die Personalauswahl in kleinen und mittelständischen Unternehmen eher noch werteorientiert stattfindet, spielen Werte in den meisten größeren Organisationen eine untergeordnete Rolle. So kann es passieren, dass wir, ehe wir es uns versehen, in einem Umfeld auftauchen, das uns eine Wertewelt präsentiert, die so gar nicht unsere ist. Mit der Zeit gewöhnen wir uns an die Umstände, passen uns an und nehmen die Dinge an, die offenbar nicht veränderbar sind. Ja, oder wir bekommen noch die Kurve.

Angenommen, Sie sind Experte für IT-Lösungen. Mit Ihrem Fachwissen bewerben Sie sich bei IBM, Zalando, Google, Bosch oder der Bundesagentur für Arbeit. Das sind fünf Organisationen mit höchst unterschiedlichen Wertewelten. Die Praxis zeigt, dass heute immer noch die meisten Personaler über die fachliche Qualifikation des Bewerbers entscheiden. Der Blick in den Lebenslauf zeigt, WAS man kann, und nicht, WARUM man etwas tut. Wenn das WAS den richtigen Bewerber verspricht, werden Sie Teil des Dorfes. Sie freuen sich über Ihre neue Karrieremöglichkeit und stecken plötzlich mitten in einer Wertewelt, die Sie Ihre Werktage hindurch begleitet. Dann kann es passieren, dass Sie sich als neuer Dorfbewohner den gängigen Werten anpassen und Ihr Verhalten danach ausrichten. Nicht nur in Unternehmen tauchen wir ein in eine Wolke von Werten, die jedes Dorf ausmacht. Freundeskreis, Familie, Sport, Vereine mit gesellschaftlichen Verpflichtungen, Nachbarschaften und jede soziale Umgebung, in der wir uns bewegen, bietet uns eine Welt voller Werte an, in die wir zwangsläufig einsinken oder gegen die wir uns aufbäumen.

Logbuch-Übung:
Was ist anderen wertvoll?

Welche Werte prägen Ihr Dorf, in dem Sie derzeit spielen? Auch hier betrachten Sie bitte die verschiedenen Dörfer, in denen Sie unterwegs sind. Es kann sein, dass wir uns beruflich und privat in verschiedenen Dorfgrenzen bewegen. Werfen Sie einen Blick auf die folgenden Werte und markieren Sie jene Werte, die für das jeweilige Dorf Bedeutung haben. Benutzen Sie für die verschiedenen Umfelder (Beruf/Familie/soziales Umfeld) verschiedene Stifte. Folgen Sie Ihrem ersten Impuls. Wenn Ihnen ein Wert innerhalb des jeweiligen Umfelds besonders bekannt vorkommt, dann machen Sie einen Strich. Mehrfachnennungen gehören bei diesem Prozess dazu. Tauchen Sie also zunächst gedanklich ein in Ihr berufliches Dorf und gehen Sie dann die komplette Liste durch. Danach wiederholen Sie die Übung für Ihre Familie und Ihr soziales Umfeld.

Was wird in Ihrem beruflichen Umfeld (Ihrer Familie, Ihrem sozialen Umfeld) als besonders wertvoll angesehen und gelebt?

Macht	Status	Durchsetzung	Leistung
Stolz	Leichtigkeit	Offenheit	Demut
Leidenschaft	Sieg	Großzügigkeit	Kampf
Hilfsbereitschaft	Individualismus	Funktionalität	Fürsorge
Qualität	Effizienz	Spontaneität	Ruhm
Sicherheit	Natur	Bescheidenheit	Freiheit
Risikofreude	Ehre	Mut	Ehre
Schönheit	Abwechslung	Neugier	Autonomie
Ordnung	Toleranz	Gemeinschaft	Fleiß
Ästhetik	Sinnlichkeit	Offenheit	Askese
Flexibilität	Dankbarkeit	Sparsamkeit	Disziplin
Moral	Vertrauen	Glück	Logik
Heimat	Wissensdurst	Korrektheit	Sauberkeit
Gehorsamkeit	Nostalgie	Stabilität	Freundschaft
Spontaneität	Besonnenheit	Würde	Hartnäckigkeit
Ehrgeiz	Anerkennung	Freude	Respekt
Spaß	Tradition	Mitgefühl	Hygiene
Kompetenz	Spießigkeit	Herzlichkeit	Extravaganz
Vertrauen	Bildung	Pflicht	Geselligkeit
Idealismus	Eros	Gesundheit	Unabhängigkeit

Tragen Sie dann die Werte aus dem jeweiligen Umfeld in Ihr Logbuch ein. Bei dieser Übung kann es passieren, dass Ihnen mit dem Blick auf die Werte neue Werte einfallen, die für das Umfeld stehen. Notieren Sie diese. Zum Schluss haben Sie für die jeweiligen Lebensbereiche eine Anzahl von Werten, die das Verhalten des jeweiligen Umfelds prägen. Was lösen die bei Ihnen aus? Der erste Schritt in Sachen »Werte« ist gemacht. Sie werden sich später noch intensiv mit Ihren eigenen Werten auseinandersetzen und sehen, ob Ihr Umfeld für Sie und Ihre Möglichkeiten wirklich wertvoll ist.

Glaubenssätze und Überzeugungen

Die angesehensten Glaubenssätze unserer westlichen Kultur stammen vom Berg Sinai und wurden in Stein gemeißelt. Sie verkündeten schlicht nichts als die reine Wahrheit und schrieben die Wahrheit vor: »Du sollst nicht lügen« lautet eines der Zehn Gebote der Bibel. Der Glaube steuert seit Jahrtausenden das Verhalten. Früher glaubten die Menschen auch, die Welt sei eine Scheibe, und machten sich aufgrund ihrer Überzeugung erst gar nicht auf den Weg.

Glauben festigt sich über Erfahrung, und unser Dorf ist nun einmal unsere vorrangige Erfahrungswelt. Hier gibt es eine gewachsene Wahrheit, über die in der Gemeinschaft ein breiter Konsens herrscht. Das zeigt sich auch in der Geschichte. In Amerika waren lange Zeit die Dorfbewohner davon überzeugt, dass die sogenannten Schwarzen gar keine Menschen sind, sondern einer niederen Gattung angehörten. Sklavenhaltung gehörte zum gelebten Alltagsbild. Blickt man heute in die Krisenregionen der Welt, wird schnell deutlich, dass im Namen eines beschränkten Glaubens schon alles außerhalb des Dorfes ausgegrenzt werden kann, dass nach innen Menschen verfolgt und nach außen Kriege geführt werden. Der Blick von außen sorgt für Unverständnis und Wut, denn wir sehen nun einmal eine andere Wahrheit. Je mehr Dorf, umso schlimmer wirkt sich das auf die Perspektive aus: Je weniger man den

Blick über den Tellerrand riskiert, je weniger Lucius Hunt und je mehr Dorfältester in uns steckt, umso mehr fühlen wir uns im Dorf am »Nabel der Welt« und merken irgendwann nicht mehr, dass wir die Welt innerhalb unserer eigenen Grenzen als »große weite Welt« wahrnehmen. Doch nicht alles, was wir wahrnehmen, ist auch wahr. Oder wie es in *Star Wars VI* so schön heißt: »Auch du wirst entdecken, dass viele Wahrheiten, an die wir uns klammern, von unserem persönlichen Standpunkt abhängig sind.«

Unser Glauben und unsere Überzeugungen sortieren für uns die Welt. Sie sind nie wahr oder falsch. Sie sind aber innerhalb der Dorfgrenzen *für uns* wahr. Es sind die Überzeugungen, die uns mitunter zu fanatischen Überzeugungstätern machen. Denn der Glaube steuert unser Verhalten, im Kleinen wie im Großen. Es handelt sich um subjektive Wahrheiten, die aufgrund unserer Erfahrungen entstehen. Doch im ständigen Bemühen, die Komplexität des Lebens zu reduzieren, übernehmen wir nur allzu gerne diese Wahrheiten, glauben fest an sie und finden plötzlich überall Hinweise, die diesen Glauben bestätigen. Unsere Wahrnehmung und unser Denken sind darauf ausgerichtet. Je überzeugter wir sind, umso überzeugter richten wir unser Handeln danach aus.

Menschliches Verhalten ist also nicht nur durch unser Rollenverständnis und Werte geprägt, sondern auch durch die Dinge, die wir mit uns und der Welt verbinden. Und wer nährt heute diesen Glauben? Früher war es die Kirche, es waren unsere Eltern, die Großeltern, die Freunde und die dörfliche Gemeinschaft – wir glaubten ihnen. Heute erfahren und verinnerlichen wir immer noch vieles zu Hause. Hinzu kommen die zahllosen Impulse eines immer größer werdenden Dorfes mit einer immens hohen Reizintensität an Angeboten. Die Welt ist heute unser Dorf und lehrt uns, was wir zu glauben haben. Und so werden unsere Überzeugungen von den Eltern, Freunden und Vorgesetzten, den Büchern und Zeitungen, von der Werbung, dem Internet, dem Fernsehen und den Filmen, von Subkulturen und allem geformt, was uns angeboten wird und was wir wahrnehmen. Hier wird uns eine Vielzahl an Wahrheiten angeboten. Wir sortieren, formen Muster, erkennen Parallelen, und daraus gewinnen wir unseren Glauben an das, was möglich, richtig und wichtig ist. Die geistigen, sozialen und kulturellen Möglichkeiten unseres Dorfes schaffen das Angebot, mit dem wir unseren Glauben füttern. Die angebotenen Bilder und Reize nehmen wir wahr. Je häufiger wir sie erfahren und erleben, desto mehr manifestieren sich die Bilder. Steter Tropfen höhlt das Hirn. Dann werden sie unsere Wahrheit. Wir glauben an sie. Hier fügen wir uns ein. Dabei geht es nicht um schlecht, besser oder gut. Jede Zeit propagiert ihre Wahrheiten, jedes Dorf hat seinen Glauben. Die Frage ist und bleibt, ob wir dem richtigen Angebot ausgesetzt sind und an die für uns beste Wahrheit glauben.

Die Überzeugungen und der Glaube eines Dorfes drücken sich häufig in einfachen Sätzen aus, die uns helfen, die Komplexität der Welt in den Griff zu bekommen. »Mädchen dürfen weinen, Jungs müssen kämpfen«, »Schuster, bleib bei deinem Leisten«, »Immer schön bescheiden« sind typische Sätze, die wir als Kinder so oder ähnlich hörten, bis wir sie irgendwann glaubten. Immerhin kamen diese Sätze auch von glaubwürdigen Personen. Viele Sprichwörter dienen »sprichwörtlich« dazu, im Dorf zu bleiben und uns redlich zu halten – sprich: klein zu halten.

Andere Glaubensrichtungen ergeben sich aus der Herkunft. Das Kind eines Unternehmers wird lernen, dass man mit kalkuliertem Risiko reich werden kann, während der Sohn eines überzeugten Gewerkschafters vieles über soziale Gerechtigkeit lernen wird … und natürlich glaubt das Kind seinem Vater.

Mitte des 20. Jahrhunderts entwickelte der amerikanische Psychiater Eric Berne die sogenannte Transaktionsanalyse als eine Theorie der menschlichen Persönlichkeiten. Auf der Grundlage seiner Erkenntnisse identifizierte der klinische Psychologe Taibi Kahler fünf »Antreiber«, die bei vielen Menschen gewissermaßen als Kernglaubenssätze oder auch als kategorische Imperative unserer Leistungsgesellschaft lesbar sind. Diese Antreiber heißen:[2]

- Sei perfekt!
- Sei (anderen) gefällig!
- Streng dich an!
- Sei stark!
- Beeil dich!

Menschen, die solche Überzeugungen verinnerlicht haben, werden nicht nur im Kindesalter ihr Verhalten massiv danach ausrichten. Dabei müssen solche unbewussten Antreiber nicht immer so klar und eindeutig formuliert sein. Meistens lässt sich an Sprache und Umgang heraushören, wie manches Dorf so tickt und welch Geistes Kind man ist. Welche Glaubenssätze sind Ihnen vertraut? Was erscheint Ihnen glaubwürdig? Was haben Sie im Dorf als Ihre Wahrheit gelernt?

Logbuch-Übung:
An was glauben Sie?

Im Folgenden finden Sie typische Überzeugungen, die Menschen haben können. Es gibt hier kein Richtig oder Falsch, kein Gut oder Schlecht. Diesmal dürfen Sie einen Blick auf sich selbst werfen. Was erscheint Ihnen wie glaubwürdig? Wovon sind Sie überzeugter? Bitte bewerten Sie die nachstehenden Aussagen spontan, ohne lange zu überlegen mittels einer Skala von 1 bis 10. Hören Sie in sich hinein und urteilen Sie. 1 bedeutet: trifft gar nicht zu; 10 bedeutet: extreme Zustimmung.

Bevor Sie beginnen, öffnen Sie Ihr Logbuch auf einer neuen Seite. Denn beim Lesen der folgenden Aussagen kann es passieren, dass Ihnen plötzlich andere Statements durch den Kopf schießen. Das ist gut so. Tragen Sie diese sofort in Ihr Logbuch ein. Bitte bewerten Sie jetzt die folgenden Aussagen.

- Menschen, die ihren eigenen Weg gehen, sind arrogant.
- Andere Menschen haben bessere Möglichkeiten im Leben als ich.
- Mit meiner Ausbildung kann ich nicht viel machen.
- Ich habe oft Pech im Leben.
- Wichtig ist, für die anderen da zu sein.
- Erfolg ist eine Frage der Herkunft.
- Wenn ich meinen eigenen Weg gehe, stoße ich in meinem Umfeld auf großen Widerstand.
- Geld macht nicht glücklich.
- Wenn ich alt bin, mache ich all die Dinge, zu denen ich aufgrund meiner heutigen Verpflichtungen nicht komme.
- Ich trage zu viel Verantwortung für andere, so dass ich mich hinten anstellen muss.
- Wenn ich viel Geld hätte, würde ich etwas anderes machen.
- Für meine Familie ist es besser, wenn ich mich nicht verändere.
- In meinem Leben brauche ich immer Harmonie.
- In meiner Position habe ich nicht die Möglichkeiten, etwas zu verändern.

- Meine Kinder schränken mich ein.
- Wichtig ist, den anderen zu gefallen.
- Für Sport fehlt mir die Zeit.
- Ich bin für vieles einfach nicht gut genug.
- Ich bin zu alt, um mich zu verändern.
- Es geht mir gut, so wie es ist – ich will mich nicht verändern.
- Andere Menschen glauben auch nicht an mich.
- Wenn ich einen anderen Job hätte, würde ich auch mehr bewirken.
- Ich muss immer stark sein.
- Macher sind häufig arrogant.
- Disziplin schränkt mich in meiner Freiheit ein.
- Mir fehlt für vieles das Fach.
- Ich bin einfach nicht so eine starke Persönlichkeit wie andere. Meine Meinung zählt sowieso nicht.
- Andere sind stärker als ich.
- Andere sind disziplinierter als ich.
- Es ist besser, sich nach anderen zu richten.
- Mir fehlt die Ausstrahlung.
- Eigentlich ist alles in Ordnung.
- Menschen, die in ihrem Leben viel bewegen, sind mir irgendwie unheimlich.
- Manchmal glaube ich, dass ich nicht intelligent genug bin.
- Es gibt niemanden, der mich wirklich bei der Verwirklichung meiner Wünsche unterstützt.
- Ich bin halt so, wie ich bin.
- Im Leben muss man häufig nachgeben.
- Es ist besser, einen Rückzieher zu machen, als seinen Willen durchzusetzen.
- Ich muss nach Möglichkeit perfekt sein.
- Ich bin nicht mutig genug.
- Es ist schwer, sich beruflich zu verändern.
- Jetzt ist es halt so, wie es ist. Jetzt muss ich damit klarkommen.

- Meine Lebenssituation verlangt danach, dass ich mich nicht zu viel verändere.
- Ich kann aufgrund der Verantwortung kein Risiko eingehen.
- Wenn ich mich verändere, verliere ich meine Freunde.
- Erfolgreich wird man nicht durch Ehrlichkeit.
- Um ein erfülltes Leben zu haben, braucht man viel Glück.

Und? Was denken Sie gerade? Manche Aussagen haben sicherlich weniger, andere dafür mehr Zustimmung erfahren. Vielleicht sind Ihnen spontan Sätze eingefallen, die für Sie noch mehr Sinn ergeben. Haben Sie diese notiert? Tragen Sie bitte die sieben Sätze in Ihr Logbuch, die von Ihnen am höchsten bewertet worden sind.

Was Männer können müssen

Jedes Dorf bietet uns die Möglichkeit, unsere Kompetenzen zu erweitern. Unser Verhalten wird natürlich auch von unseren Fähigkeiten und Fertigkeiten geprägt. James Bond könnte die Welt nicht alle zwei Jahre retten, wenn er nicht über die entsprechende Ausbildung des britischen Geheimdienstes verfügen würde. Erst das macht ihn zum Helden; alles andere würde einfach nicht gehen. Unsere Herkunft sorgt dafür, dass wir Neues erlernen. Nur so verknüpfen sich neue Schaltkreise zwischen unseren Ohren. Durch Lernen, Erfahren und wiederholtes Handeln bildet sich unser Gehirn aus. Dennoch wird Lernen häufig überschätzt, denn in vielen Fällen können wir uns Wissen und Fähigkeiten aneignen, wenn wir genug Gründe dafür haben. Je größer das Warum, desto leichter das Wie. Wenn ein ehemaliger Hauptschüler mit 44 Jahren die Prüfung zum Berufspiloten beim Luftfahrtbundesamt besteht, dann handelt es sich bei diesem Absolventen nicht um ein verkanntes Genie, sondern um einen Menschen, der genug Gründe zum Lernen hatte.

Als 2013 der Startrainer Pep Guardiola zum FC-Bayern München wechselte, überraschte er die über zweihundert Journalisten bei der ersten Pressekonferenz, indem er ihre Fragen in ziemlich gutem Deutsch beantwortete. Ist Guardiola besonders sprachbegabt? Natürlich nicht. Doch ein »internationaler Topverein« wie Bayern München liefert gute Gründe, der Landessprache mächtig zu sein.

Sie erkennen hoffentlich, dass Fachwissen, Fähigkeiten und Fertigkeiten im Grunde genommen nicht die entscheidende Rolle für ein echtes Heldenleben spielen. Denn wenn Sie wirklich wollen, können Sie sich vieles aneignen. Und dennoch ist es typisch Dorf, im Lebenslauf auf das Was zu schauen. Was haben wir gelernt? Welche Praktika, Projekte, Führungsqualifikationen bringen wir mit? Was für einen Beruf üben wir aus? Der eingeschränkte Dorfbewohner fragt gerne mal nach dem »Was«. Deshalb wollen wir für einen kurzen Moment auch diese Perspektive einnehmen.

Logbuch-Übung:
Was kann MANN so typischerweise in Ihrem Dorf?

Jedes Dorf hat bestimmte Vorstellungen von dem, was man kann oder können sollte. Jedes Dorf hat einen Maßstab in Sachen Wissen. Das erkennen Sie bereits an Schulformen. Ein musisches Gymnasium bietet andere Angebote für die Hirnbildung als ein mathematisch-naturwissenschaftliches Gymnasium. Bis zum Abitur werden sich die Kinder anders entwickeln: andere Angebote, andere Hirnbildung.

Beobachten Sie Ihr direktes Umfeld (Beruf/Familie/Sonstiges) und verzichten Sie wieder einmal auf eine Bewertung. Nehmen Sie wahr, was da ist. Was kann Mann so in Ihrem Dorf? Was lernt Mann typischerweise in Ihrem Umfeld? Über welche Fähigkeiten und Fertigkeiten wird Mann zum anerkannten Mitglied der Dorfgemeinschaft? Was ist Standard? Ausbildung oder Studium? Windeln wechseln und/oder Grill anwerfen? Wo herrscht Konsens in Bezug auf was Mann können sollte oder gar muss? Und vor allem: Wie fühlen Sie sich damit?

Fazit

Neugierde und Entdeckerdrang wurden uns in die Wiege gelegt. Für den Rest sorgt das Dorf mit seinen Angeboten. Hier finden wir die Erfahrungswelten, aus denen wir schöpfen. Das Umfeld prägt und formt. Im Dorf herrscht Einigkeit in Bezug auf Rollenverteilung, Werte und Überzeugungen. Diese Einigkeit sorgt innerhalb der Dorfgemeinschaft für die Stabilität und Sicherheit, die uns so ungemein guttut. Das Dorf (Beruf/Familie/soziales Umfeld) ist von enormer Wichtigkeit für unser Balance-System. Sich ewig neu zu orientieren und nie verwurzelt zu sein raubt am Ende alle Energie. Das ist die positive Kraft des gewohnten Umfelds. Alles ist vertraut. Im Dorf sind wir sicher – aber große Veränderungen sind nicht erwünscht. Und genau hier liegen die Gefahren. Denn überall dort, wo zu viele Gewohnheiten aufgebaut werden und Veränderungen das System stören, sind Entwicklungen des Einzelnen nicht mehr möglich. Natürlich bleibt niemand nur in einem Dorf. Auch Sie haben sich während Ihres Lebens in verschiedenen Dörfern umgesehen. Doch da, wo Sie heute gelandet oder gestrandet sind, herrscht Konsens in Bezug auf Ihre Identität und Werte, Ihren Glauben und Ihr Wissen – sonst ecken Sie schnell an. Und bei aller Gemeinschaft, Stabilität und Sicherheit, die das Dorf uns bietet, stellt sich für den modernen Helden nur eine Frage: Ist das wirklich mein selbstbestimmtes Leben in dem Körper, Geist, Herz und Seele erfüllt sind? Oder riecht es nach Veränderung?

Um es noch einmal deutlich auf den Punkt zu bringen: Das Dorf ist nichts Böses; man muss es nur zeitweise verlassen, um vielleicht als Held zurückzukehren. Das katalanische Dorf Cadaqués war im 18. Jahrhundert ein prachtvolles Weinbaugebiet, seine Reben bilden heute noch ganze Grundstöcke kalifornischer Winzer. Aber zu Beginn des 19. Jahrhunderts kam die Reblaus. Zugleich lockte die spanische Insel Kuba mit Arbeit, Exotik und dem Duft von Zigarren. Viele Dorfbewohner machten sich auf die Reise. Die meisten kamen irgendwann reich und erfolgreich in ihr Dorf zurück und bauten Häuser im kubanischen Kolonialstil. Salvador Dalí meinte einmal über sein Dorf: »Cadaqués ist das schönste Dorf der Welt.« Und er hat wahrlich die Welt gesehen.

Machen Sie sich dabei immer wieder bewusst: Das, was Sie in Ihrer Welt zu dem gemacht hat, was Sie heute sind, ist nicht das, was Sie zum Helden macht.

Logbuch-Check

- Jede Heldenreise beginnt im gewohnten Umfeld – dem Dorf, der geistigen Heimat des angehenden Helden. Von hier bricht er auf.
- Das Dorf, also die gewohnte Welt, verschafft uns die Angebote, die unser Gehirn formen. Körper, Geist, Herz und Seele kön-

nen sich durch die Lebenserfahrungen entfalten oder auch nicht.

- Jede Veränderung beginnt mit Bewusstmachung. Deshalb ist der ungeschönte Blick auf das Dorf wichtig.
- Unser Verhalten hängt stark von unserem Rollenverständnis (Identität), den Werten, Überzeugungen und unseren Fähigkeiten und Fertigkeiten ab.
- Unser eigenes Rollenverständnis steuert unser Verhalten. Dieses wird durch unser Umfeld geprägt. Welche Identitäten (Rollen) schreibt Ihnen Ihr Umfeld zu? Im beruflichen, familiären und sonstigen Umfeld gibt es Spielregeln, die unsere Identitäten prägen. Haben Sie in allen drei Bereichen eine Vorstellung von den Ihnen zugeschriebenen Identitäten (Rollen)?
- Unser Verhalten wird ebenfalls durch Werte gesteuert. Welche Werte dominieren Ihr berufliches, familiäres und sonstiges Umfeld. Haben Sie eine Vorstellung von den Kernwerten, die Ihr Umfeld ausmachen?
- Überzeugungen machen uns zu Überzeugungstätern. Glaubenssätze steuern unser Verhalten. Diese werden stark durch das Umfeld geprägt. Konnten Sie einige Glaubenssätze identifizieren, die Teil Ihres Denkens sind? Gelangten Sie bei der Übung oder auch später zu neuen Überzeugungen, und haben Sie diese notiert? Was haben die Angebote aus dem Dorf aus Ihrem Denken gemacht?
- Welche Fähigkeiten und Fertigkeiten braucht ein Mann in Ihrem Dorf? Was muss Mann an Handwerkszeug mitbringen, um in Ihrer Dorfliga mitspielen zu dürfen? Decken sich diese mit Ihren Vorstellungen, oder geraten Sie öfter einmal in einen Konflikt mit sich oder auch anderen Dorfbewohnern?

7 WASTELAND – SEX, DRUGS UND ROCK 'N' ROLL

Nicht einmal Stille ist in den Bergen
Nur trockner unfruchtbarer Donner ohne Regen
Nicht einmal Einsamkeit ist in den Bergen
Nur rote mürrische Gesichter höhnen und spotten
Aus Türen rissiger Lehmhäuser
T. S. Eliot, Das öde Land[1]

Bei der Förderung von Öl gibt es die sogenannte Abfackelung, bei der anfallende Gase mittels einer großen Flamme verbrannt werden. So ist es mit den Neigungen, Sehnsüchten, Wünschen und Bedürfnissen eines jeden Mannes. Dank ihres natürlichen Überschusses unter anderem an Testosteron und eines überaus gut funktionierenden Dominanz- und Stimulanz-Systems müssen sie auf irgendeine Art und Weise ihren Drang nach Wachstum und Selbstentfaltung »abfackeln« und ihre Überschüsse loswerden. Wenn das Dorf ihnen nicht die Möglichkeiten dazu bietet, suchen sie sich neue Wege.

So mancher Mann stellt fest, dass er im Dorf nicht Körper, Geist, Herz und Seele richtig ausleben kann. Eine oder mehrere Funktionen bleiben auf der Strecke. Doch so richtig benennen kann er es nicht. Wenn das Leben keine wirkliche Richtung hat und uns etwas fehlt, dann beschleicht uns dieses Thomas-Schneider-Gefühl, dass hier »irgendetwas fehlt«. Wenn in der »gewohnten Welt« allzu viele einschränkende Gewohnheiten vorherrschen, wenn männliche Bedürfnisse in den vorherrschenden Mustern nicht ausgelebt werden können, dann müssen

Ersatzstrategien her. Männer tauchen dann ein in Parallelwelten, semioffizielle Erlebniswelten, über die sie nicht ganz so offen und gerne sprechen.

Joseph Campbell und seine Kollegen verorten diesen Zustand als »Wasteland«, in Anlehnung an das berühmte Gedicht *The Waste Land* des amerikanischen Autors T. S. Eliot, das manche Eindrücke vom Leben bereithält, die nicht die Erfüllung bedeuten. Und das ist noch ein netter Ausdruck; waste bedeutet auch Müll, Schrott, Abfall. In Eliots Gedicht kommt nicht einmal die Einsamkeit zum Zuge. Campbell sagte einmal: »Die Menschen suchen nicht nach dem Sinn des Lebens, sondern nach dem Gefühl, lebendig zu sein.« Dafür bietet das Wasteland die nächstliegenden Gelegenheiten. Wenn das eigene Leben nicht berauscht, dann braucht es eben den künstlichen Kick.

Wasteland wird zum berauschenden Ort, an dem schnelle Unterhaltung und Befriedigung der »magischen vier« geboten wird. Leider nur schnell: Körper, Geist, Herz und Seele verkümmern dort auf Dauer, es handelt sich nur um eine Illusion. Wer im Dorf nicht glücklich wird, checkt gelegentlich in berauschende Angebote des Wasteland ein, statt sich auf Heldenreise zu begeben. Die »berauschenden« Angebote haben mit der Selbstberauschung des Helden nicht das Geringste zu tun.

Held »dank« Querschnittslähmung – Thomas Geierspichler

Auch Thomas Geierspichler aus Österreich steckte tief im Wasteland-Sumpf und wurde trotzdem zum Helden. Er sagt heute, er habe das Glück, zwei Leben in einem

Leben führen zu dürfen: vorher und nachher. Sein erstes Leben war das eines ganz normalen jungen Mannes. Thomas war ein ganz normaler Bauernbub aus Anif, einem kleinen Dorf in der Nähe von Salzburg; er spielte gerne Fußball und ging mit seinen Freunden aus: ein typisches Dorfleben. Zehn Tage vor seinem achtzehnten Geburtstag prallt er als Beifahrer bei einem schweren Unfall in eine Betonwand, und erhält im Krankenhaus die Diagnose Querschnittslähmung.

Auf einen behinderten Bauernbuben waren weder er selbst noch sein Dorf eingestellt. Denn was macht den Sohn eines Bauern aus, der bestimmt ist, den Stall auszumisten und mit seinen Freunden Fußball zu spielen? Die gewohnte und bewährte Stabilität und Sicherheit seines Dorfes hatten sich in der Sekunde des Unfalls fast in Luft aufgelöst. Ein Mann verliert im Zeitraum eines Wimpernschlags seine ursprüngliche Identität, die Rolle seines bisherigen Lebens, die für ihn und sein Umfeld gelernt war. Wonach sollte er sich jetzt noch richten? Alles erschien Geierspichler wertlos. Seine Gedanken und Überzeugungen führten dazu, dass er begann, sich selbst zu hassen und die Welt für sein Schicksal anzuklagen.

Mit seinen Körperfunktionen verlor er auch weite Teile von Geist, Herz und Seele. Schnell schien nichts mehr zusammenzupassen. Seine bisher gewohnte Welt hatte keine Angebote mehr, die ihn erfüllten. Heimlich begann er auszubrechen. Er verfiel erst dem Alkohol, dann den Drogen. Drei Jahre sumpfte Thomas Geierspichler ziellos vor sich hin, ertränkte seinen Frust und berauschte sich an dem, was er für »Leben« hielt und das nichts weiter war als das unerschöpfliche Reservoir seines Drogendealers. Der Drogenkonsum lenkte ihn ab, betäubte und verschaffte ihm ein Gefühl von Stärke und Leichtigkeit. Künstlich hielt er Körper, Geist, Herz und Seele lebendig, bis der Kick wieder nachließ. Immer kraftloser schleppte er sich durch die Trümmer seiner Existenz als drogensüchtiger Rollstuhlfahrer in einem kleinen Dorf in Österreich.

Natürlich würde ich Ihnen nicht von diesem besonderen Menschen erzählen, wenn er nicht irgendwann zurück auf seine Heldenspur gekommen wäre. Thomas Geierspichler hat im wahrsten Sinne des Wortes »die Kurve gekriegt« und sein Leben noch rechtzeitig in die Hand genommen. In einem Moment höchster Verzweiflung spürte er seine Kräfte wieder – nicht in den Beinen, sondern in seinen Händen. Diese Hände waren gezwungen, seinen Rollstuhl zu bewegen, und gleichzeitig das Mittel, um mehr daraus zu machen. Mit seinen Händen begann er zu trainieren – und katapultierte sich als Rennrollstuhlfahrer in ein berauschendes neues Leben. Thomas Geierspichler schaffte es bis in die Weltelite der Rennrollstuhlfahrer. Zweimal gewann er olympisches Gold, fünfmal wurde er Weltmeister, sechsmal Europameister. Bei seinem Olympiasieg 2008 in Peking über die Marathondistanz stellte er einen neuen Weltrekord auf.

Die Geschichte von Thomas Geierspichler zeigt exemplarisch, was im Leben eines jeden Mannes geschieht, wenn er im Dorf nicht die Angebote findet, die ihm entsprechen. Wie viele brach auch Thomas Geierspichler in Richtung Wasteland auf, um Rausch zu konsumieren. Die Kompensation unserer Mangelgefühle im Wasteland kennen wir aus vielen Filmen. Der angehende Held gerät auf die schiefe Bahn, um noch im letzten Augenblick die Kurve zu nehmen. Der Umweg über den Rausch am falschen Leben öffnet dem potenziellen Helden die Augen, und er tritt seine Heldenreise an. Und wie wir bereits gelernt haben, werden Filme nur gemacht, damit wir uns selbst in den Figuren und Handlungen wiedererkennen.

Der Noch-nicht-Held, der sich ins Wasteland verirrt, berauscht sich auf künstliche Weise und verbraucht seine Kräfte für die falschen Ziele. Das Heldenleben dagegen garantiert den selbst gemachten Rausch, ein Lebensrausch ohne Drogen oder ähnliche Ersatzstoffe. Der Held ist im Flow und badet in den Endorphinen des realen Lebens. Ein berauschender Mix aus Selbstverantwortung, Selbstverwirklichung, Eigenmotivation, Handlungskontrolle, Selbstbestimmtheit, Gestaltung des eigenen Lebens, nachhaltiger Veränderung und Wachstum. Das sind die wahren Heldendrogen.

Im Wasteland lauern unendlich viele Verlockungen. Hier tauchen wir nur allzu schnell ab, wenn irgendetwas nicht stimmt und wir den Ruf für eine echte Veränderung noch nicht gehört haben oder auch nicht hören wollen. Das Wasteland des mordenden Mannes im 21. Jahrhunderts zeigt sich gerne in den Big Six: Drogen, Medien, Pornokultur, Konsum, Workaholism und Gewalt.

Erstens:
Helden koksen nicht

Unter Drogen fallen Genussmittel mit wahrnehmungs- und bewusstseinsverändernder Wirkung. Dabei müssen wir nicht einmal auf die Liste der illegalen Drogen wie Ecstasy, Kokain, Cannabis, Heroin oder Designerdrogen schauen. Die Welt ist voller legaler Drogen, die mit größter Selbstverständlichkeit frei verfügbar sind – Zigaretten, Medikamente, Kaffee, Alkohol. Gerade beim Alkoholkonsum liegen wir Deutschen weit vorne. Statistiken gehen von 1,5 bis 2,5 Millionen deutschen Alkoholikern aus. Die Werbung formt unser Denken. Die Kommunikationsprofis bringen vorzugsweise Bier mit Sport, Freundschaft und Erfolg in direkte Verbindung; bei der permanenten Dauerbeschallung über sämtliche medialen Kanäle haben wir Männer bereitwillig gelernt, dass diese Welten auch wirklich zusammengehören.

Drogenkonsum ist häufig ein Zeichen für einen seelischen Mangel. Alkohol markiert traditionell den Ausbruch aus den Begrenzungen des Dorfs. Die Gewohnheit, von montags bis freitags brav seinem Beruf nachzugehen, um es sich dann am Wochenende so richtig zu geben, ist anerkannter Bestandteil der modernen Dorfkultur. Im zweiten Stadium begegnet man »Pegelalkoholikern«, die nie betrunken, aber immer berauscht sind, und ihre Lage im Dorf gar nicht mehr nüchtern betrachten wollen. Die Entwicklung verläuft schleppend, aber kontinuierlich. Sich auch mal unter der Woche abzuschießen, weil das Leben gerade so stressig ist, scheint »total normal«. Nichts gegen ein Bier am Abend und schon gar nicht unter Freunden. Die Grenze zwischen Genuss und Missbrauch ist jedoch fließend.

Zu den Parametern Genuss, Missbrauch und Abhängigkeit gibt es keine mengenmäßigen Angaben. Bei Alkoholismus gibt es sechs Stadien: starkes Verlangen bzw. Zwang, Alkohol zu trinken; Verlust der Kontrolle über den Konsum; körperliche Entzugserscheinungen; zunehmende Mengen bei gleichzeitig zurückgehender Wirkung; Vernachlässigung anderer Interessen; weitertrinken, selbst wenn sich schon körperliche oder geistige Mängel zeigen.

Ob Hopfen, Malz oder Gras: Selbstbetäubung sorgt dafür, dass wir für einen Moment unsere kritischen Stimmen ausschalten und uns einfach stärker fühlen. Das ist falsch verstandene Selbstwirksamkeit, denn Männer, die nach dieser Strategie ihr Leben organisieren, berauschen sich nicht am eigenen Handeln, sondern am künstlich erzeugten Gefühl, das ihre tief sitzende Frustration überdeckt, ihr Glück im Dorf nicht zu finden oder nicht den Mumm zu haben, es zu verlassen.

Zweitens:
Helden daddeln nicht

Jedes Dorf hat seine Feiern und Feste; im Wasteland versucht der potenzielle Held, zu Hause etwas »abzufeiern«, was er draußen nicht findet. Wenn wir abends auf die Couch fallen und zum »Abschalten« die Glotze anschalten, lassen wir uns von Dingen berauschen, die uns unser Dorf nicht zu bieten hat und die den Hauch der großen, weiten Welt verströmen – aber nur den Hauch. Wir schwingen dann mit und fühlen uns gut. Dann haben wir das wahre Leben des Alltags förmlich abgeschaltet – und uns selbst gleich mit dazu. Vor dem Fernseher finden wir nicht statt und sind ebenso passiv wie beim Drogenkonsum. Keine Spur von Antrieb, Motivation oder Inspiration. Selbstverständlich ist es jedem Menschen gegönnt, ab und zu einen »Trashabend« einzulegen; merkwürdig wird es nur, wenn Sie sich fast jeden Abend vor dem elektronischen Lagerfeuer einfinden und möglicherweise auch noch allein davor sitzen. Fast vier Stunden pro Tag verbringt der Durchschnittsdeutsche vor der Glotze – eine solch gigantische Zeitvernichtung verhindert bombensicher, das eigene Heldenpotenzial zu entfalten.

Fernsehen, Notebooks, Smartphones, MP3-Player, Playstation und andere digitale Errungenschaften haben die Welt verändert. Social Life und Social Media sind nicht das Gleiche. Wer dumpf den ganzen Tag auf Monitore starrt und sich mit Trashinformationen vollstopft, kompensiert Campbells »Gefühl, lebendig zu sein« mit Dingen, die mit Körper, Geist, Herz und Seele nicht in Verbindung stehen. Das Versprechen der neuen digitalen Medien, den Menschen in ein neues Informationszeitalter und in die Wissensgesellschaft zu führen, wird von einem Informationswasserkopf und dem unendlichen Strom der eintreffenden E-Mails und Facebook-Likes zerbröselt. Über Daddelei vergessen potenzielle Helden dann ihre Möglichkeiten. Sie berauschen sich an digitalem Tand, statt sich den wirklich wichtigen Aufgaben zu stellen.

Drittens:
Helden haben echten Sex

Die Evolution hat dem Durchschnittsmann einen einfachen Auftrag mit auf den Weg gegeben: Genetisch gesehen macht er alles richtig, wenn er mit möglichst vielen Frauen schläft. Frauen wollen umgekehrt bei möglichst vielen Männern ankommen, um sich aus dem großen Pool der Bewerber den richtigen Partner und Versorger herauszusuchen. Und so stehen die ganzen Kerle in der

Warteschlange und müssen sich gegen den Wettbewerb behaupten.

Weil schlaue Unternehmer unser tiefes testosterongesteuertes Verlangen nach dominantem und aggressivem Sex verstanden haben, füttern sie uns mit einer Flut von Pornoangeboten. Erfolgreiche Pornoseiten sind nach einer allgemeinen Formel »affordable, aggressive, anonymous und accessible« – also billig, aggressiv, anonym und leicht zugänglich. Da die Evolution uns noch eine zweite Aufgabe stellt – mit möglichst wenig Energieaufwand durch das Leben zu gehen –, verlassen wir kaum unser dörfliches Umfeld und klicken uns lieber um die Ecke in die Welt voller attraktiver, sexhungriger Frauen ein, wie wir sie im tristen Alltag niemals finden würden. Das Angebot steht dank Internet natürlich 24 Stunden und 7 Tage die Woche kostenfrei und in übervollem Maß zur Verfügung. Mit einem Klick stecken wir schon drin. Ganz ohne Aufwand. Der Anblick von Sex in seinen vielfältigen Konstellationen führt zu einer Erregung, die in der digitalen Einsamkeit bequem auf- und abgerufen werden kann. Allerdings folgt auf das kurze High in der Regel der jähe Absturz in Gestalt einer handfesten Depression; wir finden dann in Anlehnung an T. S. Eliot nicht einmal mehr die Einsamkeit. Die Serie der einzelnen »Nummern« ist eingebettet in immer längere Phasen der Niedergeschlagenheit, Depressivität und Leere. Der Kick kommt immer öfter, aber zurück bleiben sexuelle Frustration und innere Leere.

Selbstverständlich gehen erotisch motivierte Männer auch gerne vor die Tür. Seit 2001 die gewerbliche Männerverführung in Deutschland als legale Dienstleistung anerkannt wurde, ist die Anzahl professioneller Dienstleister auf geschätzte 400 000 angestiegen;

die Dunkelziffer bewegt sich bei einer Million, denen zwanzig Prozent deutscher männlicher »Puffgänger« gegenüberstehen.[2]
Der kurze Weg zum schnellen Glück ist durchaus eine Möglichkeit, sich zwischendurch lebendig zu fühlen. Aber es ist eben nur ein »Zwischendurch«, so wie Wasteland ein Zwischenland darstellt. Hier bleibt vor allem die Herzfunktion auf der Strecke.

Viertens:
Echte Helden brauchen keinen Porsche

Wer mit seinem Carrera S morgens ins Büro fährt, befriedigt zweifelsohne sein Bedürfnis nach Dominanz und Stimulanz. Das ist auch grundsätzlich nicht verwerflich. Solche Autos sind genau dafür gemacht und sorgen für Überlegenheit, die sich hören, spüren, sehen lässt. Die grundsätzliche Frage, die sich jeder Mensch beim extremen Konsum stellen könnte, lautet jedoch: Welche Bedeutung hat dieser Kauf für ihn persönlich? Von Odysseus bis Spiderman haben es unzählige Helden vorgemacht. Ein echtes Heldenleben kennt eine einfache Regel: Wichtig ist nicht Haben, sondern Sein! Unser wirtschaftliches System ist auf Konsum angelegt. Der bloße Konsum hat erst einmal nichts mit persönlichem Wachstum zu tun.
Wenn Konsum mehr und mehr dazu verwendet wird, einen Mangel an Körper, Geist, Herz und Seele zu verdrängen, und Güter Mittel zum Zweck werden, dann befindet sich Mann im Wasteland. Erfolg ist etwas Schönes, aber traurig, wenn erworbene Reichtümer nur einen Mangel ausgleichen. Ganz nach dem Motto »Nach außen erfolgreich, doch innerlich wenig erfüllt«. Konsum

als reines Show-off hat wenig Heldenhaftes. Und das ist immer der falsche Weg.

Fünftens:
Helden arbeiten sich nicht tot

Vor dem materiellen Genuss steht die Arbeit, mit der man sich so allerlei leistet. Und auch die Arbeit selbst kann zur Wasteland-Falle werden. Dann ist die Rede von Workaholics, die auf Dauer keinen Ausgleich zur Arbeit mehr haben. Wie alle angesprochenen Bereiche hat auch Arbeit einen Konsumfaktor, nämlich denjenigen, dass Arbeit Zeit frisst, die man sonst nicht auszufüllen weiß und die den Arbeitenden verschlingen kann. Vor allem bei Singles und anderen Menschen, die zu Hause fast nur Medien konsumieren, kann Workaholismus auf Dauer Depressionen auslösen und Menschen zerstören. Für den Workaholic ist Arbeit eine Ausflucht, um sich nicht auf den Heldenweg zu machen. Siebzig Stunden, achtzig Stunden oder mehr stürzen sich Süchtige in die Arbeit, aus Existenzangst, Langeweile oder um jeden Gedanken an ein erfülltes Leben zu verhindern. Sie berauschen sich an der Arbeit und nicht am Leben. Ganz nach dem Motto: Lieber ins Büro als das triste Leben ertragen müssen. Bei Workaholics sind die Denk- und Willensfunktion wie der ganze Körper auf Anschlag, Herz und Seele wurden irgendwo vergraben. Workaholics stürzen sich in Arbeit, weil sie sich darin zunächst lebendig und wirksam fühlen. Und weil die Option auf Belohnung und Anerkennung immer in greifbarer Nähe liegt. Workaholics halten sich und ihre Arbeit für unentbehrlich, leiden aber unter Versagensängsten, permanentem Stress und Selbstblockaden. Dabei kann es oft passieren, dass Arbeitsplatz und Unternehmen als die »wahre Welt« angesehen und zum Selbstzweck werden.

Arbeit kann erfüllen. Bei Workaholics führt sie allerdings schnell zu unendlicher Leere, die permanent aufgefüllt werden muss. Diese Menschen gehen in ihrer selbstgewählten Zwangsjacke der endlosen Arbeit ein.

Sechstens:
Helden kennen keine Aggressionen

Die Dorfkirmes, das Fußballstadion und öffentliche Einrichtungen sind ideale Orte, um Lebensenergie abzufackeln. Es ist wenig dagegen zu sagen, wenn man sich für den Heimatverein mal die Lunge aus dem Hals brüllt. Aber in den letzten Jahren wurde die Öffentlichkeit immer wieder von grundlosen Gewaltexzessen geschockt. Wenn die Bedürfnisse von Stimulanz, Dominanz und Bindung im Dorf auf keinen förderlichen Nährboden fallen, werden die Energien druckvoll unter Verschluss gehalten. Bei sich aufbauendem Druck wollen sie raus, müssen raus, können aber nicht.

Die Folge: Einfach mal »die Sau herauslassen« und auf nichts und niemanden Rücksicht nehmen gibt manchen ein Gefühl von Lebendigkeit. Wenn Männer sich immer häufiger nicht mehr unter Kontrolle haben und aus Frust über ihr eigenes Leben andere in Mitleidenschaft ziehen, sind sie nicht mehr auf dem Heldenweg.

Männer wissen oft nicht, was sie tun. Der bekannte Kriminologe Christian Pfeiffer schreibt: »Wir bewerten diese Daten [...] als Ausdruck einer Krise der Männlichkeit.

Eine ihrer Ursachen scheint die Diskrepanz zu sein, die sich heute zwischen den Männerträumen und der Wirklichkeit ergibt.«[3] Sprich: Wenn Männer den Traum vom starken Mann und dem (positiven) Abfackeln ihrer Energien nicht in ihrem Dorf befriedigen können, suchen sie nach der passenden Gelegenheit. Und manchmal ist es schon egal, wer ihnen dabei über den Weg läuft.

Unterm Strich

Die hier aufgezählten Big Six stehen nur exemplarisch für die vielen Möglichkeiten, aus der langweiligen Alltäglichkeit des Seins auszubrechen. Erfülltes Wachstum stellt sich dabei jedoch nicht ein. Letztlich bleibt alles beim Alten, und der Mangel kann auf Dauer nur durch eine verstärkte Reizintensität befriedigt werden. Wie bei einer Krankheit ist hier etwas nicht in Balance. Und natürlich lässt sich bei allem ein Mittelchen finden, das kurzfristig Heilung verspricht. Dann geht es uns für einen Moment besser. Doch sobald die Wirkung nachlässt, meldet sich der Schmerz zurück.

Logbuch-Übung:
Wie viel Wasteland prägt Ihr Leben?

Sie haben sich die Big Six des Wasteland gerade angesehen. Wie oft brechen Sie aus Ihrem eigenen Leben aus und tauchen ein in die Verlockungen des schnellen Rausches?

Zur Vorbereitung dieser Übung schlagen Sie zunächst eine neue Seite in Ihrem Logbuch auf. Zeichnen Sie sechs Ampeln, deren Farbe Sie noch nicht ausmalen. Jede Ampel steht für eine Möglichkeit, im Wasteland abzutauchen. Noch bildlicher wird es, wenn Sie tatsächlich drei Buntstifte griffbereit haben.

Um die Übung wirkungsvoller zu machen, schauen wir auf Ihr jetziges Verhalten aus einer anderen Perspektive. Dazu brauchen wir eine Herausforderung aus Ihrem Leben, die für Sie Bedeutung hat. Vielleicht geht es darum, einen Marathon zu laufen, ein Haus zu bauen oder einen Gartenteich anzulegen. Vielleicht wollen Sie eine bestimmte Person treffen oder ein wichtiges berufliches Projekt schaffen. Suchen Sie sich eine klare eindeutige Herausforderung aus Ihrem Leben, die vor Ihnen liegt und die nur Sie durch eigene Anstrengung erreichen können. Wenn Sie diese gefunden haben, folgt der nächste Schritt.

Werfen Sie Ihr Kopfkino an und stellen Sie sich vor, dass Sie diese Aufgabe mit Bravour bewältigt haben. Es ist der kurze Moment des Erreichens, der uns mit Endorphinen beglückt. Sie haben es geschafft. Wenn Sie aus diesem berauschten Gefühl und dieser Perspektive heraus auf den Menschen blicken, der Sie jetzt und heute sind, wie beurteilen Sie den Konsum der Big Six?

1. Nikotin, Alkohol & Co.

Welche Farbe sollten Sie der Ampel heute geben? Steht sie auf Grün, weil Sie selten zu Alkohol, Zigaretten oder Härterem greifen. Steht sie auf Gelb, weil Sie es in letzter Zeit ehrlicherweise ein wenig übertreiben? Oder gehören Sie schon zu denen, die ohne den regelmäßigen Rausch gar nicht mehr können? Wenn Sie aus dem Zustand des idealen, gesunden und kraftvollen Ichs eine Bewertung abzugeben hätten, wie würden Sie urteilen? Geben Sie der Ampel eine Farbe.

2. Medien

Wie viel Zeit verbringen Sie in fremden Welten, um sich abzulenken? Fernsehen, Internet, Filme? Wie häufig tauchen Sie ein in eine Welt, die nicht wirklich Ihre ist? Brauchen Sie zum Einschlafen die Glotze, um sich keine Gedanken zu machen? Aus dem Zustand eines idealen Ichs, wie urteilen Sie?

3. Sex

Hand aufs Herz: Gehören Youporn & Co. zum festen Bestandteil Ihres Lebens? Gehören Sie zu den knapp 20 Prozent der deutschen Männer, die sich regelmäßig professionell versorgen lassen? Mal ganz ehrlich! Aus der Perspektive Ihres idealen Ichs: Welche Farbe geben Sie dieser Ampel?

4. Materialismus

Haben oder Sein, das ist hier die Frage. Brauchen Sie Konsum, um sich lebendig zu fühlen? Wie oft kaufen Sie Dinge, die Sie gar nicht brauchen und dann meist auch nicht nutzen? Wie lange tragen Sie Ihre Kleidungsstücke? Wer wären Sie, wenn man Ihnen die Besitztümer abnehmen würde? Welche Farbe geben Sie Ihrer Ampel, wenn Sie aus der Perspektive Ihres idealen Ichs auf Ihren Konsum schauen?

5. Workaholism

Fressen Sie sich gerne in die Arbeit hinein – oder frisst die Arbeit Sie? Haben Sie sich schon einmal dabei ertappt, dass Sie abends länger im Büro geblieben sind, weil der Rest Ihres Lebens sowieso nichts zu bieten hat? Arbeiten Sie manchmal nur, um sich von manchem abzulenken? Arbeiten Sie häufig länger als Ihre Kollegen? Welche Farbe geben Sie dieser Ampel?

6. Aggressivität

Sind Sie die Entspanntheit in Person, oder werden Sie schnell launisch? Erlebt man Sie häufig aggressiv, und reagieren Sie immer häufiger über? Gibt es Menschen in Ihrem Umfeld, auf die Sie besonders verärgert reagieren? Spielen Sie auch manchmal Ihre Macht aus? Lästern Sie? Sind Sie hin und wieder auch mal ein »Arschloch«? Wie würde Ihr ideales Ich urteilen?

Gibt es vielleicht ein weiteres Wasteland, das wir hier nicht besprochen haben? Die Liste der Möglichkeiten, an denen wir uns im Leben berauschen können, ist unendlich. Sie alleine schauen, wo und ob der Schuh drückt.

Ganz egal welchen Landstrichen irgendeines Wasteland Sie hin und wieder oder auch regelmäßig einen Besuch abstatten oder auch nicht. Das Wasteland ist für Filmemacher eine gerne genommene Übergangsstation auf dem Weg zum Helden. Denn letztlich zeigt es, dass Sand ins Getriebe des Lebens gekommen ist. Irgendetwas stimmt da nicht – das ruft nach Veränderung.

Im ersten Teil von *Rocky* ist Rocky verärgert darüber, dass ihn sein Trainer Mickey Goldmill rüde und unfreundlich behandelt, und stellt ihn deswegen zur Rede. Der antwortet knallhart: »Du hattest das Talent, es als Boxer sehr weit zu bringen. Stattdessen machst du für ein Miststück von Geldverleiher den Knochenbrecher.« Rocky verteidigt sich mit dem bremsenden Glaubenssatz »Ich muss leben«, woraufhin sein alter, lebenserfahrener Trainer ihn kurz und knapp abkanzelt: »Du verschwendest dein Leben.« Rocky macht die Drecksarbeit für einen windigen Halunken, statt seine Energie konsequent für sich selbst und seine Ziele, für »das Richtige«, einzusetzen. Sein Trainer macht ihn darauf aufmerksam, dass er tief im Wasteland steckt.

Filme, die ausschließlich im Wasteland spielen, sind in der Regel keine Heldengeschichten. Der Protagonist bricht zwar aus den Konventionen des Dorfes aus, verödet aber als Mensch. Meistens aber ist dies nur der Beginn eines erfolgreichen Films: Denn sobald irgendetwas, irgendjemand oder sich der »Mann« selbst aus seiner Lethargie herausreißt, ist der Zugang offen für den lebendigen und berauschenden Heldenweg.

Sollten Sie also in diesem Kapitel merken, dass Sie hin

und wieder Ihrer gewohnten Welt heimlich den Rücken zukehren, dann sind Sie im Grunde genommen schon auf dem Weg. Im Moment vielleicht noch in die falsche Richtung, aber die Signale stehen auf Veränderung. Viele herausragende Geschichten Hollywoods beginnen im Wasteland. Denn dort liegt oft schon das Talent buchstäblich »begraben«, das Männer zu Helden katapultiert.

Logbuch-Check

- Wenn Menschen in ihrem Leben einen Mangel spüren, dann entscheiden sie sich entweder für die Heldenreise oder für einen Abstecher ins Wasteland.

- Nichts gegen einen kleinen Ausflug aus Spaß an der Freude. Doch wenn es dauer- und zwanghaft wird, ist es nicht der Helden-, sondern der Holzweg.

- Der Eintrittspreis ins Wasteland erscheint häufig im Vergleich zu den hohen Kosten und Risiken der Heldenreise geringer. Die kurzfristige Wirkung ist verlockend.

- Das Wasteland bietet vielfältige Möglichkeiten, einen Mangel an Körper, Geist, Herz und Seele kurzfristig auszugleichen. Die Angebote berauschen, lenken ab und sorgen für den Kick, der das Leben lebendig werden lässt.

- Im Wasteland verpufft die Energie des Helden. Sie wird in die falsche Richtung gelenkt. Echte Veränderung ist hier nicht möglich.

- Die Big Six des Wasteland 2.0 sind: Drogen, Medien, Pornokultur, Konsum, Workaholism und Gewalt.

- Haben Sie durch die Logbuch-Übung schon eine erste Idee, ob Ihnen im Dorf in Sachen Lebendigkeit etwas fehlt? Welchen Teilen Ihres ganz persönlichen Wasteland statten Sie hin und wieder einen Besuch ab? Wie berauscht sind Sie von Ihrer gewohnten Welt?

8 SIND SIE AUF EMPFANG?

> *»Die Antwort ist da draußen, Neo.*
> *Sie sucht dich.*
> *Und sie wird dich finden, wenn du das willst!«*
> Matrix

Das Wichtigste im Leben eines jeden Helden ist es, den eigenen Ruf zu hören. Denn ohne den Ruf macht sich ein Held nicht auf, seine gewohnte Welt zu verlassen. Manchmal kommt dieser Weckruf unüberhörbar von außen, etwa an historischen Daten wie dem 11. September 2001, beim Ausbruch einer Krankheit oder einem anderen einschneidenden Ereignis.

Die hier vorgestellten Lebenshelden haben jedoch eines gemein: Sie haben nicht auf ein äußeres Ereignis gewartet. Jeder der Lebenshelden hat ein »Ohr« für den eigenen Ruf. Und sie haben die Fähigkeit, die richtigen Signale wahrzunehmen.

Auch Sie bringen alles Erforderliche mit. Denn jeder Mensch verfügt durch Körper, Geist, Herz und Seele über eigene Resonanzkörper, die für das Bedürfnis nach Wachstum und Entfaltung besonders hellhörig sind. Keiner kennt uns besser als wir uns selbst. Deshalb geht es in diesem Kapitel darum, auf Empfang zu gehen und Ihre eigenen Antennen auf Ihren Ruf auszurichten.

Wenn Sie bewusst in sich hineinhorchen, werden Sie spüren, was in Ihrem System nicht stimmt. Dann ist der Held in Ihnen abrufbereit. Schärfen Sie die Wahrnehmungskompetenz, die im Alltag gerne auf der Strecke bleibt. Dabei geht es nicht um Hauruck und schnell nach oben; hier geht es um Stille, Hineinhorchen, Selbstwahrnehmung und das Erkennen von neuen Richtungen. Wir fördern nun das berühmte »Bauchgefühl«, auch Intuition oder Sensibilität genannt – eine Fähigkeit, die unsere gewohnte Welt bei kleinen Jungs und großen Kerlen nicht unbedingt fördert. Der Ruf kommt aber aus dem Inneren heraus. Der Bauch war schon für die alten Griechen der Sitz der Seele, ganz in der Nähe des Herzens, und weit weg vom Kopf. Die Mythen, Filme und Lebenshelden zeigen auf anziehende Weise, dass derjenige, der seinen Ruf hört,

- über eine große intrinsische Motivation verfügt, also von innen heraus angetrieben ist
- sich bessere Ziele setzt,
- nicht fremdbestimmt, sondern selbstbestimmt handelt,
- flexibel auf Veränderungen reagiert,
- Furcht und Angst besser überwindet,
- berufliche und private Entscheidungen leichter trifft und
- sich mit hoher Selbstsicherheit auch in stürmischen Zeiten auf einen inneren stabilen Kompass verlassen kann.

Wenn Menschen einmal ihre Ruf-»App« heruntergeladen haben, zeigt sie ihnen den Weg – egal wo sie gerade stehen. Auch Sie können sich darauf verlassen.

Wie Sie Ihren Sender einstellen

Unzählige Filme, Geschichten und die Interviews und Gespräche mit den modernen Lebenshelden zeigen ein einheitliches Muster. Wie in den Zeiten des analogen Radios braucht es ein paar Voraussetzungen, um einen rauschfreien Empfang für den eigenen Ruf zu haben. Das Drehen am Frequenzband, die Einstellung der Kurz- oder Mittelwelle, die Position des Radios oder auch die der Antenne entscheiden häufig darüber, ob der Empfang funktioniert oder nicht. Folgende fünf Prinzipien helfen Ihnen dabei, überhaupt auf Empfang für Ihren Ruf zu gehen. Wenn Sie diese Prinzipien beachten, werden Sie früher oder später Ihren Ruf glasklar hören.

1. Nehmen Sie sich eine Auszeit

Stellen Sie sich vor, Sie sitzen entspannt in Ihrem Garten. Plötzlich schrecken Sie auf, weil etwas mit lautem Platscher in Ihren Teich gefallen ist – offenbar etwas Großes. Die letzten Spritzer landen gerade auf der schwappenden Wasseroberfläche, und Sie haben nicht den Funken einer Ahnung, was das gerade war. Ein Stein? Ein Meteorit? Ein Mini-Ufo? Der Schrecken sitzt tief; dennoch gehen Sie zum Teich, um nachzuschauen. Aber Sie erkennen nichts; Ihr sonst so glasklarer Teich entpuppt sich als trüber Tümpel. Es dauert über eine Stunde, bis sich die braune Suppe auf den Grund setzt und Sie wieder den Durchblick haben. Dann ist Ihnen plötzlich alles klar.
Im Leben geht es uns nicht anders. Ständig fällt irgendetwas vom Himmel und wühlt alles um uns herum auf. Klar, dass uns da der Durchblick für das Wesentliche fehlt.
Um einen Mangel in Sachen Körper, Geist, Herz und Seele in unserem durch Terminkalender, To-do-Listen, Facebook und mediale Dauerberieselung bestimmten

Alltag überhaupt wahrzunehmen, braucht es eine Auszeit. In vielen dynamischen Mannschaftssportarten hat der Trainer die Möglichkeit, das Spiel für einen kurzen Moment zu unterbrechen und die Spieler neu aufeinander einzustellen. Das schafft Bewusstsein für einen neuen Spielmodus. Wie häufig nehmen Sie sich als Cheftrainer im *Spiel Ihres Lebens* eine Pause oder Auszeit, um Körper, Geist, Herz und Seele wieder aufeinander abzustimmen?

Erst in der Ruhe finden Menschen den Raum für neue Gedanken. »Gedankenverloren« bedeutet insofern häufig »Gedanken gewonnen«. Es wundert daher auch nicht, dass angehende Helden oft erst ihren Ruf hören, wenn sie aus den Mühlen ihres Alltags heraustreten. Wer nur auf Äußeres ausgerichtet ist, stellt keinen Kontakt zu sich selbst her.

Lebenshelden hatten ihre Auszeiten. Der ehemalige Berater und Fastmediziner Thomas Schneider verbrachte Stunden auf der Autobahn. Das Beraterleben führte ihn zu den entlegensten Standorten mittelständischer Automobilzulieferer – meist Kleinstädte mit überschaubarem Gastronomie- und Freizeitangebot. Manchmal fuhr er mit seinem Porsche wöchentlich mehrmals zwischen verschiedenen Projektstandorten hin und her. Da hatte er viel Zeit zum Nachdenken. Auch bei den anderen Lebenshelden gab es Zeitfenster für ihren Ruf. Clemens Stübner hatte schon frühzeitig Produkte gestaltet und ein Interesse an Formen und Materialien entwickelt. Den Ruf selbst vernahm er zum ersten Mal bewusst, als er mit seinem Bruder auf der Kölner Möbelmesse herumflanierte. Da spürte er den inneren Impuls, dass er in dieser Richtung tätig werden wollte. Thomas Geierspichler hatte sich bis zur Besinnungslosigkeit in Drogen und Alkohol aufgegeben. In einem stillen und klaren Moment der Rückbesinnung beschloss er, sein Leben ab dem 1. Januar 1998 grundlegend zu ändern, und hörte am Silvesterabend mit seinen Exzessen schlagartig auf. Axel Mitbauer saß für die gefühlte Ewigkeit von sieben Wochen in einer Dunkelzelle in Einzelhaft. Gezwungenermaßen hatte er Zeit und Ruhe, sich über die Dinge Gedanken zu machen, die ihm im Leben wirklich wertvoll waren. Als er herauskam, war seine neue Ausrichtung klar. Dem flugbegeisterten Bernie Rodenkirchen wurde seine Berufung klar, als er aus seinem Trott herauskam, sich Zeit mit anderen Fliegerfreunden nahm und ein Flug nach Budapest ihn fürs Leben durchrüttelte.

Es scheint ein ungeschriebenes Gesetz zu sein: Wer den Ruf hören will, muss sich auch die Zeit dafür nehmen. Jeder der interviewten Helden hat sich Zeit und Raum für seinen Ruf genommen. Das klingt banal. Doch in einer Zeit, in der vielen die Zeit fehlt, ist das keine Selbstverständlichkeit. Den Ruf des Lebens hören Menschen nicht im Vorbeigehen, nicht zwischen *Tagesthemen*, Zähneputzen und Schlafengehen.

Erst Ruhe sensibilisiert unsere Sinne und macht uns empfänglich. Ein buddhistischer Lehrsatz lautet: »Im fließenden Gewässer kannst du dein Spiegelbild nicht sehen.« Für die Praxis bedeutet das: Nehmen Sie sich eine Auszeit! Halten Sie inne! Große Pause! Nennen Sie es, wie Sie es wollen, doch nehmen Sie sich Ihre Zeit! Einfach so, ohne Ziel. Nur für sich. Sobald Sie sich mit den Logbuch-Übungen auseinandersetzen, geben Sie Ihrem Denken, Fühlen und Handeln neue Impulse. Um sich besinnen zu können und eine neue Ausrichtung zu bestimmen, ist Ruhe und Abstand erforderlich. Das braucht Zeit, und ein solches Denken will gehegt und gepflegt werden.

Den Ruf zu hören ist keine Denksportaufgabe für analytische Superbrains. Bei dem Hineinhorchen in Körper, Geist, Herz und Seele sind andere Qualitäten gefragt – vor allem auch mehr Kreativität. Es geht eben nicht darum, Schritt für Schritt in eine Richtung zu denken, sondern mal wieder um die Ecke zu schauen: Nichtlineares Denken schlägt lineares Denken. Der Ruf kommt dann plötzlich um die Ecke wie die gute Idee, die unter der Dusche geboren wird. »Hab ich's doch gewusst«, ruft jetzt der klassische Dorfbewohner. »Mir ist noch nie etwas unter der Dusche eingefallen. Das Glück hatte ich noch nicht. Woher soll denn dann der Ruf kommen?«

Die Kreativitätsforscher haben schon lange nachgewiesen, dass die brillante Idee unter der entspannenden Dusche nur dann kommen kann, wenn man sie vorher eingepflanzt hat. Wer sich mit Herausforderungen aus den unterschiedlichsten Perspektiven beschäftigt, wird spüren, dass mit der nötigen Ruhe sich plötzlich ganz neue Welten zeigen. Kreativitätsforscher sprechen von »Inkubation« – in der Medizin wird damit die Zeitspanne zwischen der Infektion und dem Ausbruch einer Krankheit bezeichnet. Sie müssen sich schon selbst mit dem Ruf infizieren und dann ein wenig warten, bis er ausbricht. Jeder kreative Prozess findet eben nicht nur auf einer bewussten, sondern vor allem auf einer unbewussten Ebene statt. Und gerade im Unbewussten schießt dann plötzlich etwas hoch, was von enormer Bedeutung ist – eine große Idee, der Geistesblitz oder eben der Ruf. Kreativitätsforscher nennen das »Illumination« – Erleuchtung. Menschen, die ihren Ruf hören, sehen dann plötzlich das Leben mit seinen Möglichkeiten in einem ganz neuen Licht. Heller, klarer, schöner.

Der Satz: »Mir ist noch nicht die richtige Idee gekommen« ist vor allen Dingen einem mangelnden Zeitinvestment geschuldet. Man braucht Zeit, um den Ruf zu vernehmen.

Logbuch-Übung:
Wie viel Zeit nehmen Sie sich, um Ihrem Ruf eine echte Chance zu geben?
Wie abgelenkt und aufgewühlt sind Sie im Alltag? Essen, Sport, Fernsehen, Zeitung, Internet, Job, gute Freunde, schlechte Freunde: Unsere Kalender sind voll mit Dingen, die unsere Lebenszeit ausmachen. Alles buhlt um unsere Aufmerksamkeit. Wie viel Zeit sind Sie bereit, ab sofort Ihrem eigenen Heldenleben einzuräumen? Wo sind die Zeitfenster in Ihrem Kalender? Gehören Sie zu den Menschen, die Logbuch-Übungen machen, oder rauschen diese Zeilen einfach an Ihnen vorbei? Wie oft und wie regelmäßig gehen Sie in Klausur mit sich selbst?
Nehmen Sie sich einen Moment Zeit, notieren Sie Ihre Gedanken. Treffen Sie Entscheidungen.

2. Schauen Sie nicht auf die Fehler von gestern, sondern auf die Chancen von morgen

Wenn wir maßgeblich mit Terminen, Erledigungen oder geistigem Müll beschäftigt sind, findet der Ruf keinen Raum sich auszubreiten. Stellen Sie sich vor, Ihre Partnerin hat Sie vor Jahren verlassen. Die Verletzung sitzt tief, und viele aus Ihrem Freundeskreis rufen auch nicht mehr an, weil sie Ihr permanentes Gejammere nicht mehr aushalten. Wären Sie in der Lage, in einem solchen Zustand die neue Traumfrau Ihres Lebens an der nächsten Straßenecke überhaupt zu sehen? Könnten Sie echte Zweisamkeit mit einer anderen Partnerin überhaupt zulassen, wenn Sie nicht auch bereit dazu sind? Eine schmerzhafte Trennung will erst überwunden sein, bis man für Neues offen ist.

Viel zu häufig stellen wir uns im Leben Fragen, auf die wir keine Antworten finden. Das schafft jede Menge Gedankenmüll. Gedanken haben leider die Angewohnheit, sich zu verselbständigen und immer weiter um sich selbst zu kreisen, wenn man sich nicht von ihnen löst – die ewig gleiche Platte, die wir selbst nicht mehr hören wollen. Nur leider haben wir keine andere Platte griffbereit. Auf dieser Platte hören wir Sätze wie:

Warum hat sich mein Vater nicht um mich gekümmert?

Warum bin ich nicht in einem reichen Elternhaus aufgewachsen?

Wieso habe ich immer so viel Pech mit meinen Frauen?

Weshalb nutzen mich immer alle aus?

Warum hat Gott mir das bloß angetan?

Das sind in die Vergangenheit gerichtete Fragen, die nicht dazu führen, innere Kräfte für Ihre Zukunft zu mobilisieren. Es sind blockierende Fragen, auf die es keine hilfreichen Antworten gibt. Das kann man sich schenken. Merke: Unser Ruf wird überhört durch die Fragen, die wir nicht stellen. Heldenfragen mobilisieren und eröffnen neue Perspektiven. Die oberen fünf Fragen könnten auch so umformuliert werden:

Wie kann ich angesichts der Erfahrungen, die ich mit meinem Vater gemacht habe, ein besserer Vater für meinen Sohn sein?

Wie haben es andere geschafft, die ähnliche Startvoraussetzungen hatten wie ich?

Was kann ich tun, um die richtigen Frauen auf mich aufmerksam zu machen?

Was sollte ich durch diese Prüfung vom Leben wohl lernen?

»Es sind nicht die Dinge, die uns beunruhigen, sondern es ist die Meinung, die wir von den Dingen haben«, sagte der griechische Philosoph Epiktet. Die Fragen, die wir uns stellen, spiegeln unsere Meinung wider. Sind wir dauerhaft das Opfer einer Situation oder sind wir Handelnde, die aufgrund der Lernerfahrungen besser handeln?

Natürlich haben viele Menschen in der Kindheit, in Partnerschaften und auch durch Kollegen oder Chefs Verletzungen erfahren, unter denen sie sehr leiden. Bei wirklich schweren Verletzungen empfiehlt sich professionelle Hilfe. Es gibt unterdessen viele Formen effizienter Kurzzeittherapien, die hilfreich sein können.

Die Erfahrung aus Coachings und in Seminaren zeigt aber auch, dass man sich in den meisten Fällen nur einen Gedanken bewusstmachen muss: Wir können im Leben nicht besonders hoch springen, wenn wir einen schweren Rucksack auf unseren Schultern haben. Und das Ablegen ist häufig sehr viel einfacher, als es uns möglich erscheint.

Der einfachste Weg, das Vergangene abzulegen, ist die Qualität der Fragen, die wir uns stellen. Es geht nie um quälend analysierende Fragen rund um Vergangenes, auf die wir niemals Antworten finden werden. Helden geht es immer um zukunftsbezogene, lösungsorientierte und zielorientierte Fragen, deren Beantwortung ein neues Verhalten einfordert:

Nicht: Wer ist schuld?

Sondern: Was lässt sich zukünftig besser machen?

Nicht: Warum fühle ich mich so schlecht?
Sondern: Was kann ich tun, um mich ab sofort besser zu
fühlen?

Nicht: Was ist mein Problem?
Sondern: Was ist mein Ziel?

Nicht: Warum hatte ich nur den Unfall?
Sondern: Wie werde ich schnell wieder gesund?

Helden sind auf Chancen ausgerichtet. Wenn Sie mit Ihrem Wagen liegen bleiben, fragen Sie nicht nach dem Warum, sondern nach der nächsten Werkstatt.

Thomas Schneider fragte sich nicht, warum sein Leben als Unternehmensberater ihn so unerfüllt zurückließ. Er fragte sich auch nicht, warum die Menschen um ihn herum offensichtlich so wenig Leidenschaft für Beruf und Leben empfanden. Er fragte sich auch nicht, wieso er Berater geworden ist. Seine Fragen kreisten in diese Richtung: »Was kann ich tun, um nie wieder PowerPoint-Folien und Excel-Tabellen basteln und in Meetings auf Menschen treffen zu müssen, die sowieso keine Veränderungen wollen?« – »Was kann ich tun, um mit der gleichen Lebensenergie nach einem Arbeitstag nach Hause zu kommen wie meine Freundin?« – »Wie kann ich ein anderes Leben führen?«. Das waren die Fragen, die nicht die Schuld in der Vergangenheit, bei sich, beim anderen oder im Leben allgemein suchten.

Quälende Gedanken führen uns in mentale Sackgassen und lassen sich nur durch neue Fragen abschalten. Streichen Sie aus diesem Grund jede Frage, die mit »Warum«, »Wieso«, »Weshalb« beginnt. Mit solchen Fragen versuchen Sie die Ursachen zu ergründen. Das verstopft aber die Wahrnehmungskanäle, denn ein solches Denken kreist gedanklich einzig und allein um das Problem. Helden sind immer auf der Suche nach neuen Zielen und besseren Lösungen. Lassen Sie die Vergangenheit ruhen, blicken Sie in die Zukunft. Verlassen Sie in solchen Fällen die Sackgasse, wählen Sie die Straße, die Sie weiterführt.

Die Vergangenheit können wir ohnehin nicht ändern. Dort haben wir uns lange genug aufgehalten und nicht die Zeit genutzt zu wachsen. Wer sich im Schatten eines Problems ausruht, dem fehlt die Sonne für das eigene Leben. Der Mensch ist kein Nachtschattengewächs. Wir gehen ein, wenn wir kein Licht spüren. Raus aus der dunklen Schattenwelt! Wir sind auch in keinem guten Zustand, wenn wir zu sehr in die Probleme eintauchen. Die Wahrnehmung für Neues ist eingeschränkt. Fassen wir also die Zukunft, Lösungen und neue Perspektiven ins Auge.

Der Blick nach vorne bedeutet auch, loslassen zu können. Manche Dinge sind einfach so, wie sie sind. Sie lassen sich nicht mehr ändern.

Das Gleiche gilt für die Gegenwart, die in jedem Augenblick vergeht. Wenn wir den Fokus nur auf das werfen, was wir sowieso nicht ändern können, dann geben wir dem Ruf keine Chance, gehört zu werden. Der Ruf liegt vor uns und richtet sich an uns und an das, was wir in uns ändern können. Viele Menschen setzen ihren Hauptfokus im Leben auf die äußeren Umstände, die nicht zu beeinflussen sind. Wer seine Energie in eine solche Richtung verpuffen lässt, dem wird sie an wichtiger Stelle fehlen. Helden richten konsequent den Blick auf das, was sie verbessern können. Jeder Schritt in die richtige Richtung, jede Erweiterung des persönlichen Einflussbereichs erhöht die Hellhörigkeit. Deshalb noch einmal:

Blicken sie nach vorne und streichen Sie ab sofort jede Frage, die mit einem »Warum«, »Wieso« oder »Weshalb« beginnt.

Logbuch-Übung:
Gute Fragen sind eine Frage der guten Gewohnheit

Wir sind Gewohnheitstiere und können dazu neigen, ständig in die Vergangenheit zu blicken und uns mit den unerledigten Dingen des Lebens aufzuhalten. Die Qualität unserer Fragen gibt Aufschluss über unser Denken. Achten Sie darauf, wie häufig Sie sich Warum-, Wieso- oder Weshalb-Fragen stellen. Achten Sie auf Ihre Fragen. Helden geht es immer um zukunftsbezogene, lösungsorientierte und zielorientierte Fragen, deren Beantwortung ein neues Verhalten einfordert. Trainieren Sie, die richtigen Fragen zu stellen. Eine einfache Übung besteht darin, sich bereits morgens auf die richtigen Fragen zu fokussieren:

Statt: Ob mein Chef heute schon wieder so schlecht gelaunt ist?

Besser: Was kann ich tun, um damit besser umzugehen, wenn mein Chef heute wieder so drauf ist wie gestern?

Statt: Wieso hält sich mein Kollege nicht an die Vereinbarungen?

Besser: Was kann ich tun, damit er das morgen macht?

Statt: Warum habe ich nur so viel zu tun, dass ich nicht zum Sport komme?

Besser: Wie schaffe ich es trotz der vielen Arbeit, zum Sport zu kommen?

Der Erfolg liegt auch hier im regelmäßigen Training.

3. Wertschätzen Sie Ihre Vergangenheit

Manfred Gotta zog aus, um der Werbebranche eine neue Nische zu verleihen. Er gilt in Deutschland als der »Namenspapst«, ist *der* Pionier auf seinem Gebiet und sehr erfolgreich. Glänzende Namen wie *Cayenne, Megaperls, Xetra, Congstar, Twingo, Smart, Vectra, Evonik* oder *Targobank* sind Gottas Werk. Bevor er zum Guru der Namensgebung wurde, absolvierte er alles andere als eine kerzengerade Karriere.

Nach dem Abitur folgt eine Phase der Orientierungslosigkeit. Zunächst arbeitete er als Postbote, dann auf dem Bau, später an einer Tankstelle und verkaufte schließlich Autos. Zwar hatte er zwischenzeitlich ein BWL-Studium angefangen und war auch in einem Steuerbüro tätig, wusste aber sofort, dass er nicht »in einem muffigen Büro« hocken wollte.

Spricht man Gotta auf seinen Erfolg an, begründet er ihn mit seinen Erfahrungen und seiner Herkunft. Die Zeit der Niedriglohnjobs bot wichtige Stationen auf dem Weg zu seinem Erfolg. Denn seine frühen beruflichen Erfahrungen in den alten Dörfern förderten den intensiven Kontakt mit Menschen aller Couleur. So hat Gotta, wie er selbst immer wieder betont, seinen Menschenverstand geschärft, um das »Verrückte« mit dem »Geerdeten« zu verbinden. Der Namenspapst wertschätzt den Erfahrungsschatz seiner Vergangenheit und zieht das Positive daraus.

Wertschätzung gehört zu den wertvollsten Reisebegleitern des Helden. Steve Jobs hat das in seiner berühmten »Stanford-Rede« im wahrsten Sinne des Wortes auf den Punkt gebracht: »Also muss man darauf vertrauen, dass sich die Punkte [Lebenserfahrungen] irgendwie in Zukunft verbinden, wenn man zurückblickt ... Denn daran zu glauben, dass sich die Punkte später irgendwann verbinden, gibt Ihnen die Zuversicht, Ihrem Herzen zu folgen.«

Helden sind keine Zyniker, die verächtlich den Ballast

des Lebens abwerfen, in dem sie sich einst zu Hause fühlten. Ganz im Gegenteil. Jedes Dorf hat seine guten Seiten. Und wer diese zu schätzen weiß, der nutzt das Gute als Quelle für spätere Heldentaten. Dafür gibt es gleich drei gute Gründe:

Erstens können wir uns von unserem Dorf nie ganz lösen. Wenn wir das Umfeld, in dem wir aufgewachsen sind – unsere Herkunft –, verleugnen und pauschal verachten, verachten wir einen Teil von uns. Wertschätzung und Vergebung gehen hier Hand in Hand. Dahinter steckt vor allem die humanistisch geprägte Haltung, zunächst das Gute im Handeln zu entdecken. Machen Sie sich bewusst, dass jeder Mensch aus einer guten Absicht heraus handelt. Helden haben gelernt, selbst in ihrer »schweren Kindheit« oder »Scheißjugend« einen Wert zu erkennen. Vergebung öffnet Raum für Neues.

Zweitens kehren Helden früher oder später in ihr Dorf zurück. Unter Filmemachern gibt es einen schönen Spruch: Auf dem Weg nach ganz oben solltest du zu allen freundlich sein, denn spätestens, wenn du wieder nach unten fällst, begegnest du diesen Menschen wieder. Auch Helden kommen irgendwann von ihren Abenteuern zurück. Das ist der Sinn einer jeden Heldenreise: das Dorf zu bereichern, das Umfeld zu stärken, ein besserer Kerl zu sein. Und während früher die Helden tatsächlich in die Ferne zogen, um sich selbst zu finden, spielt sich heute die Entwicklung meistens innerhalb der Dorfgrenzen ab.

Drittens ist und bleibt der Mann das schwache Geschlecht. So ist er zur Welt gekommen, und so wird er eines Tages die Welt auch wieder verlassen – im Durchschnitt fünf Jahre früher als die Frau. Männer brauchen

Halt, ein Leben lang. Familie und Freunde sind wertvolle Quellen für echte und tiefe Beziehungen. Und diese Quellen finden sich in der Regel im angestammten Raum.

Wer sich selbst, seinem Vater, seiner Familie, seinem Umfeld, dem Dorf, der eigenen Geschichte und auch den eigenen Wasteland-Erfahrungen keine Wertschätzung entgegenbringt, der bringt's auch nicht zum Helden. Zumindest hat er es erheblich schwerer, den Schalter umzulegen, den eigenen Ruf zu hören und seine Berufung zu finden.

Bernie Rodenkirchen hatte zum Zeitpunkt seiner wichtigsten Entscheidung eine Familie zu ernähren. Er hatte sich verändert, aber nicht gegen Frau und Kinder entschieden. Er hatte die Bedürfnisse seiner Kinder und Frau anerkannt und konnte sie wertschätzen. Das gab ihm die Möglichkeit, freier zu handeln. Wertschätzung gegenüber seiner Vergangenheit, aber keine Hörigkeit – das ist die Losung des Helden.

Logbuch-Übung:
Der Blick auf die Vergangenheit

Nehmen Sie sich einmal Zeit, über Ihre Eltern, Ihre Geschwister, Lehrer, Beziehungen und Freunde nachzudenken. Wie fühlt es sich an? Zieht es Sie herunter oder hoch? Haben Sie noch Rechnungen offen, oder können Sie deren Verhalten in bestimmten Zügen anerkennen, nachvollziehen oder sogar wertschätzen? Mit welchen Gefühlen blicken Sie auf das, was Sie bisher gemacht haben?

Fühlen Sie sich verletzt oder gestärkt – verärgert oder voller Liebe?

Ist es Hass oder Zuneigung? Was immer es ist, machen Sie sich bewusst, dass die Menschen in ihrem Umfeld aus guten Beweggründen heraus gehandelt haben – auch wenn nicht alles nachvollziehbar ist. Zu diesem Zeitpunkt war es ihre beste Strategie. Und dies gilt natürlich auch für Sie selbst: Sie haben mit Ihrem Wissen, Ihren Fähigkeiten und Ihren Fertigkeiten das gemacht, wozu Sie in diesem Moment fähig waren. Sie konnten nicht anders.

Finden Sie das Wertvolle in Ihren Erfahrungen. Lernen Sie, die Vergangenheit anzuerkennen, und schätzen Sie in allem einen Wert für Ihre Zukunft.

4. Glauben Sie an Ihre Heldenkräfte, sonst werden Sie den Ruf niemals hören

Die Erfahrungen aus Coachings, Seminaren und den Heldeninterviews zeigen deutlich, dass dieses Prinzip besonders wichtig ist, um den eigenen Ruf überhaupt wahrnehmen zu können. Wenn wir im Alltag auf das falsche Mindset setzen, blockieren wir uns selbst. Stellen Sie sich Spiderman vor, der auf einem Wolkenkratzer steht und zutiefst davon überzeugt ist, dass er eben keine Spinnenkräfte hat. Würde er sich in die Wolkenkratzerschluchten stürzen, um das Böse zu jagen? »Aus großer Kraft folgt große Verantwortung« hat ihn einst sein Onkel gelehrt. In einer Filmszene kommen kurz Zweifel auf; es ist genau die Sekunde, in der er den Halt verliert und abrutscht. Das passiert Helden, die nicht an sich glauben.

Helden vernehmen den Ruf, wenn sie zutiefst überzeugt sind, dass persönliches Wachstum außerhalb der Dorfgrenzen möglich ist. Bringt man dieses Mindset mit drei Wörtern auf den Punkt, dann lautet es: Ich kann Held!

Oder etwas ausführlicher: Ich selbst kann bewirken, dass mein Körper, mein Geist, mein Herz und meine Seele mich kraftvoll durch ein berauschendes Leben tragen. Diese Kernüberzeugung gehört zur Grundausstattung aller Lebenshelden. Welchen Helden Sie auch immer in diesem Buch kennenlernen, der Glaube an Veränderung ist bei allen interviewten Männern unerschütterlich.

- Der Beraterberuf erfüllt mich nicht. Ich kann meinem Leben mehr Zufriedenheit geben.
- Ich kann in der Familie leben, zugleich aber auch fliegen.
- Ich kann meine Freiheit zurückgewinnen.

Dabei geht's nicht um Dauergrinsen, unreflektiertes »Tschaka – du schaffst es«-Geschrei und rosarote Brillen, sondern um die bewusste Auseinandersetzung mit der eigenen Gedankenwelt.

Natürlich kennt jeder Held auf seiner Reise Momente des Zweifelns. Bremsende Glaubenssätze kommen häufig getarnt als »Ich bin zu alt (bzw. zu jung)«, »Mir fehlen die finanziellen Mittel«, »Ich trage zu viel Verantwortung für meine Familie« – dahinter steckt der Zweifel an den eigenen Fähigkeiten. Der Verweis darauf, warum das jetzt gerade nicht in den Kram passt – finanzielle Probleme, die Familie etc. –, stört die Empfangsbereitschaft für den eigenen Ruf. Und wenn Männer den Weg aus dem Dorf antreten, heißt das übrigens noch nicht, dass sie bereits mit dem Ruf alle Strategien, Fähigkeiten und Fertigkeiten mitbringen müssen. Das heißt nur, dass sie die grundsätzliche Erlernbarkeit nicht in Frage stellen.

Logbuch-Übung:
Welche Glaubenssätze begrenzen Sie?

Werfen Sie noch einmal einen Blick auf die Glaubenssätze aus dem vorletzten Kapitel (Seite 98 ff.) und vor allem auf die, die Sie in Ihrem Logbuch festgehalten haben. Wenn Sie auf Ihre Sätze in Ihrem Logbuch blicken, können Sie Überzeugungen in sich identifizieren, die Sie auf Ihrem Weg bremsen? Haben Sie jetzt schon das Gefühl, dass Ihr Leben anders aussehen könnte, wenn Sie anders über die Welt, sich selbst und die Chancen des Lebens denken würden? Dann werden Sie gleich drei Strategien kennenlernen, mit denen Sie bremsende Glaubenssätze in förderliche verwandeln.

Jeder Glaubenssatz kann, muss aber nicht richtig sein. Und hier liegt die große Chance für den modernen Helden. Denn sollten Sie bremsende Glaubenssätze durch ungünstige Erfahrungen gelernt oder von Eltern, Freunden und sonstigen Menschen Ihres gewohnten Umfelds oder aus den Medien übernommen haben, gilt es, dieses Denken in neue Richtungen zu lenken. Wo würden Sie heute stehen, wenn Sie durch einen Zaubertrank folgende Glaubenssätze im frühesten Kindesalter in sich aufgenommen hätten?

- Die ganze Welt ist voller Möglichkeiten!
- Wo auch immer ich im Leben landen werde, ich finde meinen Weg!
- Alles lässt sich finanzieren, wenn ich es nur ausreichend begründen kann!
- Die richtigen Menschen unterstützen mich dauerhaft!
- Ich kann mich auf meine Fähigkeiten verlassen!
- Jede Erfahrung, die ich im Leben gemacht habe, war wichtig, um Größeres zu erreichen!

- Dort, wo eine Tür zufällt, öffnet sich eine andere!
- Ich kann Menschen für mich und meine Ideen gewinnen!
- Mein Körper schenkt mir Energie!
- Mein Umfeld schenkt mir volle Unterstützung! Ich brauche nur aufrichtig zu fragen.
- Es ist gut, wenn ich mich entwickele!
- Meine ganz große Zeit erschaffe ich mir noch!
- Ich kann Körper, Geist, Herz und Seele lebendig und kraftvoll spüren.
- Ich kann Held!

Nur förderliche Überzeugungen lassen einen den eigenen Ruf vernehmen. Plötzlich klingt alles klar, nah und machbar.

Um bremsende Überzeugungen in förderliche Überzeugungen zu transformieren und noch mehr Offenheit für den Ruf zu bekommen, eignen sich folgende drei Strategien. Dabei geht es um die aktive Steuerung des Bewusstseins – neues Denken für neues Handeln.

Erste Strategie für neue, bessere Überzeugungen:
Heldenfragen

Lebenshelden hinterfragen stets ihre gelernten Glaubenssätze und Überzeugungen. »Reflektieren« bedeutet ursprünglich »zurückbeugen«: Helden fallen in die Kategorie der »reflektierten Typen«, die auf ihr Mindset zurückschauen und ihrem Denken eine neue Richtung verleihen.

Auch hier bestimmt die Qualität des Inputs die Qualität des Outcomes. Um es etwas greifbarer zu machen und einen gemeinsamen Nenner zu finden, springen wir in die Perspektive eines pubertierenden Achtklässlers, der voller Überzeugung die Note 5 in Mathe mit folgenden Worten rechtfertigt: »Mathe kann ich sowieso nicht!« Ein solcher verinnerlichter Glaubenssatz wird sich massiv auf das Verhalten auswirken. Nicht unbedingt eine echte Heldendenke.

Also lernen Sie mit Hilfe dieses Beispiels die sechs wichtigsten Fragen, die bei bremsenden Überzeugungen neues Denken eröffnen.

1. Was ist gut daran, dass du denkst, »Mathe kann ich sowieso nicht«?

Jede unserer Überzeugungen hat auch ihr Gutes. Unser schlechter Mathematikschüler gibt sich dadurch eine innere Erlaubnis, auch künftig die mangelhafte Leistung erbringen zu können, ohne sich selbst ingesamt in Frage zu stellen. Seine mögliche Antwort lautet also: »Na ja, ich brauch dann eben nichts mehr in Mathe zu machen. Und ein Ausrutscher ist ja auch okay.«

2. Woher kannst du dir so sicher sein, dass du Mathe nicht beherrschst?

»Na ja, immerhin habe ich jetzt meine zweite Fünf in Mathe kassiert!« Wir Menschen neigen dazu, unser Denken auf zwei, drei Erfahrungen zu beschränken. Und genau das ist im Grunde genommen ziemlich beschränkt.

3. Kann es sein, dass die Realität in der Vergangenheit anders aussah?

Mit dieser Frage erweitern Sie das beschränkte Denken. »Gut, in der siebten Klasse hatte ich auch mal eine Drei in Mathe. Vorher hatte ich sogar eine Zwei geschrieben. Und bis dahin war ich ohnehin immer gut in Mathe. In der Achten bin ich dann plötzlich abgesackt.« Neues Denken wird häufig durch den zeitlichen Perspektivenwechsel ausgelöst. Erfolge in der Vergangenheit sind eine kraftvolle Ressource für gute Überzeugungen. Dazu später mehr.

4. Angenommen, du würdest denken: »Mathe kann ich!« Was würde sich für dich verändern?
»Also wenn ich das denken würde, wäre das schon ganz schön entspannend für mich. Auch für meine Eltern, die sich natürlich immer gute schulische Leistungen wünschen.« Eine Überzeugung umzukehren und mal zu spüren, wie es wäre, wenn alles möglich ist, bringt frischen Wind in angestaubtes Denken.

5. Was brauchst du, um so denken zu können?
Mit einer solchen Frage wird nach Lösungen gesucht. Dahinter steckt die Annahme, dass der Träger der bremsenden Überzeugung auch der Träger der besten Überzeugung ist. Denn es geht nie darum, irgendetwas zu übernehmen, sondern eigene Lösungen zu entwickeln. Erst das schafft die innere Überzeugung. Die mögliche Antwort des Mathehelden könnte lauten: »Ich müsste vielleicht doch mehr tun, als ich es bisher gemacht habe. Nachhilfe könnte mir helfen, den Stoff aufzuarbeiten. Und vielleicht sollte ich auch im Unterricht besser zuhören. Ich könnte auch die zusätzlichen Aufgaben machen, die uns vom Lehrer angeboten werden. Außerdem könnte ich den Lenny fragen. Der ist in Mathe super. Und dann sollte ich ganz schnell mal wieder eine bessere Note schreiben. Das würde mir guttun. Aber dafür muss ich halt echt mehr machen ...«

6. Und während du nun auf diese Art darüber nach-
denkst, welche neuen Ideen und Überzeugungen kommen dir in Bezug auf Mathe?

Wenn wir uns hinterfragen, kommen plötzlich viele neue
Gedanken auf. Manchmal sind da sogar gute neue Glaubenssätze dabei, die uns eine neue Sicht der Dinge ermöglichen. Unser Schüler sagt wahrscheinlich: »Na ja,
wenn ich so darüber nachdenke, fällt mir so einiges ein.
Wenn der Felix Mathe kann, dann werde ich das wohl
auch schaffen. Ich kann in Mathe locker wieder auf eine
Drei kommen. Dafür muss ich allerdings was tun. Außerdem bin ich kein Fünfer in Mathe.«

Zweite Strategie für neue, bessere Überzeugungen:
Fokus auf eigene Stärken und Erfolge
Stellen Sie sich vor, der angehende Matheheld wäre Ihr
Sohn. Sie machen mit ihm zehn Übungsaufgaben. Eine
Aufgabe ist falsch. Was sagen Sie? »Du hast hier schon
wieder einen Fehler!« oder »Wow, schon neun Aufgaben
richtig«? Was wird die förderliche Überzeugung »Mathe
kann ich« wohl eher untermauern?
Wenn wir unser Selbstvertrauen steigern, stärken wir
gleichzeitig unsere förderlichen Denkmuster. Menschen,
die sich selbst vertrauen, sehen die Welt und ihre Möglichkeiten in einem helleren Licht. Dazu müssen sie sich
Ihre guten Erfahrungen vergegenwärtigen. Die Praxis
zeigt nur immer wieder, dass Menschen sehr gut darin
sind, aufzuzählen, wo ihre Schwächen liegen und was im
Leben nicht besonders gut gelaufen ist. Schule, Gesellschaft und Ausbildung haben uns in diese Richtung trainiert. Sobald es um persönliche Stärken und vergangene
Erfolge geht, wird die Liste plötzlich sehr viel kürzer.

Der Fokus richtet sich allzu oft auf unsere Defizite. Je häufiger Ihre Gedanken um Ihre persönlichen Stärken und Erfolge kreisen, um so besser werden Sie. Machen Sie es wie Spitzensportler, die ihr Erinnerungs- und Bewusstseinsmanagement programmieren, um ihre Stärken und Erfolge auf den Punkt abzurufen. Lassen Sie vergangene Erfolge immer wieder Revue passieren und führen Sie sich vor Augen, was Ihnen besonders gut gelungen ist, wer Sie besonders motiviert hat und auf welche Ihrer Stärken Sie den Erfolg zurückführen.

Dritte Strategie für neue, bessere Überzeugungen: Neue Menschen schaffen neue Wahrheiten
»Ich hatte gerade meine heutige Frau kennengelernt. Sie studierte Medizin und arbeitete im Krankenhaus. Sie schob 24-Stunden-Dienste. Während wir in der Beratung an jeder Ecke eine Kaffeemaschine, Wasser und Obst stehen hatten, findet man so was nicht im Klinikalltag. Da ist man froh, wenn man zwischendurch mal Wasser oder einen dünnen Klinikkaffee trinken kann. Und trotz der miserablen Arbeitsbedingungen, der langen Schichten und der schlechten Bezahlung strahlte sie nach jedem Dienst eine Grundzufriedenheit aus, die ich in meinem Job niemals kannte. Das hat mich sehr beschäftigt«, erzählte Thomas Schneider.
Wo suchen Sie die Quellen menschlicher Inspiration, die Ihr Denken beflügeln, Ihre Augen öffnen und neue Chancen sehen lassen? Die Betonung liegt auf suchen.
Wie sensibilisieren Sie sich für Ihren Ruf? Die Möglichkeiten sind vielfältig. Die Lektüre von Biographien außergewöhnlicher Persönlichkeiten, Filme, Theaterstücke oder Kunstaustellungen können sehr anregend wirken – oder der bewusste Kontakt mit Menschen, die so ganz

anders sind als Sie. Gehen Sie raus. Sprechen Sie mit Menschen, die Sie sonst eher meiden. Machen Sie sich auf die Suche nach Andersdenkenden und lassen Sie sich noch mehr inspirieren von den Persönlichkeiten, die einem zeigen, was geht.

Um den Ruf überhaupt hören zu können, brauchen wir den unumstößlichen Glauben daran, unser Leben selbst gestalten zu können. Leider haben wir das nicht immer von unserem Umfeld gelernt. Transformieren Sie deshalb einschränkende Glaubenssätze über sich, die anderen und die Welt im Allgemeinen. Füttern Sie Ihr Denken mit Impulsen, die Sie beflügeln, bis Sie aus tiefstem Herzen davon überzeugt sind: Ich kann Held! Nur mit dieser Überzeugung werden Sie ein offenes Ohr für Ihren Ruf haben.

5. Verschaffen Sie sich Klarheit über Ihre Werte

Es gibt ein interessantes Phänomen bei jungen Müttern. Wenn auf dem Spielplatz viele Kinder weinen, schreien und spielen, hören sie trotzdem das Schreien des eigenen Kindes sofort heraus. Mütter, die einen so tiefen Schlaf haben, dass selbst ein D-Zug durch das Schlafzimmer brausen könnte, werden beim kleinsten Laut des Kleinen hellhörig.

Oftmals hören Menschen ihren Ruf nicht, weil sie keine Klarheit darüber haben, was ihnen wichtig ist. Damit sind wir bei den Werten, über die wir bereits im letzten Kapitel ausführlich gesprochen haben.

Thomas Schneider hatte sich zunächst für die Beratung entschieden, weil ihm Firmenwagen, Projektwohnung, Fliegen und Topbezahlung wichtig waren. Aber damit hatte er nur die Werte seines Umfelds übernommen. Erst Jahre später, als er in seinem Porsche, dem Firmenwagen seiner Stuttgarter Unternehmensberatung, Stunde um Stunde auf der Autobahn verbrachte, machte er sich Gedanken darüber, was ihm wirklich wichtig ist. Immer wieder dachte er über den Wert seines beruflichen Lebens nach, und irgendwann war ihm klar, dass es nicht im Einklang mit seinen eigenen Werten stand: »Damals dachte ich: Das geht gar nicht. Jetzt muss ich Nägel mit Köpfen machen.«

Wir haben im sechsten Kapitel bereits einen Blick auf die Wertewolken Ihres Dorfes (Privates/Beruf/soziales Umfeld) geworfen. Aber wie sieht es eigentlich mit Ihren eigenen Werten aus? Je mehr Klarheit Sie darüber haben, was Ihnen selbst wichtig ist, umso klarer werden Sie Ihren Ruf vernehmen. Wer nicht weiß, was ihm wichtig ist, richtet sein Leben oft nach Werten aus, die in der Luft liegen und im sozialen Diskurs vorherrschen. Wer sein Leben nach den eigenen Werten steuert, läuft nicht Gefahr, dauerhaft fremdbestimmt zu werden. Finden Sie Ihre drei bis fünf wichtigsten Werte für den Bereich Beruf, Privates und Ihr sonstiges soziales Umfeld.

Logbuch-Übung:
Die eigenen Werte bestimmen

Finden Sie Ihre drei bis fünf wichtigsten Werte für den Bereich Beruf, Privates und Ihr sonstiges soziales Umfeld. Hierbei empfehle ich Ihnen ein Sechsstufenmodell. Bitte nehmen Sie sich Zeit.

1. Rekapitulieren Sie die Momente, in denen Sie selbstbestimmt Ihrem Leben eine gute Richtung gegeben haben. Dazu können Sie auch noch einmal einen Blick auf Ihre kleinen Heldenmomente (Logbuch-Übung S. 74 ff.) werfen.

2. Greifen Sie nacheinander für jeden Lebensbereich (Beruf/Privates/soziales Umfeld) mindestens eine konkrete Situation heraus und rufen Sie sich diese noch einmal genau in Erinnerung.

3. Warum haben Sie damals diese Entscheidungen getroffen? Was war Ihnen wichtig? Warum haben Sie die Dinge getan, die Sie getan haben?

Machen Sie einen Strich überall dort, wo Sie fühlen (richtig: Vertrauen Sie auf Ihr Gefühl), dass für Ihr Handeln ein Wert besonders wichtig für Sie war. Wiederholen Sie die Übung für die anderen Lebensbereiche (Beruf/Privates/soziales Umfeld). Sie sollten am Ende der Übung für jeden Lebensbereich sieben bis zehn Werte vor sich haben, die Ihre persönliche Wertewolke widerspiegeln.

Macht	Status	Durchsetzung	Leistung
Stolz	Leichtigkeit	Offenheit	Demut
Leidenschaft	Sieg	Großzügigkeit	Kampf
Hilfsbereitschaft	Individualismus	Funktionalität	Fürsorge
Qualität	Effizienz	Spontaneität	Ruhm
Sicherheit	Natur	Bescheidenheit	Freiheit
Risikofreude	Ehre	Mut	Ehre
Schönheit	Abwechslung	Neugier	Autonomie
Ordnung	Toleranz	Gemeinschaft	Fleiß
Ästhetik	Sinnlichkeit	Offenheit	Askese
Flexibilität	Dankbarkeit	Sparsamkeit	Disziplin
Moral	Vertrauen	Glück	Logik
Heimat	Wissensdurst	Korrektheit	Sauberkeit
Gehorsamkeit	Nostalgie	Stabilität	Freundschaft
Spontaneität	Besonnenheit	Würde	Hartnäckigkeit
Ehrgeiz	Anerkennung	Freude	Respekt
Spaß	Tradition	Mitgefühl	Hygiene
Kompetenz	Spießigkeit	Herzlichkeit	Extravaganz
Vertrauen	Bildung	Pflicht	Geselligkeit
Idealismus	Eros	Gesundheit	Unabhängigkeit

4. Schauen Sie jetzt noch einmal auf Ihre Werteliste. Auch hier gilt: Werte sind nur Worte. Vielleicht fallen Ihnen spontan weitere Worte ein, die für Sie noch mehr Bedeutung haben. Vielleicht ist es nicht »Freiheit«, sondern »Wahlfreiheit«. Vielleicht ist es nicht »Sicherheit«, sondern »finanzielle Sicherheit«. Treffen Sie Ihre Auswahl so konkret wie möglich. Es sind Ihre Werte!

5. Jetzt vergleichen Sie die ausgewählten Werte miteinander. Dazu gehen Sie folgendermaßen vor. Angenommen, Sie haben zehn Werte für den privaten Lebensbereich gefunden. Vergleichen Sie nun den ersten mit dem zweiten, den ersten mit dem dritten usw. Überall dort, wo sich ein Wert wichtiger, bedeutsamer, stärker anfühlt, machen Sie einen Strich. Danach vergleichen Sie den zweiten Wert mit dem ersten, den zweiten mit dem dritten usw. Sie haben zwar jeweils zwei Werte schon einmal miteinander verglichen, doch manchmal ändert sich etwas im Laufe der Übung. Dadurch entsteht eine sinnvolle Priorisierung.

6. Markieren Sie drei bis fünf der wichtigsten Werte. Wiederholen Sie den Prozess für die beiden anderen Lebensbereiche. Wenn Sie sich wirklich Zeit für diese Übung nehmen, werden Sie spüren, dass sie nachhallt. Gehen Sie danach nicht sofort zum Tagesgeschäft über. Lassen Sie sich Zeit für Ihre Werte. Sie werden noch Kern Ihrer Handlungen. Es empfiehlt sich, die Übung am Abend zu machen und dann noch eine Nacht darüber zu schlafen. Werfen Sie dann am nächsten Morgen noch einmal einen Blick auf Ihre Werte. Hier zeigt sich dann, wie Sie Ihr Leben ausrichten sollten.

Wie wert-voll ist Ihr Leben?

Wahrscheinlich kennen Sie Filme, in denen sich der angehende Held zunächst in einem Umfeld wiederfindet, das nicht wirklich seines ist. Im normalen Leben ist das häufig genauso. Manchmal bewegen wir uns in einer Wertewelt, die so gar nicht die unsere ist. Werfen Sie eine Blick auf Ihre Werte und machen Sie einen Abgleich mit dem, was Sie im Kapitel »Das Dorf« als Kernwerte Ihres beruflichen, familiären und sonstigen Umfeldes identifiziert haben. Bewegen Sie sich in Ihrem Leben beruflich wie privat in Umfeldern, die zu einem hohen Prozentsatz Ihre wichtigsten Werte spiegeln? Häufig ignorieren wir das, was uns wirklich wichtig ist. Wir gehen nicht den Dingen nach, die aus unserem Wesenskern heraus Bedeutung haben. Am Ende unserer Tage wird sich dann die Frage stellen, ob wir ein wertvolles Leben gelebt haben. Und das liegt nun einmal im Auge des Betrachters. Wenn Sie tagsüber im Büro Ihre Zeit absitzen, um ab 16 Uhr auf dem Golfplatz zu stehen und Ihnen genau diese Lebensweise wertvoll erscheint, dann sind Sie offenbar ein ausgeglichener Mensch. Doch wenn sich Ihr Leben anstrengend anfühlt, wenn Sie gegen das, was Ihnen wichtig ist, permanent verstoßen, verbiegen Sie sich vielleicht für die falsche Sache. Wenn Sie nicht auf Ihr Inneres hören, dann waren Sie womöglich bislang wertvoll für andere, haben sich aber selbst missachtet.

Moderne Helden nutzen ihre Auszeiten, um sich bewusstzumachen, was ihnen wertvoll ist. Der Ruf wird umso lauter, je mehr Klarheit hier herrscht. Dann kann es passieren, dass der Unternehmensberater, dem die Familie besonders wichtig ist, plötzlich erkennt, dass er an fünf Tagen in der Woche seine Kinder nur genervt beim Frühstück und abends beim Zubettgehen wahrnimmt. Der Steuerberater, der Geselligkeit und Miteinander in seinem Ranking ganz oben stehen hat, bemerkt, dass über 50 Prozent seiner Lebens- und 100 Prozent seiner Arbeitszeit andere Werte in den Mittelpunkt stellen. Und der erfolgreiche Agenturchef spürt auf einmal, dass sein Singledasein gar nicht seine Wertewelt widerspiegelt. Das schmerzt natürlich – aber Schmerz ist immer gut für Veränderung.

Nur wer seine Zeit in das investiert, was für ihn einen Wert darstellt, wird dauerhaft über sich hinauswachsen. Dann geht es nämlich nicht darum, die Erwartungen anderer zu befriedigen, sondern seinen eigenen Wert zu festigen. Das steigert die Selbstachtung. Wenn Sie wissen, was Ihnen wirklich wertvoll ist, werden Sie noch bewusster wichtige Entscheidungen treffen können. Oder, einfach ausgedrückt: Je klarer das Warum, desto einfacher das Wie. Dann finden sich die Wege, im Alter von 34 Jahren noch ein Medizinstudium zu beginnen, mit 44 Jahren die Prüfung zum Berufspiloten zu bestehen oder auch im Rollstuhl Olympiasieger zu werden.

Logbuch-Check

- Erst der glockenhelle Ruf sorgt dafür, dass der Held aufbricht.
- Jeder Mensch trägt einen Ruf in sich. Viele hören ihn jedoch nicht.
- Der Ruf ist wie eine »App«. Einmal downgeloadet, zeigt sie dauerhaft die Richtung.
- Bei den Lebenshelden haben sich fünf Prinzipien bewährt, um den Ruf überhaupt zu vernehmen.
- Um den Ruf zu hören, nehmen sich angehende Lebenshelden Auszeiten, um in der Hektik des Alltags die Ruhe zu finden, einen Mangel überhaupt wahrzunehmen. Sie gehen regelmäßig in Klausur.
- Um den Ruf zu hören, schauen Lebenshelden nicht auf die Fehler von gestern, sondern auf die Chancen von morgen. Sie befreien sich von geistigem Müll durch zukunftsbezogene, lö-

sungsorientierte und zielorientierte Fragen, deren Beantwortung ein neues Verhalten einfordert.

- Um den Ruf zu hören, lernen Lebenshelden, ihre Vergangenheit anzuerkennen und wertzuschätzen. Sie finden in allem einen Sinn.
- Um den Ruf zu hören, lösen sich Lebenshelden von bremsenden Überzeugungen. Mit den richtigen Techniken arbeiten sie an dem Mindset »Ich kann mich entwickeln. Ich kann Held«. Davon sind sie überzeugt. Die richtigen Fragen, das inspirierende Umfeld und der Fokus auf Stärken und Erfolge sorgen für kraftvolle Überzeugungen.
- Um den Ruf zu hören, verschaffen sich Lebenshelden eine Klarheit über ihre Werte. Sie wissen, was ihnen wichtig ist. Je klarer das Warum, desto leichter das Wie, und deshalb streben sie nach einem Leben im Einklang mit ihren Werten.

9 DER RUF

»Hast du mal was gesehen und gedacht,
deswegen bist du auf der Welt.
Deswegen wurdest du geboren.«
Mavericks – Lebe deinen Traum

Die meisten Tom-Cruise-Filme erzählen eine Heldengeschichte – so auch *Jerry Maguire*. Schon zu Beginn fragt sich die gleichnamige Hauptfigur, ein erfolgreicher Sportagent einer noch erfolgreicheren Sportmar-
keting-Agentur, fast im gleichen Wortlaut wie Thomas
Schneider: »Was ist aus mir geworden, noch so ein
Arschloch im Anzug?« Mit dieser an sich selbst gerichte-
ten Frage hört Jerry Maguire schon in der siebten Minute des Films seinen Ruf:
»Und dann passierte es. Es war so merkwürdig, so völlig
unerwartet. Ich fing an, so eine Art Wegweiser niederzu-
schreiben. Für unsere Firma. Kein Memo, ein Wegweiser. Eine Anregung für die Zukunft unserer Firma. So ein
Augenblick bietet sich nicht allzu oft im Leben. Ich
schlug zu. Aus einer einzigen Seite wurden fünfund-
zwanzig. Ich wurde auf einmal wieder meines Vaters
Sohn. Ich besann mich der einfachen Freuden dieses
Jobs. Wie ich nach dem Jurastudium hier gelandet war.
Wie es im Stadion klingt, wenn einer meiner Sportler ein
schönes Spiel liefert. Dass wir dazu da sind, sie zu beschützen. Ob gesund oder verletzt. Wir hatten vor lauter
Klienten vergessen, worauf es ankam. Ich schrieb, und
schrieb, und schrieb, und schrieb ... Plötzlich war alles
ganz klar. Die Lösung hieß: weniger Klienten, weniger
Geld. Mehr Zuwendung. Für die Klienten da sein. Für

uns. Für die Spieler. Anfangen zu leben. Richtig zu leben. Na ja, ich geb's ja zu. Das, was ich schrieb, war irgendwie gefühlsduselig. Aber das war mir egal. Ich konnte die Leute nicht länger verarschen. Das war ich. So wie ich immer sein wollte.«

Jerry Maguire gibt seinem Ruf Gestalt – in Form eines fünfundzwanzigseitigen Wegweisers. Zuvor hat er in sich hineingehört, seinen Sender eingestellt, und plötzlich war er da: der Ruf. Jetzt ging es nur noch darum, diese Gedanken greifbar zu machen. Es ruft nach Veränderung. Hin zu mehr Lebendigkeit. Es geht um ein Leben in Fülle – Campbells »Gefühl, lebendig zu sein«.

Jeder Mensch kann einen solchen Jerry-Maguire-Moment haben, denn wir alle tragen einen Ruf in uns. Hier ein kompaktes Beispiel für einen ganz besonderen Ruf: den Ruf von »ganz oben«.

Herbert Zbiek wurde 1926 als jüngster Sohn eines Schornsteinfegers in Masuren geboren. Nach der Volksschule absolvierte er eine Ausbildung zum Kaufmann. Die Wirren des Kriegs führten ihn im Alter von 17 Jahren an die russische Front. Er wurde verwundet – Hüftdurchschuss. Doch schon bald war er wieder einsatzfähig. Kurz darauf detonierte eine Bombe neben ihm; Splitter gruben sich in seinen Kopf. Erneut kam er ins Lazarett. Sein dritter Einsatz führte an die Westfront gegen die Amerikaner. Schließlich war der Krieg vorbei. Er überlebte und war auf sich allein gestellt. Mit gerade mal 19 Jahren hatte er sein Zuhause verloren. Seine Heimat war plötzlich russisch, seine Eltern waren vermisst, sein Bruder gefallen und die beiden Schwestern in russischen Arbeitslagern interniert. Im Mai 1945 fand er Unterschlupf bei einem Bauern und arbeitete für Brot und kleinen Lohn – Auszeit, Gelegenheit zum Nachdenken.

Abend für Abend saß er alleine in seiner bescheidenen Unterkunft, grübelte über das Leben und kam dabei auf neue Gedanken. Das Anhäufen von Gütern, Neid und Missgunst waren ihm zuwider; überhaupt misstraute er den weltlichen Werten. Die Erfahrungen aus dem Krieg hatten ihn gelehrt, dass Wohlstand vergänglich ist. Er wollte etwas machen, was ihm persönlich dauerhaft und wertvoll erschien. Er entschied sich für ein Leben im Kloster. Ein Franziskaner sah in Zbiek mehr als einen frommen Mönch hinter verschlossenen Mauern. Er wurde sein Mentor und riet ihm, die Priesterlaufbahn einzuschlagen. Um das zu können, brauchte er das Abitur. Wie sollte er das ohne jede Unterstützung nur schaffen? Je größer das Warum, desto leichter das Wie. Er wurde Maurer, ein Handwerk, welches ihm die Möglichkeit bot, morgens früh anzufangen, um abends Zeit zum Lernen für den Schulabschluss zu haben. Lange Tage, kurze Nächte – doch er war beseelt. Mit 33 Jahren wurde Zbiek zum Priester geweiht. Und mit 87 Jahren blickt er nun voller Dankbarkeit auf seinen Weg: Er hat Körper, Geist, Herz und Seele in Einklang gebracht.

Der Ruf ist Richtung

In gewisser Weise wird unser Ruf durch permanente Zielvorgaben überlagert. Ziele. Ziele. Ziele. Wir sind auf Ziele programmiert. Sie sind Teil unserer gewohnten Welt. Unsere Entwicklung beruht seit frühester Kindheit auf bevorstehenden Zielen: Kindergarten, Grundschule, weiterführende Schule. Das sind Ziele, die uns mit auf den Weg gegeben wurden.
Es gibt Menschen, die setzen sich ihre eigenen Ziele; an-

dere hingegen sind gut darin, Ziele genannt zu bekommen und diese abzuarbeiten. Azubi, Abteilungsleiter, Vorstand, deutscher Meister, Weltmeister, Bronze, Silber, Gold – Ziele sind für das Vorankommen absolut wichtig, denn sie schaffen Transparenz. Sie zeigen uns, wo wir stehen und wo wir sein könnten. Auch Sie werden später im Land der Prüfungen Ziele nutzen, um zu überprüfen, ob Sie auf Ihrem Heldenweg erfolgreich unterwegs sind.

Im Businesskontext wird die Zielerreichung plakativ zur Schau gestellt. Thomas Schneider erlebte das als Unternehmensberater auf folgende Weise: »Als Juniorberater durfte man dann Porsche Boxster fahren, für den Manager gab's dann schon den 911. Und wer noch weiterkam, der fuhr dann den 911 ohne Dach. Und natürlich gab's die entsprechenden Parkplätze.« Die Gesellschaft definiert Erfolg gerne an der Zielerreichung.

Der Ruf lässt sich allerdings nicht auf einen Zielpunkt definieren. Statt »Mein Umsatz, mein Projekt, mein Auto, mein Parkplatz« geht es beim Ruf um »Mein Körper, mein Geist, mein Herz, meine Seele« und darum, diese »magischen vier« zu entwickeln und sich dadurch lebendig zu fühlen. Beim Ruf geht es also nicht um ein Ziel, sondern um die Richtung. Erst kommt die Richtung, dann kommen die Ziele.

Jerry Maguire nennt die Ausrichtungen »Wegweiser«. Während Ziele messbar sind, ist der Ruf in erster Linie nur fühlbar. Doch der Ruf steht beim Helden in der Prioritätenliste deutlich über der klassischen Zielerreichung. Das liegt an der herausragenden Bedeutung des Rufs. Wenn man sich in aller Klarheit für die Richtung entschieden hat, kommen die richtigen Ziele nämlich ganz von alleine.

Der Ruf ist keine Rolle, wie Aufsichtsrat, Vater oder Bürgermeister. Setzt man die Bedeutung seines Lebens auf Rolle, Position oder Amt, verschwindet bei Verlust das ganze Leben. Der Ruf bezieht sich auf einen Zustand, der über allem schwebt.

Das Verständnis für den Unterschied zwischen Richtung und Ziel, zwischen fühlbar und messbar, ist enorm wichtig. Thomas Schneider spürte, dass er nie wieder PowerPoint-Charts und Excel-Tabellen erstellen wollte, weil er sich damit quälte. Er *fühlte* den Schmerz. Trotz seiner geschulten Beraterdenke machte er im ersten Schritt keinen »Strategieplan mit messbaren Milestones zur Gründung einer 120 qm großen Privatarztpraxis«. Stattdessen bemerkte der Unternehmensberater in seiner Vorstellung am Ende seines Weges einen Zustand der Zufriedenheit, der Sinnhaftigkeit und des menschlichen Miteinanders. Er sah etwas im Gesicht seiner Lebensgefährtin, was er als Lebendigkeit, Erfüllung, Zufriedenheit und Freude erkannte. Das war für ihn der bildhafte Ausdruck für das, wonach er strebte. Ein Pflegepraktikum und das Studium der Medizin waren nur die nächsten Ziele, um irgendwann in diesen Zustand zu kommen. Axel Mitbauer wollte ein Leben in Freiheit. Das Zwischenziel war der Sprung in die eiskalte Ostsee. Clemens Stübner wollte die Welt mit Design etwas schöner gestalten. Die Zwischenziele: die Bewerbungsmappe, das Designstudium, das eigene Atelier und schon bald die Professur. Der junge Herbert Zbiek wollte sein Leben für die »überirdischen Werte und Gott« leben. Dazu musste er die Zwischenetappen überstehen: zur Finanzierung einen Ausbildungsberuf erlernen, danach das Abitur absolvieren, das Priesteramt annehmen und in der Gemeinde dienen. Thomas Geierspichler wollte raus aus dem Drogensumpf und sich an sich selbst berauschen. Das erste Ziel: sich überhaupt erst einmal für eine Sportart entscheiden.

Beim Ruf geht es also nicht darum, was Sie konkret erreichen möchten, sondern darum, wie lebendig Sie sich in Ihrer Vierfalt aus Körper, Geist, Herz und Seele fühlen möchten.

Vielleicht gehören Sie zu den Lesern, die Ihren Ruf bereits gehört haben und sich jetzt schon sicher sind, welche Richtung Sie einschlagen. Dann herzlichen Glückwunsch. Springen Sie hinein in das nächste Kapitel. Wenn Sie Ihren Sender, wie im vorhergehenden Kapitel beschrieben, wirklich eingestellt haben, wenn Ihre Sinne auf Empfang sind und Ihnen dennoch eine Vorstellung fehlt, hilft Ihnen der folgende dreistufige Prozess:

Logbuch-Übung:
Machen Sie den Ruf greifbar

In einem ersten Schritt erstellen Sie zusätzlich eine Liste der Momente in Ihrem Leben, in denen Sie sich richtig gut gefühlt haben. Das sind die Momente, in denen Sie Körper, Geist, Herz und Seele besonders kraftvoll erlebt haben. Das sind die Momente voller Leidenschaft und Lebendigkeit. Denken Sie dabei an Ihre frühen Träume und Wünsche, die Sie in Ihrem Leben bereits realisiert haben – an Erfolge, die Sie gefeiert haben, an Momente, in denen es Ihnen gigantisch gutging. Werfen Sie dazu ruhig noch einmal einen Blick auf Ihre Heldenmomente (Seite 74 ff.). Schreiben Sie zunächst zehn dieser Momente in Ihr Logbuch. Werfen Sie einen Blick darauf, tauchen Sie dann gedanklich in diese Momente ein und beantworten stichwortartig die folgenden Fragen:

Wie kraftvoll haben Sie sich erlebt?
Was haben Sie über sich gedacht?

Wie sehr haben Sie sich, Ihr direktes Umfeld und die Welt geliebt?

Wie haben Sie sich gefühlt?

Wie haben Sie geatmet?

Wie haben Sie Ihre Umwelt erlebt?

Was kam in Ihnen zum Schwingen?

Wie ging es Ihnen?

In einem zweiten Schritt stellen Sie sich bitte folgende Situation vor. Sie gehen in ein Kino, wohl wissend, dass dort heute ein ganz besonderes Programm läuft. Sie haben Ihre ganz persönliche Privatvorstellung. Außer Ihnen sitzt niemand im Kinosaal. Sie lehnen sich zurück, und plötzlich bietet sich eine Bilderwelt dar, die Sie als Menschen zeigt, der seinem Ruf gefolgt ist und sich dabei unglaublich entwickelt hat. Woran können Sie erkennen, dass Sie Ihr bestes Leben führen? Es geht nicht darum, aufzuzählen, was Sie erreicht haben, welche Uhr Sie tragen, mit welchem Auto Sie vorfahren oder mit welchem Body-Mass-Index Sie oder Ihre Partnerin eine gute Strandfigur abgeben. Es geht darum, wie Sie durch Ihr Heldenleben gehen. Nicht: Was haben Sie? Sondern: Wie sind Sie? Schreiben Sie in der Gegenwartsform, als wären Sie in den Film eingetaucht. Wie leben Sie? Finden Sie zu Körper, Geist, Herz und Seele mindestens zehn Sätze, die zeigen, wie Sie in diesem Film sind. Lassen Sie Ihren Gedanken freien Lauf. Formulieren Sie bitte positiv und vermeiden Sie jede Form von Verneinung, wie z. B. »Ich bin nicht krank«. Und beginnen Sie jeden Satz mit »Ich«. Hier ein paar Beispiele zur Inspiration auf die Frage: Wie sind Sie in Ihrem Heldenporträt?

Körper:

Ich fühle mich voller Energie und komme früh aus dem Bett.

Ich erlebe mich kraftvoll und fit.

Ich habe phantastischen Sex.

Geist:

Ich erkenne die Chancen des Lebens jeden Tag neu.

Ich verbringe Zeit mit lebendigen und lebensbejahenden Menschen.

Ich bin unglaublich neugierig.

Herz:

Ich erfreue mich jeden Tag an meiner Familie.

Ich pflege meine Freundschaften.

Ich tue die Dinge, die mir persönlich wertvoll sind, und erlebe Wertschätzung dabei.

Seele:

Ich spüre innere Gelassenheit.

Ich bin voller Herzenswärme.

Ich stecke Menschen mit meiner Befindlichkeit an.

Nun vergleichen Sie Ihre Sätze jeweils miteinander, wie in der Werteübung auf Seite 92 ff. Bei welchen Sätzen spüren Sie eine besondere Relevanz? Was bewegt Sie besonders? Bei welchen spüren Sie Motivation, Auftrieb und Energie? Bei welchen ist der Ruf besonders stark? Schreiben Sie sieben Kernsätze auf, die für Sie richtungsweisend sind! Dabei kann es Ihnen passieren, dass Sie in einem Bereich besonders stark ins Schwingen kommen. C. G. Jung würde sagen, dass hier Ihre superiore Funktion zum Vorschein kommt. Hier liegt meistens das größte Potenzial, ein Held zu werden.

Im dritten Schritt erschaffen Sie sich ein Bild für diesen Zustand. Schon die alten Initiationsriten der Urvölker beruhten auf Metaphern. Es waren die erzeugten Bilder, die für den »Wumm« sorgten. Das waren die großen und kraftvollen Symbole, die eine Richtung im Leben vorgaben. Die Zauberer, Schamanen und Priester wussten: Bilder schaffen Emotionen. Sie arbeiteten mit den unterschiedlichsten Symbolen und Bildern, um Menschen über Grenzen und Kulturen hinweg eine Richtung zu geben. Und an dieser Praxis hat sich bis in die Gegenwart nichts geändert.

Schaffen Sie ein Bild, das Ihren Heldenzustand widerspiegelt und Ihren ganz persönlichen Kernsätzen noch mehr Ausdruck verleiht. Keine Angst. Sie brauchen niemandem das Bild zu zeigen. Es ist Ihr Bild – ein Bild, von dem Sie wissen, dass es alles enthält, um den Ruf noch anziehender zu machen. Bei diesem dritten Schritt geht es vor allem darum, das, was in Ihnen steckt, so früh wie möglich nach außen zu kehren und sichtbar zu machen.

Jerry Maguire schuf sich sein Bild von Lebendigkeit und machte auf 25 »gefühlsduseligen« Seiten den Ruf greifbar. Steve Jobs hatte auch ein Bild vor Augen: Er sah durch sein Handeln eine Delle im Universum. Axel Mitbauer hatte sein ganz persönliches Bild von Freiheit vor seinem inneren Auge. Der erfolgreiche Unternehmer Hermann Schüller, dessen Geschichte Sie später noch kennenlernen werden, hatte das Bild des Aufbauspielers einer Basketballmannschaft. Er wollte ein Leben mit und in einer Mannschaft führen. Er sah sich als derjenige, der im dynamischen Umfeld die besten Pässe gibt, die andere in Erfolge verwandeln. Stefan Wentzel sah sich als eine Art Border-Collie – ständig auf der Suche nach Herausforderungen. Thomas Geierspichler verfolgte die ganz persönliche Vorstellung, dass die österreichische Nationalhymne für ihn im Stadion gespielt wird. Das erzeugte einen Sog. Jeder Lebensheld hat seine eigenen Vorstellungen. Doch diese benennen zu können gibt der Richtung noch mehr Anziehung.

Schaffen auch Sie sich ein kraftvoll positives und anziehendes Bild von dem, was Ihr Heldendasein ausmacht. Bringen Sie Ihr bestes Inneres zum Ausdruck. »Malen« Sie sich buchstäblich einmal aus, wie es aussieht, wenn Sie »Ihr Heldending« durchziehen, und welche Figur Sie dabei machen!

Seien Sie kreativ. Ob Sie Ihre Vorstellungen niederschreiben, malen, kleben oder schweißen – verleihen Sie Ihrem Ruf Gestalt. Manchmal reicht es, eine Metapher zu zeichnen. Sind Sie ein Baum, Tiger oder Gorilla? Und wenn Sie sich für den Baum entscheiden, wie genau sieht er aus? Welche Eigenschaften hat dieser Baum? Eiche oder Birke? Allein auf weitem Feld oder Teil eines großen Waldes? Mit oder ohne Früchte? Wo würde dieser Baum stehen? Spanien, Afrika oder Wanne-Eickel?

Oder blättern Sie durch Magazine, Reiseführer und Bildbände. Reißen Sie aus, was Ihren Vorstellungen entspricht und eine Befindlichkeit widerspiegelt. Erschaffen Sie sich Ihr ganz persönliches Kunstwerk vom gelebten Ruf. Kunst ist mehrdimensional. Man kann sie schmecken, riechen, fühlen, sehen, tasten. Ganz egal ob Sie sich für eine Skulptur, ein Gemälde, eine Installation, ein Musikstück, ein Foto, eine Collage oder was auch immer entscheiden – werden Sie sich dessen bewusst, dass Sie Ihren inneren Wunschzustand sichtbar machen sollten.

Paul Klee sagte einmal: »Die Kunst gibt nicht das Sichtbare wieder, sondern macht sichtbar.« Darum geht es. Machen Sie sichtbar, was Sie im Inneren als Richtung spüren. Und natürlich lebt ein solches Werk. Es darf, kann und wird sich verändern. So ist das Leben. Gestalten Sie es.

Mehr als alle anderen

Wenn Sie Ihren Ruf glockenhell hören und Sie sich Ihr eigenes kraftvolles Bild ausgemalt haben, dann gönnen Sie sich den Spaß und setzen Sie sich um 17 Uhr in eine Straßenbahn. Beobachten Sie die Menschen, die von der Arbeit kommen. Fragen Sie sich, wie viele der Fahrgäste Körper, Geist, Herz und Seele im Einklang empfinden. Fragen Sie sich auch, wie viele von diesen Menschen sich wirklich Zeit für ihren Ruf genommen haben. Es überrascht, dass sich ein Großteil der Menschen derart fremdbestimmt treiben lässt.

Je intensiver Sie sich mit dem Thema beschäftigen, umso öfter werden Sie eine Gesetzmäßigkeit bestätigt bekommen: Menschen, die ihrem Ruf folgen, führen häufig Menschen ohne Ruf. Und daraus folgt für Sie persönlich: Entweder Sie folgen Ihrem Ruf, oder Sie folgen dem Ruf eines anderen. Wenn Sie bis hierher gekommen sind, haben Sie schon viel erreicht. Klopfen Sie sich selbst auf die Schulter. Sie sind auf dem besten Weg, ein erfülltes Leben zu führen und gleichzeitig die Welt ein bisschen besser zu machen.

Logbuch-Check

- Der Ruf ist kein Ziel. Der Ruf ist eine Richtung.
- Die Erfüllung des Rufs zeigt sich durch einen Zustand der Lebendigkeit. Körper, Geist, Herz und Seele sind in Einklang.
- Schon die Initiationsriten der Urvölker und die Religionen dieser Welt setzen auf kraftvolle Symbole, um Menschen eine Richtung zu geben.
- Der innere Ruf gewinnt an Klarheit und Anziehung, wenn er im Außen Gestalt annimmt, zum Beispiel als Bild, Installation, Skulptur, Text, Collage oder auch als Musik.
- Haben Sie sich Ihren Ruf bildhaft gemacht?

10 DIE MENTOREN

»Dein Herz ist frei, hab den Mut ihm zu folgen!«
Braveheart

Sie kennen Ihre Richtung und sind kurz vor dem Aufbruch. Aber irgendwie fühlen Sie sich allein. Die gute Nachricht: Auch andere Wesen haben Antennen, und sie empfangen Ihre Signale. Vor allem wenn sie in der gleichen »Branche« tätig sind, Ihr Talent erkennen und dort bereits über Erfahrung verfügen, die sie an Sie weitergeben: Mentoren sind Coachs für potenzielle Helden. Sie können Helden für ihre Absichten Inspiration, Kraft und Selbstbestätigung vermitteln, weil sie etwas in ihnen sehen, was sie selbst noch nicht entdeckt haben.

Ursprünglich stammt der Begriff »Mentor« aus der *Odyssee,* wo sich die gleichnamige Gestalt um die Erziehung von Odysseus' Sohn Telemach kümmert: ein weiser Lehrer, der den Jungen auf das Leben vorbereitet. Als Prototyp des Mentors gilt auch der Zentaur Chiron, ein Mischwesen aus Pferd und Mensch, das eine ganze Heldenarmee ausbildete. Aus Dankbarkeit schenkte Zeus ihm das Sternzeichen des Schützen. Auch Helden wie Herkules, Peleus und Aktaion haben sich von weisen Mentoren leiten lassen. Sie treten in den unterschiedlichsten Gestalten auf: als Gott oder Mensch, Zwerg oder Riese, Zauberer oder Wissenschaftler, Mathematiker oder Medizinmann, Lehrer oder Trainer, Vater oder Mutter.

In Filmerzählungen treten Mentoren oft an entscheidenden Weggabelungen auf. Der Mentor bereitet den Helden vor; er schärft sein Bewusstsein für die anstehende Aufgabe; er beseelt und begeistert den Helden und verleiht ihm in der Regel den entscheidenden Anschub. Zur Vorbereitung auf die Heldentaten gehört oft die richtige Ausstattung. Das Schwert beispielsweise zieht sich wie ein roter Faden durch die Mythen. Das gute, alte Schwert der Siegfriede, Ritter und Helden wandelt sich in Quentin Tarantinos *Kill Bill*-Sequenzen lediglich zum perfekten Samuraischwert, das der Mentor in einer langen Ausbildungszeremonie seinem besten Schützling übergibt. In *Winnetou* wird das Schwert zum Henrystutzen, und im modernen Heldenepos *Krieg der Sterne* übergibt der Weise Obi-Wan dem jungen Luke das Lichtschwert für seine Reise. Und träumen nicht schon alle kleinen Jungen von diesem Schwert?

In modernen Mythen, Legenden und Filmen unterstützen Mentoren ihre Helden durch fabelhafte technische Erfindungen. Der ältere Herr namens Q stattet James Bond kurz vor seinen Abenteuern mit nützlichen Gadgets aus: die Armbanduhr mit integriertem Stahlseil, ein ausfahrbarer Dolch in der Sohle oder ein versteckter Geigerzähler in der Kamera … was man eben für das 007-Heldenleben so braucht.

Entscheidend ist: Mentoren belehren oder beeinflussen nicht; sie eröffnen neue Perspektiven, schaffen Bewusstsein und begeistern. Selbst in einem »Lehrerfilm« wie *Der Club der toten Dichter* oder *Coach Carter* sind die Mentoren gereifte Helden, die selbst auf die Reise gegangen waren und als gewachsene Persönlichkeiten zurückgekommen sind. John Keating im *Club der toten Dichter* ist der Prototyp des modernen Mentors, ein Lehrer für Herz und Seele. Dank seiner eigenen Vergangenheit besitzt er die Kraft, Glaubwürdigkeit und das Wissen, um seinen Schülern überzeugend den Kernsatz des Films zuzurufen: »Carpe diem. Nutze den Tag. Jungs, macht etwas Außergewöhnliches aus eurem Leben!«

Auch die realen Lebenshelden unserer Zeit haben einen Mentor, häufig eine Vaterfigur, die den Reisenden bestärkt. Steve Jobs' Adoptivvater führte den jungen Spross bereits in frühen Jahren an Technik heran, weckte dessen Neugierde und Erfindergeist. Es kann natürlich auch die Mutter sein, die einen über die Schwelle führt. Axel Mitbauers Mutter reiste vor seiner Flucht an und besorgte das Drumherum, von den Schwimmvorbereitungen bis hin zur Entsorgung der zurückgelassenen Kleidung.

Früher oder später stellt sich allen Helden die Frage, wie sie ihren Mentor finden. Der amerikanische Wissenschaftler Michael Zey veröffentlichte 1984 eine Studie, in der er sieben Eigenschaften des »idealen« Mentors herausarbeitete.[1] Ein guter Mentor verfügt über starke Eigeninitiative, hohe emotionale Intelligenz, ist voller Energie und Tatendrang, vertrauenswürdig, integer und optimistisch. Oft verfügt ein Mentor über alle Fähigkeiten eines Helden und kann diese in anderen sehen; eventuell weiß er sogar, dass er selbst (meistens körperlich) nicht in der Lage ist, es noch mal so weit zu bringen wie der Held. Die Kernaussage der Studie lässt sich in Anlehnung an John F. Kennedy ausdrücken: »Frage dich nicht, was dein Mentor für dich tun kann. Frage dich, was du für deinen Mentor tun kannst.«

Bevor Sie sich einen Mentor suchen oder der Mentor Sie findet, sollten Sie sich eine klare Vorstellung von ihm machen. Folgende acht Prinzipien werden Ihnen helfen, den richtigen Mentor zu finden.

1. Bezahlen Sie Ihren Mentor

Der Mentor, der »es für Geld macht«, ist ein professioneller Coach. Das ist der einfachste Weg. Wenn Sie Golf spielen möchten, engagieren Sie einen Golflehrer, um die Platzreife zu bestehen. Wenn Sie fliegen lernen möchten, brauchen Sie einen Fluglehrer. Und wenn Sie Ihrem Leben eine neue Richtung geben möchten, dann können Sie auf einen Coach bauen. Er kennt die Werkzeuge der Veränderung und hilft dem Coachee über die Schwellen des Lebens. Und genauso wie beim Tennis, Golf oder Fliegen gibt es die guten und die weniger guten Coachs. Nicht jedem mit der Bezeichnung »Coach« auf der Visitenkarte kann man vertrauen. Achten Sie auf Ausbildung, Erfahrung und Unabhängigkeit – und im Erstgespräch auf Ihr Bauchgefühl. Fühlen Sie sich gut aufgehoben? Stimmt die Chemie? Sehen Sie die Welt ein wenig klarer? Wurde Ihr Blickfeld erweitert? Oder führt der Coach Sie in ein Abhängigkeitsverhältnis? Macht er Sie freier, oder spüren Sie plötzlich Ketten?

Der große Unterschied zwischen einem Coach und einem Mentor ist der zwischen Beruf und Berufung. Gute Coachs sind professionell. Sie verfügen über die Werkzeuge und Mittel, um Schwellen zu überwinden. Ihr Wissen ist erlernt, trainiert und praxiserprobt. Die Weisheit des Mentors hingegen schöpft aus großer Lebenserfahrung. Das macht einen gewaltigen Unterschied. Der echte Mentor hat ein tiefer gehendes Anliegen. Mentoren sind die »Väter vom Fach«, Coachs haben mit einem speziellen Fach nicht unbedingt Berührung. Trotzdem kann ein Coach Ihnen die Augen für Ihre wahren Interessen öffnen und Sie auf die Heldenstraße führen. Die Arbeit mit einem guten Coach ist durchaus zu empfehlen und hat sich in der Praxis vielfach bewährt; man achte darauf, ob er sich aus Ihren Interessen heraushält und von der Liste Ihrer Dienstleister verschwindet, wenn er nicht mehr gebraucht wird.

2. Mentoren fallen nicht vom Himmel

Es gibt keine Zufälle. Auch nicht bei Mentoren. Nur wer sät, wird ernten. Nur wer sucht, wird finden. Es ist die Initiative, die zählt. Weil Harry Potter seine gewohnte Welt verlässt und sich der magischen Parallelwelt nähert, findet er schnell in Schuldirektor Albus Dumbledore seinen Mentor. Harry wird nicht gefunden, er findet aufgrund seiner eigenen Entscheidung. Dahinter steckt das Phänomen der selektiven Wahrnehmung. Unser Gehirn sucht in der Welt die Muster, für die wir uns entschieden haben. Sobald Sie sich entschieden haben, Ihren Weg zu gehen, werden Sie mindestens einen Mentor treffen. Wetten?!
Einer der großen Sporthelden Deutschlands ist zweifelsohne Dirk Nowitziki. Der Basketballspieler brachte es zum wertvollsten Spieler der amerikanischen Liga. In den USA gilt er als German Wunderkind, wird nach dem griechischen Prototyp des Helden sogar Dirkules genannt. Aber die Erfolgsgeschichte von Dirk und den Dallas Mavericks ist unauflösbar verwurzelt in seinem Kontakt mit dem Würzburger Mentor Holger Geschwindner. Nach ersten Probetrainings saß Geschwindner, selbst früher Nationalspieler, bei den Nowitzkis im Würzburger Wohnzimmer und sprach die Sätze, die das

Leben des Basketballspielers für immer verändern sollten: »Wenn Dirk der beste deutsche Basketballer werden soll, kann er einfach so weitermachen. Niemand wird ihn aufhalten können. Wenn er aber einer der weltbesten Spieler werden soll, müssen wir systematisch trainieren. Und zwar ab morgen.«[2] Seit diesem Tag steht Holger Geschwindner als Individualtrainer und Berater an Nowitzkis Seite. Doch um so weit zu kommen, musste Nowitzki erst Interesse am Basketball zeigen und seinem Trainer auffallen, mit Talent oder auch Feuer in den Augen. Bis heute steht Holger Geschwindner in wichtigen Momenten an der Seite von Dirk Nowitzki.

Gehen Sie vor die Tür. Betreten Sie neue Spielfelder. Treffen Sie Menschen. Mentoren müssen von Ihrer Existenz erfahren.

3. Seien Sie offen

In Legenden und Mythen kommen Mentoren oft alt, grau und weise daher, als Priester, Greise, Druiden oder Schamanen. In der Lebenspraxis können sie auch anders aussehen. Der Vorzeigementor Q aus den James-Bond-Filmen wurde über dreißig Jahre lang von Desmond Llewelyn verkörpert. Schon in seinem ersten Bond *Liebesgrüße aus Moskau* wirkte er nahezu vorschriftsgemäß alt, grau und weise. Seit 2012 ist ein ganz anderer Q an Bord. Ben Whishaw verkörpert einen jungen, humorvollen und attraktiven Computernerd. Seien Sie offen für die unterschiedlichsten Mentorentypen. Die Welt hat sich in dieser Hinsicht fast gedreht. Seit digitale Technologien unsere Zeit beherrschen, sind es oft junge Menschen, die Computer &

Co. intuitiver und schneller erfassen, mitsamt ihren Möglichkeiten.

In vielen IT-Unternehmen gibt es »Mentorenprogramme«, bei denen junge IT-Spezialisten die Mentoren der älteren Belegschaft sind. Auch in jungen Jahren können Menschen bereits eine erstaunliche Heldenreise hinter sich haben. Philipp Riederle gehört dazu. Im Alter von 13 Jahren gründete er seinen Podcast *Mein iPhone und ich*, mit 15 hatte er bereits über eine Million Zuschauer jährlich im Web. Bald darauf wurde er als Berater für Unternehmen engagiert und sprach als Referent auf internationalen Fachkonferenzen. Sein erstes Buch schrieb er noch vor dem Abitur. Manager sehen in ihm einen hilfreichen Wegbegleiter, der sie durch das ihnen unbekannte Land der Social Media führt. Wir wissen nie, in welcher Gestalt unser Mentor plötzlich vor uns steht. Seien Sie einfach ... offen.

4. Mentoren wollen Begeisterung und Entschlossenheit

Mentoren sind oft gereifte Helden. Sie sind als Menschen aufgebrochen, als Helden zurückgekehrt – und später zu Mentoren geworden, die ihre Weisheit weitergeben. Tauchen Sie ein in die Perspektive des Mentors. Was würden Sie sich von Ihren Schülern wünschen? Würden Sie nicht auch den Menschen Ihre Zeit und ungeteilte Aufmerksamkeit schenken, die für ihre Sache brennen? Der amerikanische Philosoph Henry David Thoreau sagte einmal: »Die meisten Menschen führen ein Leben in stiller Verzweiflung.« Stechen Sie heraus aus der Masse der »meisten Menschen«. Mentoren geben ihren Schützlingen viel Liebe mit auf dem Weg – man sollte sie deshalb nicht enttäuschen. Gehen Sie Ihren Heldenweg und stecken Sie Ihre Mentoren durch Ihre Begeisterung und Entschlossenheit an.

Ein guter Mentor wird Sie prüfen. Er will wissen, wie ernst Sie es meinen. Es ist sogar denkbar, dass Sie auf Ihrer Suche von potenziellen Mentoren gnadenlos abgewimmelt werden. Ein gutes Zeichen dafür, dass Sie an der richtigen Tür geklopft haben. Verzagen Sie nicht, denn ein guter Mentor wird Sie auf Herz und Nieren prüfen. Bleiben Sie dran. Über kurz oder lang wird sich die Tür öffnen.

Ich kenne einen überaus erfolgreichen Unternehmer, der regelmäßig als Mentor angefragt wird. Seine Standardantwort ist immer die gleiche: »Vielen Dank für Ihre offenen Worte und Ihr Vertrauen. Im Moment kann ich Ihnen nicht die Zeit schenken, die Sie für Ihr Vorhaben verdienen. Bitte schicken Sie mir in vier Wochen eine Mail und erläutern Sie mir Ihr Anliegen ein weiteres Mal.« Diese Absage erteilt er zweimal. 98 Prozent der Suchenden melden sich nie wieder. Erst bei der dritten Anfrage nimmt er sich die Zeit für ein Telefonat, denn nun kann er sicher sein, dass da jemand hartnäckig ist. Das bedeutet allerdings nicht, dass er die Suchenden auch tatsächlich persönlich begleiten wird. Wer sich dreimal bei ihm meldet und mit Begeisterung und Entschlossenheit im Herzen sein Anliegen vorträgt, hat sich seiner Meinung nach erst den Austausch verdient. Wenn er selbst die Rolle des Mentors nicht übernehmen kann oder möchte, schlägt er einen anderen Mentor vor oder gibt einen Impuls, der dem angehenden Helden den weiteren Weg weist.

Mentoren kennen Mentoren. Und die herausragenden Mentoren muss man sich über die Zeit verdienen. Gehören Sie nicht zu den 98 Prozent, die aufgeben, weil sie abgewiesen werden. Bleiben Sie am Ball. Erfahrene Mentoren sind zu Recht wählerisch. Tun Sie es ihnen gleich. Mit den Jahren werden Sie immer bessere Mentoren finden. Je weiter Sie sich entwickeln, umso entwickelter sind Ihre Mentoren.

5. Mentoren verfolgen eigene Interessen

Mentoring ist kein Akt der Selbstlosigkeit, Uneigennützigkeit oder Nächstenliebe. Mentoren verfolgen eigene Interessen, und es wäre seltsam, wenn es nicht so wäre. Das Verhältnis von Mentor und Mentee ist ein Geben und Nehmen in beide Richtungen. Für Mentoren ist das Beseelen und Begeistern junger Helden Kraftquelle für ihren eigenen Weg. Bedenken Sie das, wenn Sie Ihrem Mentor begegnen. Machen Sie ihm ein Geschenk. Nehmen Sie nicht nur, sondern lassen Sie ihn Ihr Wachstum spüren. Sie können sogar berufen sein, zu Ende zu führen, was dieser angefangen hat. Nichts ist für Mentoren wertvoller, als Schützlinge wachsen zu sehen. Geben Sie Feedback und übertreffen Sie die Erwartungen Ihres Mentors. Das schafft Kraft und Freude auf beiden Seiten. Gute Mentoren suchen immer nach bereichernden Persönlichkeiten. Sie sind neugierig, wollen dazulernen und mit ihren Mentees wachsen. Füttern Sie diesen Hunger. Packen Sie aus, was Sie zu geben haben. Mentoring bedeutet schenken und beschenkt werden. Eine klassische Win-win-Situation.

6. Schenken Sie Ihrem Mentor Respekt und Wertschätzung

Seien Sie vorbereitet. Überlegen Sie im Vorfeld genau, was Sie von Ihrem Mentor erwarten und wie er Ihnen helfen kann. Seien Sie konkret. Zeigen Sie Wertschätzung durch zeitnahe Rückmeldung. Räumen Sie Ihrem Mentor zeitliche Priorität ein. Reagieren Sie sofort und antworten Sie so schnell als möglich. Beweisen Sie, dass Sie ihm zuhören. Seien Sie aufmerksam. Bringen Sie nicht nur Fachwissen, sondern auch Ihre emotionale Intelligenz ins Spiel. Kleine Gesten setzen Zeichen. Laden Sie Ihren Mentor ein und beschenken Sie ihn.
Wertschätzung und Respekt drücken sich auch dadurch aus, dass Sie die dunklen Seiten Ihres Mentors annehmen, während Sie den Fokus auf die Stärken legen. Jeder Mentor ist letztlich auch nur ein Mensch. Je intensiver die Zusammenarbeit, umso mehr bröckelt die Projektion. Richten Sie Ihren Fokus darauf, was Ihr Bewusstsein verändert und sensibilisiert.

7. Bleiben Sie Sie selbst

Mentoren »in-spirieren« (begeistern) und beseelen. Sie wissen, wozu Menschen fähig sind, weil sie selbst weit gekommen sind. Weil sie selbst auf großer Reise waren. Deswegen besteht das Risiko, dass der Mentee sich auf den Schultern seines Mentors über die Schwelle tragen lassen möchte. Die Bequemlichkeitsfalle schlägt zu. Eigene Lösungen verkümmern. Gefragt ist dann nur noch die Weisheit des Mentors. Eine große Gefahr für beide Seiten.

Mentoren sehen in ihren Mentees oft einen Teil von sich. Das bringt sie einerseits in Schwingung, macht sie anderseits aber dafür empfänglich, eigene Lösungen durch Übertragung an den Mentee weiterzugeben. Das Denken und die Gefühle des Mentors, seine Muster und Strukturen, gehen unbewusst auf den Mentee über. Das kann nicht zur besten Lösung führen, denn es ist die Lösung des Mentors, nicht des Mentees. Der Mentor wird damit gewissermaßen zum Bewusstsein des Mentees. Doch es ist seine Aufgabe, Bewusstsein zu schaffen, nicht zu sein. Hier sind Sie als Held gefordert. Es ist Ihr eigener Weg und nicht der Ihres Mentors. Verlassen Sie sich nur auf sich selbst und streben Sie eigene Lösungen an.

8. Vertrauen Sie Mentoren, die nicht mehr da sind

In unserer Vergangenheit gab es Menschen, die einfach für uns da waren. Menschen, denen wir unser Vertrauen geschenkt haben und die uns mit ihrer Klugheit ein gutes Stück unseres Lebens begleitet haben. Es sind häufig diese außergewöhnlichen Persönlichkeiten, die uns bereits in jungen Jahren überraschende Wege aufgezeigt haben. Manchmal hören wir immer noch ihre Stimmen, erinnern uns an Sätze, die sie zu uns gesprochen haben. Fast immer spüren wir ihre gute Absicht und ihren festen Glauben an uns. Menschen, die aus irgendeinem Grund nicht mehr Teil unseres Lebens sind. Sie sind nicht mehr unter uns. Oder wir haben sie einfach aus den Augen verloren. Manchmal sind es auch Eltern, Großeltern oder Verwandte von Freunden und Mitschülern, die Einfluss auf uns hatten.

Nun taucht vielleicht schon eine Person vor Ihrem geistigen Auge auf, die in Ihrem Leben eine solche Rolle gespielt hat. Von solchen Begegnungen und Verbindungen zehren wir oft ein Leben lang. Sie können uns beflügeln und die Kraft schenken, die wir später brauchen – eine spirituelle Kraft. Bei Axel Mitbauer war es der Vater. Er war viel zu früh gestorben und genauso im Zwist mit dem Regime wie er selbst. Für Herbert Zbiek war es Gott, der ihn auf den richtigen Weg brachte. Mentoren haben in der Tat etwas Göttliches an sich. Was würden Sie heute zu ihnen sagen? Wie würden Sie es sagen? Mit welcher inneren Haltung? Auf welche Weise würden diese wunderbaren Menschen Sie heute begleiten?

Helden nutzen häufig die tiefe Kraft dieser imaginären Mentoren. Sie nehmen spirituell Kontakt mit ihnen auf. In Filmen tauchen sie oft als »Wolke« auf, die die Protagonisten noch einmal mit den gleichen Worten ermahnen, in der jeweiligen Situation das Richtige zu tun. Was haben wir ihnen zu verdanken, und welche Botschaft haben sie uns damals mitgegeben, von der wir heute noch zehren? Was würden sie heute zu uns sagen? Lassen Sie sich auf ein solches Spiel ein. Nehmen Sie sich dafür eine Auszeit. Bei einem Spaziergang, an einem Sonntag am Küchentisch oder beim Joggen im Wald. Was wäre ihre Botschaft an Sie heute?

Logbuch-Übung:
Der ideale Mentor

Machen Sie sich eine Liste von den idealen Eigenschaften Ihres Mentors. Was brauchen Sie? Welche Erfahrungen, Fähigkeiten und Fertigkeiten sollte er mitbringen? Woran würden Sie Ihren idealen Mentor erkennen?

Sobald Sie sich aufmachen, werden Sie Menschen begegnen, die potenzielle Mentoren sind. Beachtung schafft auch hier Verstärkung. Nutzen Sie die Chance, sich begleiten zu lassen.

Logbuch-Check

- Der Mentor gehört in den Mythen wie im realen Leben zu den wichtigsten Vorbereitern und Begleitern des Heldenlebens.
- Fast alle Lebenshelden unserer Zeit hatten oder haben einen Mentor, den sie nach dem Weg fragen können.
- Ein guter Mentor verfügt über starke Eigeninitiative, hohe emotionale Intelligenz, ist voller Energie und Tatendrang, vertrauenswürdig, integer, optimistisch und nicht übergriffig.
- Fragen Sie sich bei der Auswahl nicht nur, was Ihr Mentor für Sie tun kann, sondern auch, was Sie für Ihren Mentor tun können.
- Um Ihren Mentor zu finden, müssen Sie sich aufmachen. Mentoren fallen nicht vom Himmel.
- Seien Sie offen für ungewöhnliche Typen.
- Zeigen Sie Begeisterung und Entschlossenheit.
- Achten Sie auf Ihr Bauchgefühl, wenn jemand eine Saite in Ihnen zum Schwingen bringt.
- Schenken Sie Ihrem Mentor Respekt und Wertschätzung.
- Bleiben Sie sich treu.
- Sie können in einer stillen Minute Kontakt mit imaginären Mentoren aufnehmen, zum Beispiel mit einem wichtigen Menschen aus Ihrer Vergangenheit. Fragen Sie sich: »Was würde mir diese Person heute empfehlen?«

11 DIE SCHWELLENHÜTER

> »Auch den Kerberos sah ich, mit bissigen Zähnen bewaffnet
> Böse rollt er die Augen, den Schlund des Hades bewachend.
> Wagt es einer der Toten an ihm vorbei sich zu schleichen,
> So schlägt er die Zähne tief und schmerzhaft
> ins Fleisch der Entfliehenden
> Und schleppt sie zurück unter Qualen,
> Der böse, der bissige Wächter.«
> Homer, Odyssee

Sie sind auf dem besten Weg, haben Ihren Mentor gefunden und wollen in eine neue Welt aufbrechen. Sie sind davon überzeugt, dass jenseits der Dorfgrenzen neue Erfahrungen auf Sie warten, mit denen Sie Ihre noch nicht erkannten, verdrängten oder verlernten Eigenschaften entdecken werden. Auch wenn Sie noch nicht wissen, wohin es genau gehen wird, auch wenn manches noch im Dunklen liegt: Sie kennen die Richtung.

Mit dem Ruf stehen Sie an der Schwelle, die Sie von dem Unbekannten trennt. Ihr Ruf als Wegweiser zeigt Ihnen die Richtung – direkt hinein in die Terra incognita. Ein großes Wagnis, den nächsten Schritt zu tun und die Grenze zu überschreiten. Denn sobald der Held seinen Fuß über die Schwelle setzt und die Regionen des Vertrauten hinter sich lässt, stürzt er sich ins Abenteuer.

In Filmen ist wie schon in den großen Mythen die Schwelle ein »point of no return«. Aus wie vielen Filmen kennt man das Szenario: Der Held befindet sich an einem gottverlassenen, menschenleeren Ort, vorzugsweise in einer Wüste. Der Wind wirbelt Staub auf, abgestorbene Pflanzenknäuel wehen vorbei – und ein Stück verrostetes Metall quietscht vor sich hin. »No Trespassing« (Betreten verboten) steht auf dem Schild, und der Held zögert weiterzugehen, denn er weiß, dies ist der »point of no return«, hinter dem es kein Zurück mehr gibt.

Schwellen sind im Leben manchmal höher – oder unauffälliger –, als man denkt. Wir alle kennen die »Türsteher« des Lebens, die einfach mal im Weg stehen und behaupten, wir könnten bis hier und nicht weiter. Wer sich jemals mit gefälschtem Schülerausweis am Schwellenhüter der Disco vorbeigeschmuggelt hat, weiß genau, was gemeint ist. Draußen die Kälte, die Nacht, das Warten – drinnen Musik, Ekstase, Verführung, Leben. Und dazwischen dieser verdammte Zerberus, der sich vor einem aufbaut wie der mythische Wächter der Unterwelt.

Der Schritt über eine solche Schwelle ist eine Entscheidung, die der Held aus freien Stücken trifft. Er verändert seine Welt oder nicht. Die New Yorker Feuerwehrmänner sind am 11. September 2001 entschlossen in die Zwillingstürme gegangen – freiwillig. Der Ruf war stärker als die Angst vor dem Tod. Das war ihre Entscheidung, ihre »Schwelle«.

Jeder angehende Held geht ein Wagnis ein. Beim Überschreiten der Schwelle hat er nicht mehr alles unter Kontrolle. Das ist ihm bewusst. Das gehört dazu. Schwellensituationen sind in Hollywoodfilmen immer die Momente, in denen der Held nicht weiter Objekt und erlebender Spielball des Geschehens ist, sondern die Handlung endlich selbst in die Hand nimmt; ab da ist er selbst die »Action«.

In der erfolgreichen Thrillerserie *Stirb langsam (Die Hard)* spielt Bruce Willis den New Yorker Polizisten

John McClane, der immer wieder zur falschen Zeit am falschen Ort ist und deshalb stets in neue Abenteuer verwickelt wird. In allen Filmen springt er, zunächst zögernd, dann entschlossen über seine Schwelle. Erst dadurch wird aus bewegten Bildern ein echtes Kinoerlebnis. Der psychologische Konflikt, ob der Schritt erfolgt oder unterbleibt, macht viele Filme erst sehenswert und zu großem Kino. Das Überwinden der Schwelle verleiht den Bildern Energie, Dichte und Dramatik. Die Schwelle trennt den ersten vom zweiten Akt, den Bub vom Mann und den Normalo vom Helden. Die innere Bereitschaft zur Veränderung manifestiert sich nun auch in äußerer Veränderung. Deshalb kommt der Schwelle im Film und in den Mythen besondere Bedeutung zu. Der Schritt über sie hinweg treibt die Geschichte voran. Die Spannung steigt sprunghaft an. Schwellenübertretung bedeutet Weichenstellung. Und Weichenstellung bedeutet Schwungkraft in eine gewählte Richtung. Übersetzt: Es gibt kein Zurück mehr!

Ödipussi oder Held?

Wer sein Leben vorantreiben möchte, wird immer wieder auf Schwellen stoßen. Und das ist auch gut so. Erst in dieser Konfrontation mit sich selbst wird aus einem Vorsatz eine Entscheidung, aus etwas Vorläufigem etwas Unumkehrbares. Nur so werden Fakten geschaffen. Nur so wird man zum Helden.

An der Schwelle lernt der Held, mit inneren und äußeren Widerständen umzugehen, sich Ängsten zu stellen und seine Motivationskompetenz auszubauen. Er stellt die Weichen für die Zukunft. Held oder Antiheld, das ist nicht nur hier die Frage – sie stellt sich angesichts der Schwelle jedoch mit besonderer Dringlichkeit.

An diesem Punkt scheiden sich zwei Welten – die Welt desjenigen, der sich mutig ins Abenteuer stürzt, von der des Antihelden, der sich lieber hinter dem warmen Ofen verkriecht. Keinen Versuch zu unternehmen markiert das Ende der Heldenreise; dann bleibt es bei Absichtserklärungen und beim Status quo. Zwar hat der potenzielle Held seinen Ruf gehört, bleibt jedoch tragischer Antiheld.

Seltsame Gestalten – gute und böse

Jeder angehende Held, der sich einer Schwelle nähert, begegnet archetypischen Gestalten, die sich ihm in den Weg stellen und Widerstand bieten. Zerberus, der Bewacher der mythischen Unterwelt der Griechen, wurde bereits erwähnt. In High-Fantasy-Filmen wie *Der Hobbit* oder *Herr der Ringe* treffen die Reisenden auf geheimnisvolle Wesen, die sie vom Weg abbringen. In klassischen Copgeschichten ist es häufig der Polizeichef, der den Helden vom Dienst suspendiert. In Roadmovies tauchen plötzlich windige Typen auf, die den Helden von seinem Abenteuer abhalten möchten. Wie im Film nehmen die Schwellenhüter auch im echten Leben die unterschiedlichsten Gestalten an. Manche können Sie als Partner gewinnen, andere sind hoffnungslose Gestalten, die selbst ihr Dorf niemals verlassen werden. Beginnen wir mit jenen, die Sie für Ihre Ideen gewinnen können.

Die guten Schwellenhüter

Fast immer sind es nahestehende Menschen, die sich vor die Pforte zum Abenteuer stellen: die Eltern, Geschwister, Verwandte, Freunde – Menschen, die wollen, dass die gewohnte Welt im Takt bleibt, die »business as usual« betreiben. Sie sind auf Sicherheit bedacht und wollen beschützen. Ihre Absicht ist wohlwollend, man könnte auch sagen: liebevoll beschränkt. Sie wollen Gutes tun. Das gilt es zu erkennen und anzuerkennen.

Wir wollen Schwellenhüter, die uns ans Herz gewachsen sind, nicht verletzen und gegen uns aufbringen. Es wäre doch alles andere als heldenhaft, verbrannte Erde zurückzulassen. Doch wie kommt man an ihnen vorbei, ohne sich die Finger oder gute Beziehungen zu verbrennen? Dabei ergibt sich ein ganzes Spektrum von Strategien dieser Schwellenhüter; im Wesentlichen sind es drei.

Die erste Strategie besteht darin, dass sie ein Trommelfeuer von Argumenten entfachen. Eine schier unendliche Liste von »Für und Wider« (vor allem »Wider«) wird heruntergerasselt, um den Reisewilligen mit angeblichen Sachargumenten aufzuhalten. Es ist ein Spiel mit der Logik, das dem potenziellen Helden vorrechnet, welche Risiken er denn einginge.

Die zweite Strategie greift in die Kiste der Autorität. Insbesondere Eltern, die nicht gelernt haben, ihre Kinder ziehen zu lassen, bedienen sich ihrer – aber auch ältere Geschwister mit fragwürdigem Rollenbild setzen auf Autorität kraft Position. Patzige Rechthaberei ist das zentrale Mittel dieser Strategie.

Die dritte Strategie kommt über die persönliche Schiene und setzt auf psychischen Druck. Mit Sticheleien à la »Du meinst wohl, du bist was Besseres« oder »Geh doch, es ist ja dein Leben …« versucht dieser Schwellenhüter, dem Aufbruchsbereiten die Energien zu rauben und ihn ruhigzustellen. Es wird geweint; der Hüter macht zu, wendet sich ab und geht auf Abstand; er versucht Mitleid zu erregen, um den Helden zu entkräften. In allen drei Fällen sind wir dem Problem ausgesetzt, dass wir uns tief im Herzen mit diesen Menschen verbunden fühlen. Wir möchten auf sie hören. Deshalb reagieren wir nur allzu gerne emotional. Gerade von nahestehenden Menschen möchten wir auf unserem Heldenweg unterstützt werden. Ihre Ablehnung schmerzt. Und so regen sich die Emotionen heftiger, als es uns lieb sein kann. Aber diesen Konflikt muss der wahre Held durchstehen, und dafür ist es unerlässlich, dass er seinem Ruf folgt.

Die »Ich meine es ja nur gut mit dir«-Mentalität kann nur überwunden werden, wenn die gute Absicht des Schwellenhüters erkannt, wertgeschätzt und in eine neue Richtung gelenkt wird. Druck erzeugt immer Gegendruck. Wer die Energie der Schwellenhüter nicht bekämpft, sondern für sich nutzt, bekommt frischen Schwung für seine Reise. Wer sein Umfeld nicht gegen, sondern mit sich weiß, schöpft Rückhalt, Kraft und Selbstbewusstsein für seine Abenteuer. In diesem Zustand ist der innere Held schon vor der Schwelle spürbar. Und das schafft Lust auf mehr.

Die Kunst besteht darin, eine wirklich neue Perspektive einzunehmen. Versetzen Sie sich in Ihr Gegenüber und machen Sie sich vor allem immer wieder bewusst: Hinter jedem Ratschlag, jedem Fingerzeig und jeder besserwisserischen Belehrung steckt eine gute Absicht. Sie ist freilich nicht immer leicht zu verstehen. Dazu ist das Einfühlungsvermögen des angehenden Helden gefordert; er muss versuchen, mittels Anerkennung, Wertschätzung und Transformation den Schwellenhüter zum Partner zu machen.

Anerkennung und Wertschätzung: Schau mir in die Augen, Kleines

Einer der Kernsätze in indianischen Mythen lautet: Urteile nie über jemand anderen, bevor du nicht einen Mond lang in seinen Mokassins gegangen bist. Dies ist der erste Schritt, um den Schwellenhüter zu seinem Verbündeten zu machen. Empathie ist ein aktiver Prozess des einfühlenden Verstehens. Mit dem festen Willen, den Gedanken, Gefühlen und Absichten des Schwellenhüters auf den Grund zu gehen, schauen Sie ihm tief in die Augen und schenken ihm ungeteilte Aufmerksamkeit – gemäß dem Motto: Ich nehme dich wahr und wertschätze, was du beabsichtigst.

Studieren Sie Ihr Gegenüber. Ist er (oder sie) aufgeregt oder aggressiv, besorgt oder leidvoll? Welche Argumente werden vorgebracht? Finden Sie eine Antwort auf die Kernfrage: Welche gute Absicht steckt hinter seinem bzw. ihrem Verhalten?

Vergewissern Sie sich dabei, dass Sie Ihrem Umfeld schon jetzt einen großen Schritt voraus sind. Sie haben die Muster der gewohnten Welt hinterfragt und sind bereit für Veränderung. Sie haben Ihren Ruf gehört. Ihr Umfeld dagegen bewegt sich nicht nur räumlich, sondern vor allem mental weiter in gewohnten Bahnen, deren Regeln, Rituale und Verhaltensmuster sich über lange Zeit verfestigt haben.

Sollten Sie sich tatsächlich auf die Reise machen, dann befürchtet der Schwellenhüter Bindungs-, Sicherheits-

und vielleicht Selbstwertverlust. Erkennen Sie das, wertschätzen Sie die gute Absicht und arbeiten Sie das Gemeinsame heraus. Was verbindet Sie, und wo liegt der Kern der Beziehung? Was zwischen Ihnen ist stärker als die aktuellen Irritationen und momentanen Gefühle?

Felix Baumgartner stürzte sich im Oktober 2012 mit Überschallgeschwindigkeit aus der Stratosphäre auf die Erde. Etliche liebevolle Schwellenhüter aus seinem Umfeld sahen diesen Sprung aus 39 Kilometer Höhe mit gemischten Gefühlen, allen voran seine Mutter, die um das Leben ihres Sohnes besorgt war. Baumgartner hat sich zu jeder Zeit in »seine Mama« hineinversetzen können und mit viel Mitgefühl aus einem Schwellenhüter eine Verbündete gemacht – das war ein ganz wichtiger Schritt.

Logbuch-Übung:
Trainieren Sie im Alltag

Fast täglich kommen wir in Konfliktsituationen. Viel zu schnell springt unser eigener Film an. Trainieren Sie in Alltagssituationen, Ihr Gegenüber mit seinen Bedürfnissen wahrzunehmen. Hinter jedem Vorwurf steckt ein Bedürfnis. Helden erkennen, wo das Gegenüber gerade der Schuh drückt. Beachten Sie die gute Absicht. Ungeteilte Aufmerksamkeit – so ganz bei dem anderen zu sein – ist eine besondere Qualität echter Helden.

Transformation:
Veränderung durch Empathie

Heldenreise bedeutet Veränderung. Wenn Sie es bereits vor der Schwelle schaffen, die Menschen auf Ihre Seite zu ziehen, dann machen Sie frühzeitig die richtigen Erfahrungen.

Helden haben Mitgefühl, sie bauen Brücken, und doch gehen sie unbeirrbar ihren Weg. Neben Anerkennung und Wertschätzung ist Transformation der eigentliche Hebel, den es zu betätigen gilt. Man kann nahestehende Schwellenhüter nicht bekämpfen, sehr wohl aber auf seine Seite ziehen. Angst, Wut, Panik, Scham und Schuld sind also fehl am Platze; diese Regungen blasen den Schwellenhüter emotional nur auf. Es geht darum, seine Gefühle zu transformieren.

Viele Schwellenhüter werden bereits durch Anerkennung und Wertschätzung zu Verbündeten, weil sie sich dann verstanden fühlen. Wahre Helden wollen aber noch mehr: Sie nutzen die Kraft der ihnen nahestehenden Menschen und machen aus ablehnenden Schwellenhütern wohlwollende Katalysatoren.

Die folgenden Strategien sorgen für echte Transformation: die Fokussierung der eigenen Ziele, das Geschenk an den Schwellenhüter und Sinnstiftung.

Fokussieren Sie sich auf Ihre eigenen Ziele!

Nachdem Sie durch Anerkennung und Wertschätzung das Fundament für die Transformation gelegt haben, sind Sie am Ball. Es geht jetzt *nicht* um den Schwellenhüter. Jetzt kommt *Ihr* Anliegen ins Rollen. Bringen Sie auf den Punkt, was *Ihnen* wichtig ist. Streichen Sie »Du« vorübergehend aus Ihrem Wortschatz. Meiden Sie Sätze wie »Du sollst mich dabei unterstützen!«, »Du musst meinen Standpunkt verstehen!«, »Nie bist du bereit, mir bei meinen Vorstellungen und Ideen zur Seite zu stehen!«. Solche Sätze bringen die eben erst gebauten Brücken wieder zum Einsturz. Ganz nach dem Motto: War ja sowieso klar, dass das alles nicht klappt.

Helden bringen sich und ihre Ideale ins Spiel. Helden setzen auf Ichbotschaften: »Ich verstehe, dass meine Vorstellungen vielleicht neu sind und beunruhigen. Mir ist jedoch wichtig, dass ich meinen eigenen Weg gehe.« – »Ich bin überzeugt, dass es nicht einfach wird und viele neue Erfahrungen mit sich bringen wird. Ich verstehe die Sorgen. Ich weiß, dass ich eine ganz besondere Chance habe. Und die möchte ich nutzen.« – »Ich habe Sorge, dass ich etwas ganz Wichtiges im Leben verpasse. Mich beunruhigt der Gedanke, diese Chance nicht zu ergreifen.« Besonders wirkungsvoll sind Sätze, die das Freudvolle fokussieren: »Ich weiß, dass ich später verdammt stolz darauf sein werde. Ich freue mich schon jetzt darauf, wie gut sich das eines Tages alles anfühlen wird.«

Stellen Sie das *Ich* in den Mittelpunkt – Ihr Ich. Und in genau diesem Zusammenhang zeigt sich die eigentliche Qualität der Schwellenhüter. Sie testen, oft auf dramatische Art und Weise, die Klarheit Ihres Rufs, Ihre Richtung. Schwellenhüter sind ein kostenfreier TÜV, der die mentale Plakette erteilt, dass Sie sich sicher auf große Fahrt begeben können. Denn diese Menschen kennen Sie. Wenn Ihr Umfeld mit dem Kopf nickt, dann wissen Sie, dass Sie auf dem richtigen Weg sind. Das gibt enormen Antrieb. Und nichts kann Sie mehr zurückhalten.

Beschenken Sie Ihren Schwellenhüter!

Einer der wirkungsvollsten Hebel, nahestehende Menschen in Veränderungsprozessen mit auf den Weg zu nehmen, ist ihre Einbindung in die Reise.

Stellen Sie sich folgendes Szenario vor: Sie haben es mit einem Schwellenhüter zu tun, mit dem Sie eine lange und tiefe Freundschaft verbindet. Jetzt, wo Sie die große Veränderung suchen, spüren Sie seinen großen Widerstand. Sie haben die ersten Schritte des Prozesses souverän durchlaufen. Ihren Standpunkt haben Sie klar zum Ausdruck gebracht, und Ihr Gegenüber weiß, was Ihnen wichtig ist.

Dies ist genau der richtige Zeitpunkt, um Ihre Wertschätzung noch einmal zu zeigen und Ihrem wohlwollenden Schwellenhüter ein liebevolles Geschenk zu machen. Schauen Sie dafür zurück in die Vergangenheit; erinnern Sie sich an die Dinge, die Sie von Ihrem Schwellenhüter lernen durften und die Ihnen im Leben geholfen haben. Momente, für die Sie dankbar sind. Was war besonders wertvoll? Lassen Sie sich dafür Zeit, denn manchmal dauert es etwas, um sich diese Momente ins Bewusstsein zu rufen. Dann erst legen Sie los. Sie beginnen mit der ersten Transformationsstrategie und stellen heraus, was Ihnen wichtig ist:

Phase 1 – Was mir wichtig ist: »Mir ist wichtig, dass ich meinen eigenen Weg gehe. Und ich freue mich schon auf all die Erfahrungen ...«

Phase 2 – vertiefende Wertschätzung: »Von dir habe ich so viel gelernt. Ich erinnere mich sehr gerne an ... Besonders wertvoll war ... Das waren sehr wichtige Erfahrungen ...«

Phase 3 – Geschenk: »Wenn ich mein Ding mache, dann mache ich das auch für dich, wegen dir und um das, was du mir gegeben hast, auf meine Weise zu entwickeln und fortzuführen ... Und wenn ich zurückkomme, dann möchte ich, dass du mich empfängst und dass wir gemeinsam feiern.«

Was hier auf dem Papier vielleicht seltsam daherkommt, soll Ihnen nur die Idee verkaufen. Das sind exemplarische Sätze, die Ihnen das Muster aufzeigen. Finden Sie Ihre eigenen Worte. Wenn Sie ehrlich zu sich selbst und zu Ihren Schwellenhütern sind, dann wird Ihnen nicht nur das Tor geöffnet, sondern Ihnen wird auch jede Unterstützung zuteil, die Sie für Ihre Reise brauchen. Ganz egal wie groß und breit sich Ihr Schwellenhüter vorher gemacht hat, nun macht er den Weg frei. Und mehr als das: Er wird Ihnen helfen, alle Abenteuer, die auf Sie warten, zu bestehen. Merken Sie sich: Viele Menschen schätzen und lieben einen nicht für das, was man Ihnen Gutes getan hat, sondern für das, was sie selbst einem Gutes getan haben. Machen Sie darauf aufmerksam. Auch das ist heldenhaft!

Stiften Sie Sinn!

Schwellenhüter sehen Zahlen, Daten und Fakten. Sie argumentieren einseitig rational. Doch Veränderung entsteht immer durch Gefühle. Helden tun gut daran, die Zahlen-, Daten-, Faktenebene zu verlassen und sich dem großen Ganzen zuzuwenden. »Das Ganze ist mehr als die Summe seiner Teile«, wusste schon Aristoteles. Die taschenrechnerische Kalkulation mit Details versperrt die Sicht auf das, was wirklich zählt. Man sieht den Wald vor lauter Bäumen nicht. Auf der Heldenreise geht es jedoch um größere Zusammenhänge.
Wer das kleine Denken überwindet und eine Weitwinkelperspektive einnimmt, der stiftet Sinn. Das Unmögliche wird möglich, weil der ganzheitliche Blick auf die

Welt neue Perspektiven eröffnet und vorher undenkbaren Sinn aufkommen lässt.

Steve Jobs war ein Meister darin, anderen Menschen die Augen für das große Ganze und das ganz Große zu öffnen. Der Apple-Chef stand bei der Entwicklung seines ersten Mac an einer technischen Schwelle. Der Rechner brauchte zu lange, um in die Gänge zu kommen. Der Entwickler des Betriebssystems Larry Kenyon hatte allerhand Erklärungen, warum das so war. Eine typische Eigenschaft von kopfgesteuerten Schwellenhütern: genau wissen, warum etwas nicht geht. Steve Jobs verwandelte diese Engstirnigkeit in Weitblick und machte aus einem Bremser einen Beschleuniger:

»Wenn du jemandem das Leben retten könntest, indem der Rechner zehn Sekunden schneller hochfährt, würdest du das hinbekommen?«, wollte er wissen. Kenyon gestand ein, es sei wahrscheinlich möglich. Jobs trat an eine Wandtafel und rechnete ihm vor, dass zehn Sekunden Extrazeit zum Starten des Computers pro Tag bei etwa fünf Millionen Mac-Usern jedes Jahr allein 300 Millionen Stunden ausmachten, was etwa 100 Menschenleben entsprach, die er pro Jahr retten könnte.[1] Larry Kenyon verkürzte die Zeit um 28 Sekunden …

Stiften Sie Sinn! Sobald Sie Ihren Ruf gehört haben, kommen die Bilder in Ihrem Kopfkino ins Laufen. Es sind Ihre Bilder. Wenn Sie andere mitreißen möchten, dann müssen Sie sich jedoch von Ihren eigenen Bildern lösen. Entwerfen Sie mit viel Empathie die Bilder und Metaphern, die das Kopfkino Ihrer Schwellenhüter in eine Herzensangelegenheit verwandeln. Überschreiten Sie die Grenzen Ihres Ichs und stoßen Sie etwas Größeres an. Oder um es mit der bekannten Metapher des Pioniers der transpersonalen Psychologie und Psychotherapie Roberto Assagioli zu sagen: Es geht nicht darum, Steine zu klopfen. Es geht darum, Kathedralen zu bauen. Auch hier ist Felix Baumgartner für Sie vorgesprungen. Natürlich hätte er seinen Eltern sagen können, dass er ein Adrenalin-Junkie ist, der sich aus Spaß an der Freud von Brücken, Hochhäusern und Türmen stürzt. Natürlich hätte er seinen Kritikern erklären können, dass der Sprung aus der Stratosphäre der ultimative Kick für jeden Base-Jumper ist. Hat er aber nicht. Vielmehr hat er gerade in seinem engeren Umfeld den Blick bewusst gesteuert. Immer wieder betonte er die Relevanz für die Wissenschaft. Er zeigte die Vision auf und lenkte den Blick auf das Große und Großartige. So machte er aus Widersachern Verbündete.

Nur Sie können den Perspektivenwechsel schaffen. Erwarten Sie nicht, dass sich irgendjemand in Ihre Bilder einfühlt oder Ihren Ruf hört. Nur Sie können das. Es liegt an Ihnen, sich in die Schwellenhüter einzufühlen und die Bilder zu schaffen, gegen die sich niemand wehren kann. Retten Sie Menschenleben, springen Sie für die Wissenschaft, bauen Sie Kathedralen. Und sofort wird man Ihnen die Tore öffnen.

Logbuch-Übung: Transformation

Alle drei Transformationsstrategien lassen sich auch im Alltag trainieren. Je häufiger Sie diese anwenden, umso einfacher wird es Ihnen in jeder Lebenssituation fallen, Menschen für sich und Ihre Ideen zu gewinnen. Machen Sie es sich zur Gewohnheit, Ihr Gegenüber nicht anzuklagen. Das bedeutet: Streichen Sie alle Du-Aussagen und lernen Sie, Ihre eigenen Ziele, Wünsche und Bedürfnisse auf den Punkt zu bringen. Menschen unterstützen von Natur aus, werden aber nicht gerne angegriffen. Verteilen Sie verbale Geschenke in Form von Wertschätzung. Nichts wirkt intensiver, als den Wert des anderen zu bestärken. Stiften Sie Sinn für das Große. Finden Sie den gemeinsamen Nenner und Bilder, die beim Gegenüber die richtigen Assoziationen und Gefühle auslösen. So werden Sie jeden Tag ein noch besserer Menschengewinner!

Die bösen Schwellenhüter

Die bösen Schwellenhüter sind nicht wirklich böse, sie können nur nicht anders. Von Batmans Joker bis zu James Bonds Gegenspieler sind die »Bösen« meistens gehandicapt oder Opfer, die aufgrund eigener Kränkungen eine negative Dynamik entwickeln.

Deutschlands erfolgreichster Glasveredelungsproduzent heißt Hermann Schüller. Nach seinem Studium entschied er sich bewusst gegen den Einstieg in das väterliche Unternehmen. Für die meisten wäre das sicherlich der nächstliegende Weg gewesen. Doch der Kontakt zum Vater war seit frühester Kindheit nicht einfach. Schon früh musste er einsehen, dass sein direktes Umfeld nicht uneingeschränkt auf seiner Seite stand: »Mein Vater war körperlich sehr stark und boxte gerne. Er drehte die Faust beim Schlagen, und das tat unbändig weh. Ich war auch früher schon nicht der rustikale Typ und habe ihm gesagt, ich möchte das nicht. Mein Bruder ist etwas kräftiger als ich, und natürlich hat auch er mit meinem Vater geboxt. Doch das war immer anders. Mein Bruder hat meinem Vater eine zurückgegeben, so dass er ins Sofa fiel. Da hat mein Vater mich angeschaut und gesagt: ›Schau mal, das ist ein richtiger Kerl!‹

Ich bin mehr der Muttertyp. Meine Mutter hatte ein extrem hohes Einfühlungsvermögen. Mein Vater war der Rationale, der einer festen Überzeugung folgte: Unternehmertypen müssen knallhart sein, durchgreifen können, ihr Ding machen … Ich sehe das anders. Man kann auch viel mit Empathie bewirken. Ich gehe gerne und bewusst auf Menschen zu. Ich mag sie und möchte wissen, was sie wollen. Mein Vater hat immer gesagt: ›Das schaffst du nicht, das schaffst du auch nicht, und das schaffst du auch nicht.‹«

Wenn der eigene Vater partout nicht bereit ist, sich auf die Ideale des Sohnes einzulassen und dessen Art zu unterstützen, dann stehen die Chancen für eine Transformation schlecht. Manche Schwellenhüter sind in ihrem Denken so festgefahren, dass klar ist: Hier geht nichts!

Die Aufgabe des Helden besteht nicht darin, klein beizugeben, sondern auf seine eigene Stimme zu hören, seinen Schatz zu finden und als gewachsene Persönlichkeit die Welt ein wenig besser zu machen. Wenn der angehende Held Schwellenhüter als Unterstützer gewinnen kann, dann gibt das Kraft für die Reise. Wenn nicht, dann schafft er es eben aus eigenem Antrieb.

Viele Männer kennen das Gefühl, auf der Stelle zu treten. Sie werden ausgebremst von Schwellenhütern, die glauben, es besser zu wissen. Erst wenn der frischgebackene Held später von seiner Reise zurückkommt, öffnen sie die Scheuklappen. Bis dahin wachen sie über die Ordnung – ihre Ordnung, und Überzeugungsarbeit wäre vergebliche Liebesmühe. Auch das gilt es zu erkennen: Es gibt Schwellenhüter, die nie zu Verbündeten werden. Auch diese unbelehrbaren Verhinderer prüfen den Helden und sind deshalb nicht nur negativ. Für Hermann Schüller war sein Vater Hindernis und Ansporn zugleich. Der starke Gegenpol gab ihm Kraft. Der engagierte

Jungunternehmer bat seinen Vater um einen Kredit, der ihm gewährt wurde, während er zugleich spürte, dass sein Vater nicht wirklich an ihn glaubte: »Das hat mich eigentlich nur noch mehr herausgefordert; es war mein Ansporn, als ich mein Unternehmen gründete. Nach nur zweieinhalb Jahren habe ich ihm das Geld zurückbezahlt und gesagt: ›Du hast 25 Jahre gebraucht, ich nur zweieinhalb.‹ Das hat mich unheimlich motiviert.«

Joseph Campbell macht darauf aufmerksam, dass die eigentliche dramaturgische Rolle des Schwellenhüters in einer Art Nagelprobe für spätere Heldentaten besteht. Sie sorgen dafür, dass der Held handelt.

So wie Schüllers Vater lassen sich manche Schwellenhüter nur mit den eigenen Waffen überwinden. Diskussionen? Empathie? Zwecklos! Der Campbell-Schüler Christopher Vogler empfiehlt genau diese Art von Mimikry: »Eine der effektivsten Methoden, mit dem Schwellenhüter fertig zu werden, besteht darin, gleichsam in die Haut des Widersachers zu schlüpfen – wie ein Jäger, der sich in das Tier versetzen muss, an das er sich heranpirscht. Die Prärie-Indianer kleideten sich zur Tarnung in Büffelhäute, wenn sie sich einer Bisonherde bis auf Bogenschussweite nähern wollten. Genauso kann der Held den Schwellenhüter überwinden, indem er sich in ihn hineinversetzt oder dessen äußere Erscheinung annimmt.«[2]

Axel Mitbauer hat das großartig vorgemacht. Vor seinem Sprung in die Ostsee beobachtete er genau die Grenzsoldaten und versetzte sich in ihr Denken und Handeln. Denn nachts wurde der Strand im Ostseebad Boltenhagen gesperrt und mit kreisenden Scheinwerfern ausgeleuchtet. Nach einer Woche kannte er jeden Schritt der Grenzsoldaten und wusste, wann die alten Flakscheinwerfer ausgeschaltet wurden, um für kurze Zeit abzukühlen. Da wusste er, wie er seine Schwellenhüter überlisten konnte.

In welchem Maß sind Sie bereit, sich mit den Strategien und Mustern Ihrer Schwellenhüter zu beschäftigen? Wer schon vor der Schwelle aufgibt, weil er meint, dass die Grenzsoldaten seines Lebens ihm keine Chance lassen, ist am Ende des Tages bloß ein tragischer Antiheld. Immer noch Ihre Entscheidung!

Innere Schwellenhüter

Neben den äußeren Schwellenhütern sorgen innere Schwellenhüter für weitere Hochspannung. Bremsende alte Glaubenssätze melden sich zu Wort, und plötzlich aufkommende Bedenken liegen dem angehenden Helden wie riesige Felsbrocken im Weg. Das Mindset empfängt Störsignale. »Ich kann Held« wird plötzlich wieder in Frage gestellt.

Auch diese inneren Schwellenhüter sind eine Art Helden-Reiserücktrittsversicherung, bevor es kein Zurück mehr gibt. Sie kommen immer dann auf, wenn die Klarheit des Rufes durch Störsignale verzerrt und überlagert wird – andererseits sind sie Prüfsteine. Völlige Klarheit bedeutet hingegen, dass es keinen inneren Schwellenhüter gibt.

Begreifen Sie innere Schwellenhüter als ein Geschenk und eine wunderbare Möglichkeit, an Ihrem Denken zu arbeiten. Wie Sie das schaffen, haben Sie bereits gelernt. Nutzen Sie die Möglichkeiten, neue förderliche Glaubenssätze zu entwickeln, auch und gerade kurz vor der Schwelle.

196

Logbuch-Check

- Sobald Sie sich entschieden haben, Ihrem Ruf zu folgen, spüren Sie erste Widerstände.
- Diese Widerstände nennen Mythenforscher und Drehbuchautoren »Schwellenhüter«. Hier können Sie sich zum ersten Mal beweisen.
- Diese Schwellenhüter tauchen vor dem »point of no return« auf, kurz bevor es in Ihr persönliches Abenteuerland geht.
- Hinter der Schwelle beginnen die Abenteuer und Reifeprüfungen des angehenden Helden.
- Schwellenhüter prüfen Ihr Vorhaben. Sie dienen einem Check vor dem Absprung. Hier zeigt sich, ob Sie wirklich auf dem richtigen Weg sind.
- Es gibt drei Arten von Schwellenhütern: gute, böse und innere.
- Partner, Freunde und Familienmitglieder gehören häufig zu den guten Schwellenhütern. Aus Furcht vor der Veränderung unterstützen sie zunächst nicht Ihre Entscheidung, dem Ruf zu folgen. Da sie aus einer guten Absicht heraus handeln, lassen sie sich für die eigenen Pläne gewinnen. Die Strategie: Anerkennen, wertschätzen, transformieren.
- Die bösen Schwellenhüter können einfach nicht anders. Ihr Rollenverständnis, ihre Werte und ihr Denken würden es niemals zulassen, Sie zu unterstützen. Diese Schwellenhüter werden Sie nicht für Ihre Ideen gewinnen können. Das ist auch nicht Ihre Aufgabe. Dennoch gibt es Strategien, diese Schwellenhüter zu überwinden.
- Bei der dritten Form der Schwellenhüter stehen wir uns selbst im Weg. Glaubenssätze, die uns zweifeln lassen, können wir durch förderliche ersetzen. Hilfreiche Techniken dazu kennen Sie aus dem achten Kapitel.

12 ANGST UND FURCHT

Pflückt Rosenknospen, solange es geht.
Die Zeit sehr schnell euch enteilt.
Dieselbe Blume, die heute noch steht,
ist morgen dem Tode geweiht.
Robert Herrick

Wenn der angehende Held den »point of no return« überschritten hat, wird die Welt nie wieder so sein, wie sie einmal war. Sich gegen oder für etwas zu entscheiden ist immer mit einem Preis verbunden. Und der Preis, den wir möglicherweise zahlen, ist der des Scheiterns. In den antiken Mythen wie in den modernen Leinwandepen ist die extremste Form des Scheiterns der Heldentod. Die Ungewissheit, wie die eigene Heldenreise ausgeht, ruft Angst und Furcht hervor.

Furcht ist immer Furcht *vor* etwas; sie bezieht sich auf konkrete Bedrohungen. Angst hingegen ist ein Grundgefühl, das nicht unbedingt einen konkreten Auslöser hat. Die erfolgreichsten Horrorfilme werden von der Angst gespeist, dass man lange Zeit nicht weiß, mit wem oder was man es zu tun hat; oftmals sieht man von Mördern oder Monstern nur ihre Schatten, ihre Geräusche oder ihre Opfer. Denn erst wenn sich der Urheber des Schreckens zu erkennen gibt, verwandelt sich die Grundangst in Furcht: Nun ist die Gelegenheit für den Helden gekommen, sich dem Objekt der Angst entgegenzustellen – oder umzudrehen und sich hinter den schützenden Mauern des Dorfes zu verschanzen.

Angst und Furcht sind etwas vollkommen Natürliches. Ohne sie wären wir in Urzeiten längst zum Abendessen für größere Tiere geworden. Die Neurowissenschaften

199

verorten Ängste in der Amygdala, einem mandelförmigen Kerngebiet des Gehirns. Untersuchungen zeigen, dass unsere Ängste an Intensität verlieren, je häufiger wir uns ihnen stellen. Der umgekehrte Effekt stellt sich ein, wenn wir unser Heil in der Flucht suchen. Stellen Sie sich also lieber der Angst und transformieren Sie sie in Mut.

Natürlich kennen Helden sowohl Furcht als auch Angst. Sie können jedoch diese Empfindungen erkennen und transformieren. Das bremsende Unbehagen ist nichts anderes als der Wink mit dem Zaunpfahl, sich mehr Gewissheit zu verschaffen. Wer voller Furcht einen dunklen Raum betritt und spürt, wie Ängste aufsteigen, kann seine Empfindung transformieren, wenn er das Licht anmacht und den Raum erkundet.

Wer vor einer Schwelle steht, berechnet häufig die Kosten des Überschreitens. Echte Helden haben demgegenüber den Preis im Blick, den sie zahlen müssen, wenn sie es nicht wagen. Was kostet es, wenn man sich *nicht* traut, neue Wege zu gehen? Wie schnell ist das Lebenskonto leer geräumt, wenn man seinem Ruf nicht folgt und den bequemen Weg sucht?

Der Designprofessor Clemens Stübner würde heute noch lustlos seinen kaufmännischen Beruf ausüben, anstatt Studenten zu inspirieren. Stefan Wentzel säße heute noch irgendwo in Deutschland und würde nicht in Kenia Kindern eine Schulbildung ermöglichen. Manfred Gotta würde in einer Werbeagentur Kunden beraten und nicht an jeder Ecke die Namen prangen sehen, die er kreiert hat. Thomas Schneider würde immer noch unbeseelt PowerPoint-Präsentationen basteln und stundenlang auf deutschen Autobahnen unterwegs sein. Jedem dieser Lebenshelden würde persönlich etwas Bedeutsames fehlen. Denn letztlich geht es um ein erfülltes Leben. Axel Mitbauer bringt es auf den Punkt: »Angst wovor? Eine ungewisse Zukunft hatte ich in der DDR. Ich wollte mein Leben wieder!«

Logbuch-Übung:
Sich auf den richtigen Preis fokussieren

Wie hoch ist der Preis, den Sie zahlen, wenn Sie bleiben? Wie sieht Ihr Leben in drei, fünf, zehn oder zwanzig Jahren aus, wenn Sie Ihrem Ruf nicht folgen? Worauf blicken Sie im Alter zurück, wenn Sie weiterhin so leben wie bisher? Wie stolz werden Sie sein, wenn Sie am Ende Ihrer Tage auf ein Leben voller verpasster Chancen zurückblicken? Wie werden Sie sich im Spiegel sehen? Sehen Sie Erfülltheit, Glück und Lebenskraft? Oder in müde Augen, die traurig in die Vergangenheit blicken?

Verlieren bedeutet nicht Scheitern

Die Preise zu vergleichen zahlt sich aus. Was kommt jemandem teurer zu stehen: klägliches Dasein oder prallvolles Leben? Wovor fürchten Sie sich wirklich? Mut ist die Fähigkeit, Ängsten den richtigen Rahmen zu geben und eine Perspektive zu finden, die auf das Leben setzt. Scheitern gehört zum Heldenleben dazu. Auch Sie können scheitern.

Viele Helden scheitern erfolgreich. *Rocky* wurde 1976 ein internationaler Kinoerfolg und gewann im Folgejahr drei Oscars. Besonders beeindruckend ist, dass der Protagonist Rocky den entscheidenden, finalen Kampf gegen den Schwergewichtsweltmeister Apollo Creed gar nicht gewinnt. Kurz vor der Schwelle, in der Nacht vor dem Kampf, weiß er bereits, dass er verlieren wird. In der

Schlüsselszene mit Rocky und seiner kleinen Freundin Adrian, die dem Film die eigentliche Kraft gibt, wird klar, warum »Verlieren« etwas ganz anderes als »Scheitern« bedeutet. Obwohl Rocky den Kampf verliert, wird er von den Zuschauern als Held gefeiert. Mit der Vorahnung der Niederlage entscheidet Rocky sich für den inneren Sieg:

»Ich war ein Niemand ... Es spielt keine Rolle, ob ich den Kampf gewinne oder ob ich ihn verliere. Es ist auch völlig gleich, ob der Kerl mir den Schädel einschlägt. Nur eins möchte ich: über die Runden kommen. Noch keiner ist bei Creed über die Runden gekommen. Wenn ich die ganze Distanz durchhalte und ich beim Schlussgong immer noch stehe, dann werde ich zum ersten Mal in meinem Leben wissen, dass ich nicht nur irgendein Penner, ein Niemand bin.« Rocky verliert den Kampf ... und gewinnt sein Leben.

Der Tod: des Helden größter Ansporn

Die wohl schärfste Form des Scheiterns ist der Tod. Und gerade hier scheinen die Lebenshelden besondere Kraft zu finden – eine Kraft, die die Schwelle leichter überwinden lässt.

Fahren wir in unseren Vorstellungen kurz in den Urlaub. Für viele die schönste Zeit des Jahres. Entspannung und Entschleunigung pur. Aber am letzten Tag, kurz vor der Abreise, schwirren plötzlich all die Möglichkeiten vor Augen, die man nicht realisiert hat. Die Sehenswürdigkeit, die man nicht besucht hat. Die Wanderung, die spannend gewesen wäre. Das Buch, das noch nicht gelesen wurde ... Kein Urlaubstag ist intensiver, voller und besser organisiert als der letzte. Er soll ganz besonders sein. Und trotzdem schafft man es nicht, doch noch alles unterzubekommen. Und das ist auch gut so, denn wer mit dem Gefühl nach Hause reist, dass noch viel mehr drin gewesen wäre, hat schon die Vorfreude auf den nächsten Urlaub im Gepäck.

Zwei Wochen Strandurlaub gehören für viele zum Leben. Akkus auftanken und entspannt abhängen. Aber: Die Lebensreise ist keine Urlaubsreise. Wer auf die Heldenreise geht, bucht keinen Club Robinson mit wiederholbarem Pauschalvergnügen. Denn am Ende unserer Tage heißt es Koffer packen und *nicht* mehr wiederkommen. Nichts mehr mit Vorfreude. Der finale »point of no return«. Menschen, die sich das bewusst machen, steigern ihre Leistungskraft und besinnen sich auf das Wesentliche. Besonders deutlich wurde das in Steve Jobs' legendärer Rede an der Stanford University:

»Als ich 17 war, las ich irgendwo ein Zitat, das ungefähr so lautete: ›Lebt man jeden Tag, als wär es der letzte, liegt man eines Tages damit richtig.‹ Das ist hängengeblieben. Seitdem frage ich jeden Morgen mein Spiegelbild: ›Wenn heute der letzte Tag meines Lebens ist, würde ich dann gern das tun, was ich heute tun werde?‹ Und wenn die Antwort an zu vielen Tagen hintereinander nein lautet, weiß ich, dass ich etwas ändern muss.

Mir ins Gedächtnis zu rufen, dass ich bald sterbe, ist mein wichtigstes Hilfsmittel, um weitreichende Entscheidungen zu treffen. Fast alles – alle Erwartungen von außen, aller Stolz, alle Angst vor Peinlichkeit oder Versagen –, das alles fällt im Angesicht des Todes einfach ab. Nur das, was wirklich zählt, bleibt. Sich daran zu erinnern, dass man eines Tages sterben wird, ist in meinen Augen der beste Weg, um nicht zu denken, man hätte etwas zu verlieren. Man ist bereits nackt. Es gibt keinen Grund, nicht dem Ruf des Herzens zu folgen.

[...] Niemand will sterben. Sogar die Menschen, die in den Himmel kommen wollen, wollen dafür nicht sterben. Und doch ist der Tod das Schicksal, das wir alle teilen. Niemand ist ihm jemals entronnen. Und so soll es auch sein: Denn der Tod ist wohl die mit Abstand beste Erfindung des Lebens. Er ist der Katalysator des Wandels. Er räumt das Alte weg, damit Platz für Neues geschaffen wird.«[1]

Steve Jobs spricht in seiner Rede viele Wahrheiten an. Im Zentrum steht jedoch das geschärfte Bewusstsein, dass der Tod nicht etwas Abwesendes ist, sondern die Kraft, die uns im Leben antreibt. Im Dorf wird der Tod eher verdrängt, der Held transformiert ihn in Lebenskraft.

In den alten Mythen ist der Tod allgegenwärtig und selbstverständlich. Der Tod blickt dem Helden ständig über die Schulter. In vielen Blockbustern erhalten die Protagonisten erst im Angesicht des Todes eine Lebendigkeit, die sie zu Helden transformiert. Aus dem Mittelmaß sprießt plötzlich das Außergewöhnliche, für das der Mensch gemacht ist. Besonders berührend zeigt dies die Tragikomödie *Das Beste kommt zum Schluss* mit Jack Nicholson und Morgan Freeman: Ein unmoralischer Milliardär trifft auf einen Automechaniker. Beide vereint der todbringende Krebs. Die Uhr läuft ab. Bevor sie den »Löffel abgeben«, arbeiten sie mit erstaunlicher Lebensfreude ihre ganz persönliche »Löffelliste« ab. Zwei Männer, die sich finden, um das Leben erfüllter zu verlassen.

Im *Club der toten Dichter* ist der Tod sehr gegenwärtig. Der Film erzählt die Geschichte einiger junger Internatsschüler der traditionsbewussten Welton Academy. Der

Englischlehrer John Keating, einst selbst Schüler des Eliteinternats, zeigt seiner Klasse eine Fotogalerie ehemaliger Schüler:

»Ich möchte, dass Sie jetzt vortreten und diese alten Fotos sorgfältig betrachten. Sie sind oftmals an ihnen vorbeigegangen, aber ich glaube nicht, dass Sie sie genau angesehen haben. Sie sehen gar nicht so anders aus als wir, oder? Derselbe Haarschnitt, vor Hormonen strotzend. Genauso wie Sie. Unbesiegbar. Genauso wie Sie sich sehen. Die Welt steht ihnen offen. Sie glaubten, sie seien für Großes vorherbestimmt. Ebenso wie viele von Ihnen. Aus ihren Augen spricht die Hoffnung, ebenso wie aus Ihren. Haben sie gewartet, bis es zu spät war, um aus ihrem Leben auch nur ein Jota dessen wahr werden zu lassen, wozu sie fähig waren? Denn sehen Sie, Gentlemen, diese Jungen dienen jetzt den Narzissen als Dünger.« Das im Film und eingangs zitierte Gedicht von Robert Herrick enthält die berühmte »Carpe diem«-Message und erlangte durch den Film Weltruhm.

Erst die Wahrnehmung des eigenen Todes verhilft dem Leben zur größtmöglichen Dynamik. Der Tod ist der Kontrast, der für Wirkung sorgt. Laut ist nur laut, weil wir leise kennen. Hell ist nur hell, weil wir dunkel kennen. Sanft ist nur sanft durch das Grobe. Das Leben wird erst lebendig durch den Tod.

Philippe Petit war ein ganz besonderer Hochseilartist. 1974 balancierte er zwischen den Türmen des Word Trade Center in New York. Hoch über der Stadt sah er im drohenden Tod die Poesie seiner Leidenschaft. Petits Berufung war, sich in jeder Sekunde dem Tod zu stellen. Seine frühere Freundin sagte über ihn: »Und gerade diese Todesgefahr macht sein Leben so intensiv und sein Handeln so besonders.«[2]

Der Tod ist der beste Katalysator des Lebens. Das Letzter-Urlaubstag-Phänomen, wo man noch schnell alles Erlebbare hineinpacken will, zeigt sich am deutlichsten bei Menschen, die mit dem Tod konfrontiert werden. Die Thanatopsychologie (Psychologie des Todes) spricht in diesem Zusammenhang von zwei Formen des Bedauerns.

Das vergangenheitsbezogene Bedauern kommt mit dem Tod unweigerlich vor Augen. Der Sterbende blickt zurück und muss sich vielleicht große Fehler eingestehen. In der Rückschau wird vielen schmerzhaft bewusst, nicht alle Chancen genutzt und möglicherweise das Leben vertan zu haben. Das ist für viele Sterbende ein bitterer Moment, aus dem jedoch viel Energie und Motivation geschöpft werden kann – wenn die Zeit noch bleibt. Die australische Sterbebegleiterin Bronnie Ware hat fünf Dinge zusammengetragen, die Sterbende am meisten bereuen. Auf Platz Nummer 1 ihrer Versäumnisliste steht der Mut, sich selbst treu zu bleiben und weniger das Leben anderer gelebt zu haben. Ein echtes Heldenanliegen. Und auch die anderen Versäumnisse spiegeln letztlich Heldentugenden wider: ein Leben mit mehr Gefühl, weniger Arbeit, mehr Freude und Freundschaft. Bronnie Wares Sterbende bereuen letztlich, Körper, Geist, Herz und Seele nicht optimal in Einklang gebracht zu haben.

Das zukunftsbezogene Bedauern kommt auf, wenn die Zeit abläuft und der Sterbende das Gefühl hat, nicht mehr viel ändern und viele Ziele nicht mehr verwirklichen zu können. Ob der Blick nun zurück oder in die Zukunft gerichtet ist – in beidem steckt eine Kraft, die erst im Angesicht des Todes genutzt wird. Oder, anders ausgedrückt: Ein erfülltes Leben kennt kein Bedauern.

Wir haben den Tod aus dem Leben verdrängt. Der französische Philosoph Blaise Pascal drückte das so aus: »Da die Menschen unfähig waren, [den] Tod [...] zu überwinden, sind sie, um glücklich zu sein, übereingekommen, nicht daran zu denken.«³

In den großen Mythen ist der Tod der ständige Begleiter des Helden. In seiner Nähe fühlen wir uns besonders lebendig. Unsere Sterblichkeit verleiht uns die Kraft, uns darauf zu besinnen, was wirklich wichtig ist. Also machen wir den Tod zum »Partner fürs Leben«.

Jede große Veränderung erfolgt über das Bewusstsein. Konzentrieren wir uns also bewusst darauf, was wirklich wichtig ist: das Ende. Damit relativiert sich oftmals der Schritt über die Schwelle, denn Endlichkeit schafft Dringlichkeit. Und Dringlichkeit treibt uns zum Handeln. Akzeptieren wir das als Geschenk, als einen liebevollen Hinweis der Natur, dass auch wir eines Tages zum Dünger der Narzissen werden.

Lebensentscheidungen in der Urne

Wie schaffen wir es, den Tod als Lebensbegleiter in unser Leben zu integrieren? Ganz einfach. Kaufen Sie sich eine Urne. Und das meine ich so – ganz genau so. Früher oder später ist es ohnehin so weit. Wie schön, wenn Sie sich vorab Ihre letzte Ruhestätte selbst aussuchen. Die Modellvielfalt ist unermesslich: Es gibt Urnen aus Stein oder Holz, aus Plastik oder biologisch abbaubaren Stoffen, in schlichtem oder in Edeldesign, knallbunt oder schlicht schwarz, discountgünstig oder megateuer.

Die klassische Bestattung im Sarg ist sozusagen vom

Aussterben bedroht. Die »Generation Urne« steht auf Friedwälder, Kolumbarien und anonyme Beerdigungen in platzsparenden Urnen. Asche zu Asche ... Also: Warum auf den Sensenmann warten? Wieso sollte jemand anders für Sie die Urne aussuchen? Bestimmen Sie selbst das Modell für Ihre letzte Reise. Postieren Sie die Urne am besten an einem Ort, an dem Sie oft vorbeikommen. Das wird Ihr Bewusstsein schärfen, dass es schnell vorbei sein kann und man den Tag in diesem Sinne nutzen sollte. So oder so ist der heutige Tag der erste vom Rest Ihres Lebens. Die Zeit totschlagen? Bitte nicht! Das sollten Sie anderen Zeitgenossen überlassen.

Eine Schwalbe macht noch keinen Sommer, und eine Urne keinen Helden. Aber im vollen Bewusstsein der Endlichkeit gewinnen Ihre Entscheidungen an Qualität. Denn der Blick auf die Urne bewirkt, dass Sie sich verstärkt auf das konzentrieren, was Sie wirklich wollen. Das Unwichtige verliert an Bedeutung. Ihr Blick wird geschärft. Thomas Geierspichler, der als Rennrollstuhlfahrer in Athen und Peking Olympiagold holte, schreibt über die Zeit im Drogensumpf: »Nur in meinem Kopf fand noch Leben statt. Und das war bestimmt kein Leben, wie man es sich vorstellt. Es war einfach nur ekelhaft. Und von meinem restlichen Ich, von meinem Körper, wollte ich gar nichts mehr wissen. Aber er hing ja an mir dran.« Geierspichlers Leben fand nicht mehr statt. Erst als er sich zur radikalen Veränderung entschied, erwachte er wieder zum Leben.

Eine Entscheidung wird erst zur Entscheidung durch die Handlung. Und jede Entscheidung bedeutet immer auch ein wenig Abschied. Wer sich für einen Weg entscheidet, kann keinen anderen mehr gehen. Es sind diese Entscheidungen, die am Ende Ihrer Tage zeigen werden, was

Sie aus Ihrem Leben gemacht haben: »Pflückt Rosenknospen, solange es geht.«

Füllen Sie Ihr Leben. Füllen Sie Ihre Urne mit bewussten Entscheidungen, die Sie jetzt und in Zukunft treffen. Welche Entscheidungen gehören genau in Ihre Urne? Natürlich nur solche, die Ihren Ruf, Ihre Richtung bestätigen. Um sich das noch bewusster zu machen, können Sie Ihre Urne »pimpen«. Finden Sie einen Weg, Ihren Ruf auf der Urne anzubringen – als Foto, Skizze oder Gravur. Bringen Sie Ihre Entscheidungen zu Papier und sammeln Sie sie an dem Ort, der durch Ihre Entscheidungen, durch *Ihr Leben* zu einem erfüllten Ort wird. Ich nenne die Urne deshalb *Lebensurne*.

Logbuch-Übung:
Finden Sie Ihre Urne

Suchen Sie im Internet nach einer passenden Urne. Sie werden überrascht sein, was Sie alles finden werden. Wenn Sie das Investment aus finanziellen Gründen nicht tätigen können und erwarten, dass das später jemand anders für Sie übernehmen wird, dann überlegen Sie sich, was Sie sonst gegenständlich in Ihr Bewusstsein rücken können, was Sie täglich an Ihren Tod erinnert. Fangen Sie nicht erst an, wenn es zu spät ist.

Helden überlassen ihre Entscheidungen nie dem Leben, den Umständen, der Situation, der Gesellschaft oder dem Schicksal. Helden sind »selbst schuld«, und sie können das schultern. Lebenshelden geht es um Eigenständigkeit. Mit bewussten Entscheidungen gelangt man – jedermann – auf eine höhere Ebene. Keine Entscheidung zu fällen bedeutet lebenslänglich Mittelmaß. Ihre Urne wird Sie immer wieder an das Leben erinnern, dass es vergänglich und jeder Tag ein Geschenk ist. Dass

Sie alleine entscheiden, wie die Tage, Wochen, Monate und Jahre ins Land ziehen. Die Lebensurne wird sich füllen: mit den guten Erinnerungen, die Sie jetzt noch nicht haben. »Der Tod ist wohl die mit Abstand beste Erfindung des Lebens«, sagte Steve Jobs. Nutzen Sie den Tod, um zu leben!

Die richtige Haltung vor der Schwelle

Nur die Fokussierung auf einen erfolgreichen Wettstreit trennt die Helden von den Verlierern. Kein Held wird zum Sieger, wenn er vorher schon an sich zweifelt. Kurz bevor Dortmund 2013 das Champions-League-Finale gegen den FC Bayern im legendären Wembley-Stadion bestritt, setzte Trainer Jürgen Klopp trotz der vermeintlichen Übermacht der Bayern unbeirrt auf die Stärken der Dortmunder. Dabei berief er sich auf vergangene Erfolge, die Fans und die Stärken einzelner Spieler. Er stellte sogar den Vergleich mit dem WM-Endspiel 1954 an, als die Elf von Sepp Herberger überraschend gegen den Favoriten Ungarn gewann. Klopp ging zudem auf den Wesenskern des Vereins ein: »Wir sind ein Club und kein Unternehmen.« Und er stellte die außergewöhnliche Geschichte des Vereins in den Mittelpunkt. In einem Interview beim WDR2 führte er die Stärken der Mannschaft einmal aus: »Ach, sie sind einfach unglaublich talentiert. Und sie sind wirklich bereit, groß zu träumen, groß zu denken. Und diese Mannschaft ist schon, ja, ein Musterbeispiel für 'ne Mannschaft. Was kann man tatsächlich erreichen, wenn man sich gegenseitig stärker macht ...« Und dann kam Klopp noch einmal auf den Punkt: »Das Richtige denken kann man durchaus beeinflussen, und damit werden wir uns beschäftigen. Ich werde alles, was mir zur Verfügung steht, daransetzen, dass jeder Einzelne, der mit uns dahin fährt und der dann auch noch spielt oder reinkommt oder sonst was zu tun hat, es am Ende wirklich für absolut möglich hält, dass wir das schaffen. Das wird so sein.«[4] Jürgen Klopp tat alles, damit seine Spieler in mental bester Verfassung das Spielfeld betraten.

Auch wenn Borussia Dortmund das deutsch-deutsche Champions-League-Finale in Wembley verloren hat, haben beide Mannschaften die deutsche Fußballwelt da draußen in Europa bestens unterhalten. Überall wurden die Dortmunder wie Helden gefeiert. Was Klopp mit seiner hundertprozentigen Fokussierung auf den Sieg mental leistete, war elementar für den Spielverlauf. Denn Klopp macht sich alles zunutze, was der Mannschaft als mentale Ressource für Topleistung dienen kann: die Kraft der elf Freunde, das Sich-gegenseitig-Stärken, die Power von innen – und die Tatsache, dass Dortmund schon mehr als einmal bewiesen hat, dass sie die Bayern schlagen können. Dieser Fokus lässt eine Mannschaft überzeugt auflaufen.

Um beherzt und voller Mut die Schwelle nehmen zu können, brauchen angehende Helden den uneingeschränkten Glauben an ihre körper-, geist-, herz- und seeleneigenen Potenziale. »Ich werde alles, was mir zur Verfügung steht, daransetzen, dass jeder Einzelne … es am Ende wirklich für absolut möglich hält.« So versteht Trainer Jürgen Klopp seine Arbeit. Für Sie bedeutet das: Nutzen Sie alles, was Ihnen zur Verfügung steht, um absolut daran zu glauben, dass Sie in Ihrem Land der Prüfungen als Held vom Platz gehen.

Logbuch-Übung:
Ich weiß, ich kann Held!

Diese Übung setzt auf die gleichen Mechanismen, die Jürgen Klopp und andere Spitzentrainer nutzen, um die Gedanken zu fokussieren. Hier geht es vor allem darum, die Bereitschaft zu entwickeln, aus dem Mittelmaß herauszutreten und einen neuen Weg einzuschlagen. Entscheidend ist nicht, wohin die Reise führt. Allein die Sicherheit zu haben, dass alles in Ihnen steckt, wird Sie dazu führen, Ihrem Ruf selbstsicher zu folgen und mutig aufzubrechen.

Ergänzen Sie folgende Sätze mit möglichst vielen Beispielen. Kramen Sie in Ihrer Vergangenheit, ziehen Sie Parallelen, lassen Sie Ihre Gedanken fliegen. Denken Sie an Jürgen Klopp, der im Großen denkt. Das sollte Sie inspirieren, ebenfalls groß, kreativ und bestärkend zu denken. Bevor Sie in die Übung eintauchen, bestärken Sie sich in Anlehnung an den Meistertrainer mit folgenden Worten: »Ich werde alles, was mir zur Verfügung steht, daransetzen, dass ich es für absolut möglich halte!« Legen Sie los!

Ich weiß, ich kann Held, weil ich mir folgender Fakten bewusst bin:
(Zählen Sie alles auf, was Sie über das Heldsein, Entwicklung, andere Menschen, Vorbilder und die Welt wissen. Woran können Sie erkennen, dass in Ihnen, aber auch in anderen Menschen, von denen Sie lernen können, Außergewöhnliches schlummert?)

Ich weiß, ich kann Held, weil ich aus folgenden Gründen ausreichend motiviert bin:
(Werfen Sie noch einmal einen Blick auf Ihr Dorf [beruflich/privat/ soziales Umfeld]. Blicken Sie auf Ihre Werte, Ihre Fähigkeiten und Fertigkeiten. Motivation erwächst aus Lust und Schmerz. Auch wenn Sie noch keine genaue Vorstellung davon haben, wohin Sie sich entwickeln können, wissen Sie doch jetzt schon, wo der

Schuh drückt. Wie hoch ist der Preis, den Sie zahlen müssen, wenn Sie bleiben?)

Ich weiß, ich kann Held, weil ich folgende Stärken, Qualitäten und Fähigkeiten habe:
(Blicken Sie noch einmal auf Ihre Liste der Erfolge. Was können Sie besonders gut? Welche Stärken sehen Sie jetzt schon?)

Ich weiß, ich kann Held, weil ich das in der Vergangenheit schon so häufig bewiesen habe:
(Werfen Sie noch einmal einen Blick auf Ihre Heldenmomente und notieren Sie die zehn, die Ihnen besonders wertvoll sind. Bestimmt fallen Ihnen jetzt noch weitere ein.)

Ich weiß, ich kann Held, weil ich schon in der Vergangenheit Unterstützung aus meinem Umfeld für meine Wege erfahren habe:
(Kramen Sie in der Vergangenheit und machen Sie sich bewusst, wo Sie aus Ihrem privaten, beruflichen und sozialen Umfeld Unterstützung erfahren haben. Auch das müssen nicht immer die großen Momente sein. Manchmal sorgt eine kleine Weichenstellung für eine Richtungsänderung, die sich erst nach Jahren als zielführend erkennen lässt.)

Diese Übung eignet sich auch hervorragend für die kleinen Heldenmomente des Lebens. Immer dann, wenn Sie vor großen Herausforderungen stehen – beispielsweise eine wichtige Präsentation, ein herausforderndes Gespräch oder auch ein Date –, können Sie sich nach diesem Muster die richtige Einstellung verschaffen. Denn ob man nun einen Kunden gewinnt, die Frau dahinten anspricht oder sich auf die alten Tage noch mal zu einem Triathlon anmeldet: Es gibt täglich Gelegenheiten, sich die richtige Einstellung zu verschaffen. Es ist genau dieser Zustand, der darüber entscheidet, ob Sie vor der Schwelle einknicken oder sich mutig ins Abenteuer stürzen.

Logbuch-Check

- Angst und Furcht vor der Schwelle gehören zur Heldengeschichte, denn Sie wissen nicht, was Sie erwartet. Das ist das Los aller Helden.
- Angst und Furcht können nur überwunden werden, wenn Sie sich ihnen stellen.
- Wie hoch ist dieser Preis, wenn man bleibt und nicht seinem Ruf folgt? Je höher er ist, desto stärker ist die Motivation für das Überwinden der Angst und Furcht.
- Die maximale Form des Scheiterns ist der Tod. Lebenshelden machen den Tod zum Partner des Lebens.
- Eine Lebensurne schärft das Bewusstsein für bedeutsame Lebensentscheidungen.
- Vor jeder Schwelle des Lebens lohnt sich die Fokussierung auf die Chancen und Möglichkeiten. Dabei können Sie aus zahlreichen Quellen mehr Selbstbewusstsein und Selbstvertrauen schöpfen. Der Schritt über die Schwelle erfolgt mit der richtigen Haltung.

13 DER ABSPRUNG

*»Ich schätze mal, so ist Abschied nehmen immer –
wie der Sprung von einer Klippe.
Das Schlimmste ist, sich dazu durchzuringen.
Sobald man in der Luft ist, kann man
nichts weiter tun als loslassen.«*
Lauren Oliver

Wenn Sie bis hierher gelesen haben, dann haben Sie Ihrer gewohnten Welt zumindest in Gedanken schon einmal den Rücken gekehrt. Vielleicht haben Sie auch schon einen guten Mentor gefunden, die Schwellenhüter überwunden und die bremsende Energie aus Furcht und Angst in zusätzliche Motivation umgewandelt. Und nur mal interessehalber: Für welche Urne haben Sie sich entschieden?

Im besten Fall ist Ihre Lebensurne bereits mit den ersten Richtungsentscheidungen, die Sie getroffen haben, gefüllt. Jetzt gilt es, alle Energien zu bündeln und den entscheidenden Schritt zu wagen. Sie kennen die Richtung, und trotzdem liegt vieles im Unbekannten. Das Abenteuer wartet. Bevor Sie gehen, verschaffen Sie sich noch eine letzte mentale Auffrischung. Machen Sie sich ein Geschenk.

Die Idee zu diesem Geschenk stammt von Stephen Covey. In seinem Weltbestseller *Die 7 Wege zur Effektivität* fordert er seine Leser auf, die eigene Grabrede zu schreiben. Mein Vorschlag: Schreiben Sie die Rede, die Ihr Mentor halten wird, wenn Sie von Ihrer Reise zurückgekommen sein werden. Springen Sie in der Zeit und tun Sie für einen Moment so, als hätten Sie alle Stufen des Heldenkompasses bereits durchlaufen. Die Transformation hat stattgefunden. Sie sind nicht mehr der, der Sie einmal waren. Aber wer sind Sie? Und wie? Werfen Sie Ihr Kopfkino an und bringen Sie Ihre Gedanken zu Papier – die zukünftige Rede, aber in der Gegenwart geschrieben, in aller Ausführlichkeit. Sehr emotional. Und setzen Sie noch einen drauf. Wie stolz ist Ihr Mentor bei Ihrer Rückkehr? Was sagt er? Welchen Wandel hebt er besonders hervor? Was haben Sie auf Ihrer Reise gelernt? Wie sieht er Sie nun? Schreiben Sie eine Rede, die Ihren Mentor und Sie mit Stolz erfüllt.

Diese Rede kommt dahin, wo Sie Ihre Entscheidungen sammeln – in Ihre Lebensurne. Verschaffen Sie sich mit der imaginären Rede Ihres Mentors noch mehr Klarheit für Ihren Weg. Stärken Sie noch einmal Ihr Bewusstsein, um nun die Schwelle zu überwinden.

Logbuch-Übung:
Die Rede zu Ihrer Rückkehr

Eine solche Rede schreiben Sie nicht im Vorbeigehen. Nehmen Sie sich Zeit. In dieser Rede können Sie noch einmal Ihren Ruf überprüfen. Schreiben Sie auf, wer Sie nach Ihrer Reise sind und wer Sie vorher waren. Jerry Maguire schrieb: »Ich wurde auf einmal wieder meines Vaters Sohn.« Mentoren haben archetypisch häufig etwas Väterliches. Versetzen Sie sich in die Perspektive der Person, die voller Stolz auf Ihre Veränderung zurückblickt. Wie wollen Sie sein? Was haben Sie bei den Übungen zum Ruf über sich entdeckt? Seien Sie in Ihrer Rede so präzise wie nur möglich.

Der letzte Schritt: Machen!

»Dies ist deine letzte Chance. Danach gibt es kein Zurück. Schluckst du die blaue Kapsel, ist alles aus. Du wachst in deinem Bett auf und glaubst an das, was du glauben möchtest. Schluckst du die rote Kapsel, bleibst du im Wunderland, und ich führe dich in die tiefsten Tiefen des Kaninchenbaus. Bedenke, alles, was ich dir anbiete, ist die Wahrheit. Nicht mehr.« In dem Film *Matrix* ist die Schwelle für den Helden Neo eine rote Kapsel. Der eigentliche Aufbruch in das unbekannte Land ist häufig nur ein ganz kleiner Schritt – die Entscheidung für einen Satz, ein Wort, eine Handlung, und schon sieht die Welt auf einmal anders aus.

»Was würden Sie jedem Menschen empfehlen, der einen klaren Ruf hört, aufbrechen möchte aber noch nicht aufgebrochen ist?«, war eine Frage in den Heldeninterviews. Erstaunlicherweise kam von allen Lebenshelden eine ähnlich spontane Antwort – eine Antwort, die aus dem tiefsten Inneren herauskam und kein langes Überlegen erforderte. Thomas Schneider brachte es in einem Wort auf den Punkt: »Machen!«, und dann ergänzte er: »Einfach nur machen!«

Axel Mitbauer hatte sich auf seine Flucht vorbereitet. Tagsüber am Strand – über die zwei Sandbänke und wieder zurück, so schnell er konnte. Was ihn dahinter erwartete, konnte er nur ahnen. Menschen können sich tage-, wochen-, monate-, jahrelang auf die Schwelle vorbereiten, aber letztlich geht es darum, den entscheidenden Schritt zu wagen. Dies besagt auch der folgende buddhistische Lehrsatz: Vögel, die ihre Krallen nicht lösen, können nicht fliegen.

Es gibt zwei Arten, ins kalte Wasser zu kommen. Die einen gehen langsam hinein, sehr langsam. Erst der kleine Zeh, dann der Fuß, aber nur bis zum Knöchel. Gleichzeitig strecken Sie sich, um nicht zu schnell zu nass zu werden. Sogar der Hals wird immer länger. Sie heben das

Kinn, um zu retten, was zu retten ist. Alles sträubt sich gegen das kalte Nass. Dies ist ein Weg, der nur selten von Erfolg gekrönt ist. Andere wagen den direkten Sprung. Sie folgen der einfachen Strategie: Springen, bewegen, erleben. Das ist die Heldenstrategie. Ihr Ziel ist immer das Erleben. Und darum geht es: »Machen!« »Einfach nur machen!«

Logbuch-Check

- Konzentrieren Sie sich auf das Ende Ihrer Reise. Wer werden Sie sein, wenn Sie alle Prüfungen bestanden haben? Wie werden Sie sich fühlen? Die Mentorrede schafft das richtige Bewusstsein.
- Machen!

14 DAS LAND
DER PRÜFUNGEN

Der Weltraum, unendliche Weiten. Wir schreiben das Jahr 2200. Dies sind die Abenteuer des Raumschiffs Enterprise, das mit seiner 400 Mann starken Besatzung fünf Jahre unterwegs ist, um fremde Galaxien zu erforschen, neues Leben und neue Zivilisationen. Viele Lichtjahre von der Erde entfernt dringt die Enterprise in Galaxien vor, die nie ein Mensch zuvor gesehen hat ...
Raumschiff Enterprise

Die legendäre Fernsehserie *Raumschiff Enterprise* führt den Zuschauer direkt hinein in das Abenteuerland von Captain Kirk, dem Vulkanier Spock, Scotty und dem Rest der Führungsmannschaft. Wie es zu diesem Ruf für das Abenteuer in fernen Galaxien gekommen ist, spielt für den Erfolg der Serie keine Rolle. Viel wichtiger ist, dass sich die Besatzung auf ihrer langen Reise bei unzähligen Abenteuern bewährt. Nach jeder Folge haben die Serienhelden wieder einmal ihr Ziel erreicht und sind dennoch unterwegs. Fernsehzuschauer und Mannschaft an Bord haben sich eine kurze Verschnaufpause verdient, bis sie eine Woche später zu ihrem nächsten Abenteuer aufbrechen.

Genauso fühlt es sich an, wenn Sie Ihr gewohntes Umfeld verlassen, Ihrem Ruf folgen und sich in »unendliche Weiten« stürzen. Kaum haben Sie die Dorfgrenze hinter sich gelassen, befinden Sie sich in fremden Welten mit fremden Spielregeln, in denen immer neue Prüfungen und Hindernisse bereitstehen. Da befinden Sie sich in bester Gesellschaft mit den Helden der antiken Mythen, der Geschichten und Filme. Das Land der Prüfungen wird auch als »Abenteuerland« bezeichnet. Hier wird der Mann auf die Probe gestellt; er muss handeln und wird zum Helden.

In der Psychologie beschreibt das sogenannte Rubikon-modell[1] die Phasen der Heldenreise. Als Cäsar nach seinem Gallienfeldzug auf dem Weg zurück nach Rom den Fluss Rubikon überschritt, war dies sein persönlicher »point of no return«. Der Würfel war gefallen (alea iacta est); er wollte seinen Widersacher Gnaeus Pompeius ausschalten, und da gab es kein Zurück.

Das Rubikonmodell beschreibt vier Phasen, die auch Sie auf jedem unbekannten Terrain mehrfach durchlaufen werden: abwägen, planen, handeln, bewerten. Wenn Sie alles richtig machen, dann sehen diese vier Phasen folgendermaßen aus:

Die erste Phase ist die des Abwägens und der **Vorent-scheidungen.** Sie kennen Ihren Ruf. Nun geht es darum, zu überprüfen, mit welchen Etappenzielen Sie ihn optimal erreichen. Sie prüfen also alle Möglichkeiten, haben den Blick offen, und Ihr Denken ist realitätsorientiert. Sie sammeln Pros und Contras, wägen ab und treffen eine Entscheidung, welches konkrete Ziel Sie ansteuern. In dieser Phase ist Ihr Sinn für Realität gefragt. Es geht also nicht um die rosarote Brille, sondern um echte Zielauswahl. Für Bernie Rodenkirchen ging es in dieser Phase darum, sämtliche Flugschulen in Deutschland zu kontaktieren und die Fakten miteinander zu vergleichen. Das Endresultat dieser Phase war die Entscheidung für eine Flugschule.

Danach geht es in die entsprechende **Planungsphase** oder auch Vor-Handlungsphase. Der Held fokussiert sich auf das »Wann«, »Wo« und »Wie«. Ablenkende Informationen werden nur noch im Sinne der Zielerrei-

220

chung berücksichtigt, alles andere wird ausgeblendet. Hier geht es nicht mehr um die Entscheidung für ein Ziel, sondern um die Vergegenwärtigung der Absicht, sein Ziel auch tatsächlich zu erreichen. Für Bernie Rodenkirchen ging es in dieser Phase darum, die Familie mit an Bord zu holen und einen Plan zu entwickeln, den Fortbestand des eigenen Unternehmens trotz zeitintensiver Ausbildung zu sichern und einen Notfallplan zu erarbeiten. Es ging ausschließlich darum, den besten Weg zu finden, und in keiner Sekunde darum, den neuen Weg zu hinterfragen.

Die dritte Phase ist die **Handlungsphase:** Machen. Machen. Machen. Der Held hat hier den Oliver-Kahn-Tunnelblick – jede Ablenkung von außen wird ausgeschaltet. Es wird nur das ausgewählt, was der Zielerreichung dient. Die Handlungskontrolle steht hier im Mittelpunkt. Bernie Rodenkirchen bekam mehrere Sackkarren Lernstoff vor die Tür gestellt, den er für die Prüfung beim Luftfahrtbundesamt durcharbeiten musste. Darauf konzentrierte er sich. Wie Sie die richtigen Rahmenbedingungen dafür schaffen, werden Sie später erfahren.

Der letzte Schritt wird **Bewertungsphase** genannt: Das Ziel ist erreicht, die Erwartung wird mit dem Ergebnis abgeglichen, und der Blick ist nun nach vorne gerichtet. Bernie Rodenkirchen hatte mit 44 Jahren seine Berufspilotenlizenz in der Hand. Das erste Ziel war damit erreicht. Doch konnte er nicht direkt seine Brötchen als Berufspilot verdienen. Nein, natürlich nicht. Mit den gemachten Erfahrungen ging es deshalb auf zum nächsten Ziel.

Wenn in den Mythen, Geschichten und Filmen der angehende Held alle Prüfungen lebend absolviert hat, dann kommt er wie neugeboren zurück. Joseph Campbell sprach gemäß der biblischen Geschichte von Jona von dem »Bauch des Walfisches« – ein Bild, bei dem der Held zunächst verschlungen wird, um nach zahlreichen Prüfungen wieder ausgespuckt zu werden. Wie in einer Art Wiedergeburt taucht der Held nach jeder Prüfung gereift als höheres Wesen auf. Campbell fand in zahlreichen Kulturen Geschichten, die dieses Symbol als Muster aufnehmen. Die bekannteste deutsche Geschichte ist sicherlich Rotkäppchen, das vom bösen Wolf überlistet und verschlungen wird, um am Ende selbstbewusst den Widersacher zu besiegen. Nach diesem Abenteuer sieht Rotkäppchens Welt für immer anders aus, Selbstvertrauen inklusive.

In Tausenden von Filmen nimmt der Aufbruch in das unbekannte Abenteuerland die unterschiedlichsten Formen an: In *Zurück in die Zukunft* springt der Held in eine andere Zeit, bei *Tootsie* ist es ein anderes Geschlecht, für Rose und Jack beginnt das Abenteuer auf der *Titanic*.

So vielfältig sich die Orte der Prüfungen im Film zeigen, so unterschiedlich sind die Orte, an denen sich die modernen Helden bewegen. Werfen wir doch nur einen kurzen Blick auf einige unserer Lebenshelden: Eine medizinische Hochschule, die Ostsee, das Designstudium, der Einstieg in ein Priesterleben, die Gründung eines kenianischen Schulprojekts, die Welt des Fliegens und eine Sportlerkarriere als Rennrollstuhlfahrer haben von außen betrachtet erst einmal nichts miteinander zu tun. Doch von innen besehen geht es immer um die gleichen Herausforderungen und Handlungsmuster. Körper, Geist, Herz und Seele wollen wachsen. Hier wird aus einem Leben im Mittelmaß ein Leben in Fülle. Andere Gebiete, doch immer die gleiche Landkarte.

Deshalb gilt auch hier für Sie: Ganz egal in welche unbekannte und neue Welt Sie sich auch stürzen mögen; von den Lebenshelden können Sie lernen, wie Sie Ihrem Ruf noch schneller Leben einhauchen.

Prüfungen und Gestalten, die Sinn machen

Sobald der Filmheld die Schwelle übertritt, trifft er nicht nur auf unbekanntes Terrain, sondern vor allem auf Prüfungen und eine Vielzahl unterschiedlicher Gestalten. Cäsar trifft nach Überschreiten des Rubikons auf die Senatoren; Shrek begegnet einem sprechenden Esel, einer Drachendame und der Prinzessin Fiona; James Bond trifft regelmäßig auf das Böse, und Rocky kämpft gegen seinen Erzrivalen. Es ist in den Grundprinzipien immer die gleiche Geschichte: Verbündete, Trainer, Mentoren, Familienmitglieder, Helfer und Herzdamen unterstützen den Helden, während Verführerinnen, Rivalen, Scharlatane und Feinde sich ihm entgegenstellen. Gestaltwandler, Trickster, Herold oder Schatten: Ganz gleich wie Mythenforscher sie auch nennen mögen, meistens handelt es sich um recht schräge Typen.

Und dennoch: Bei allem und jedem, was auf der Leinwand auftaucht, geht es professionellen Drehbuchautoren immer nur um eine Frage: Wie kann die Hauptfigur sich im Konflikt mit diesen Geschöpfen hinsichtlich Körper, Geist, Herz und Seele entwickeln? Letztlich sind in Filmwelten die Menschen, die den Heldenweg säumen, nur äußere Symbole für das innere Geschehen des angehenden Helden. Bei Rocky geht es nicht darum, den übermächtigen Apollo Creed zu besiegen, sondern darum, sich selbst und seine Beschränktheit zu überwinden. Bei Thomas Geierspichler ging es psychologisch gesehen nicht darum, andere Sportler alt aussehen zu lassen und Olympiasieger zu werden, sondern sich lebendig zu fühlen. Und bei dem Berufspiloten Bernie Rodenkirchen war es keine Entscheidung gegen die Familie, sondern für die beiden nur scheinbar gegensätzlichen Pole Fliegen und Familie. In dem Land der Prüfungen geht es also vor allem darum, beim beharrlichen Folgen des Rufs an den Herausforderungen zu wachsen.

Im Grunde genommen kann jeder Mensch schon in den kleinsten Alltagssituationen sein eigenes Heldenpotenzial entdecken, etwa auf der Autobahn. Die meisten Menschen ärgern sich, wenn sie eine gefühlte Ewigkeit im Stau stehen. Plötzlich rast auf der Standspur ein Autofahrer an ihnen vorbei und lässt mit größter Selbstverständlichkeit den Stau links liegen. Angesichts dieses vorbeirauschenden Verkehrsteilnehmers ist es um die gute Laune vollends geschehen.

Hätten Sie Campbell als Beifahrer im Auto, würde er Ihnen zurufen, dass dieser Autofahrer nur Ihren Helden wecken möchte: Denn tatsächlich ärgern wir uns über uns selbst, weil wir nicht selbst auf die Idee gekommen sind, weil uns das Selbstbewusstsein für eine solche Aktion fehlt oder wir vielleicht keine weiteren Punkte in Flensburg riskieren möchten.

Da war er wieder, der Mangel an Körper, Geist, Herz und Seele. Ihn ständig zu erkennen, zu verbessern und an ihm zu wachsen, darin besteht die Aufgabe im Land der vielen Prüfungen. Wenn im Film *Pretty Woman* die »Heuschrecke« Edward Lewis seine gewohnte Businesswelt verlässt und auf die Bordsteinschwalbe Vivian Ward trifft, dann liegt der eigentliche Sinn der Handlung darin, Herz und Seele des erfolgreichen Geschäftsmanns wieder zusammenzuführen. Wenn zum Happy End des

Films sich beide in den Armen liegen, dann ist Edward Lewis eins mit sich. Mythenforscher sprechen von »animus trifft anima« – Geist trifft Seele. Der Held ist wieder komplett. Oder Jerry Maguires letzte Filmworte zu seiner Frau: »Ich liebe dich. Du vervollständigst mich.« Gemeint ist: Körper, Geist, Herz und Seele sind wieder im Einklang. Dann gibt es nur noch ein paar rührende Bilder vom Helden, der nun leichter, aufrechter und glücklicher durch sein zuvor eingeschränktes Leben schreitet. Der Zuschauer drückt sich noch ein Tränchen weg – Happy End.

Drehbuchautoren sind also dann besonders gut, wenn sie Nebenrollen ins Drehbuch schreiben, die der Hauptfigur ermöglichen, als Held zu wachsen. Diese »supporting roles«, in denen die Figuren als Sidekicks auftreten, dienen der Profilschärfung des Helden – und wenn sie das richtig gut machen, gibt es dafür sogar einen Oscar. Christopher Vogler bringt es für den Helden auf den Punkt: »Er (der Held) lernt von diesen Charakteren, und indem er sich ihre Eigenheiten anverwandelt, vervollständigt er sein eigenes Wesen mit Hilfe der Gestalten, denen er auf seiner Reise begegnet.« Wahre Profis in Sachen Heldenreise nutzen Reibung, um die Funken zu erzeugen, die den Helden entfachen.

Wer im Dorf bleibt, reibt sich nicht. Und nichts ist erfüllender, als ein Abenteuer zu durchstehen. Selbstvertrauen entsteht nur dort, wo wir »es« geschafft, geleistet, gemeistert haben. Sobald wir die ersten Heldentaten auf unbekanntem Terrain hinter uns gebracht haben, werden Endorphine ausgeschüttet. Dann erleben wir diese Glücksmomente, sind von unseren Taten berauscht, und wollen immer mehr davon: schwierigere Aufgaben, größere Herausforderungen.

Wenn wir das erst einmal verinnerlicht haben, dann wird auch klar, warum es so wichtig ist, einmal durch die Kloaken des Lebens zu marschieren. Im Land der Prüfungen wird jeder Mensch, über den wir uns ärgern, und jede Situation, in die wir geraten, zu einer echten Lernchance. Wie Adam Sandler in der *Wutprobe,* wenn sein Psychologe (Jack Nicholson) mitten auf der Brooklyn Bridge den Wagen anhält und sein Patient die Aggressionen von halb Manhattan aushalten muss.

Denn erst wenn uns auf dem Weg das Ungewohnte begegnet, fließen Blut, Schweiß und Tränen. Erst diese Ausbrüche befreien den Helden und lassen ihn wachsen.

Zum Helden wird man nur durch Aufgaben. Ein Sechser im Lotto löst keine Heldengeschichten aus. Stefan Wentzel, der das Schulprojekt in Kenia leitet, sagte im Interview: »Ich spiele kein Lotto mehr, weil ich befürchte, ein Gewinn von fünf Millionen Euro über Nacht würde das bisher Erreichte nur abwerten. Wenn ich plötzlich nur einen Scheck auszustellen bräuchte, um das zu erreichen, wofür ich zwanzig Jahre lang Arbeit, Zeit, Geld und Gefühle investiert habe, wäre es eben nicht dasselbe. Es geht mir um den Weg.« Erst die Prüfungen, Irrungen und Wirrungen im Abenteuerland geben uns die Möglichkeit, verborgene Potenziale auszuschöpfen und damit ganz neue Seiten zu zeigen. Merke: Jede noch so unangenehme Type im Abenteuerland ist eine Prüfung auf dem Weg zum Helden – Ihre ganz persönliche »supporting role«, die das Leben Ihnen schickt. Nehmen Sie sie an. Da hat der liebe Gott, das Universum und wer auch immer Ihnen etwas in das Drehbuch des Lebens geschrieben, woran Sie sich reiben und dann als Held auftreten können. Auch wenn Sie das im jeweiligen Moment nicht immer verstehen, werden Sie irgendwann mal nach der Rückkehr von Ihrer Heldenreise den schrägsten Typen am liebsten einen Oscar verleihen: Nicht obwohl, sondern *weil* er/sie Sie zur Weißglut, zum Heulen, zu Auseinandersetzungen, Höchstleistungen oder Selbstüberwindung getrieben hat.

Das Problem steckt im Noch-nicht-Helden

Konsequenterweise bedeutet das auch, dass im Land der Prüfungen nie der andere das Problem hat. Sie sind es selbst. Und Sie sind derjenige, der auch die Lösung findet. Wenn Sie im Stau auf der Autobahn überholt werden und Sie sich ärgern, dann ist das nicht das Problem des anderen Autofahrers. Es ist *Ihr* Problem. Die Spielregeln der unbekannten Welt funktionieren eben anders. Menschen überholen vielleicht cleverer als Sie, sind mutiger oder selbstbewusster. Was für eine Lernchance!
Gerade auf unbekanntem Terrain lohnt es sich, konsequentes Denken in die richtige Richtung zu trainieren. Das können Sie in drei einfachen Schritten üben. Zunächst einmal geht es nur um Beobachtung. In einem zweiten Schritt erfolgt die Beurteilung der Situation. Bis hierhin läuft alles über Ihren Autopiloten. Im dritten Schritt schaltet sich Ihr »innerer Held« ein und fragt sich, warum er selbst so geurteilt hat und was er beim Verfolgen seines Rufs in Hinblick auf Wachstum für Körper, Geist, Herz und Seele aus dieser Beurteilung lernen kann. Das lässt sich jeden Tag trainieren. Machen Sie sich das zu einer guten Gewohnheit.
Stellen Sie sich vor, Sie sehen in einem Restaurant einen attraktiven, gut gebauten Typen mit einer unglaublich

schönen Frau an seiner Seite. Nicht-Helden denken: »Der muss viel Tagesfreizeit haben, um so gut im Saft zu stehen. Und wahrscheinlich ist er von Beruf Sohn.« In Ihnen steckt ein Held, wenn Sie denken: »Oh, wow, was kann ich tun, um eine solche Frau zu beeindrucken? Oder ist es mir so ernst, dass ich sie diesem Typen leider ausspannen muss?«

Logbuch-Übung: Ihr Urteil beurteilen

Wann immer wir im Alltag auf Menschen treffen oder bestimmten Situationen ausgesetzt sind, neigen wir zu vorschnellen Urteilen. Prüfen Sie Ihr Urteil. Mindestens eine der vier Funktionen von Körper, Geist, Herz und Seele scheint in Ihnen berührt worden zu sein. Wo wurden Sie verletzt? Warum urteilen Sie so? Würden andere Menschen genauso reagieren? Würden Sie genauso urteilen, wenn Sie glücklicher, zufriedener und stärker wären?

Begrüßen Sie ab sofort jedes Hindernis als einen willkommenen Lernauftrag. Den Kopf einzuziehen und sich verstecken zu wollen bringt Sie nicht weiter. Wer das Abenteuerland betritt, weiß um die vielen Hindernisse auf dem Weg zum Ruf. Bis Indiana Jones seinen Schatz findet, stirbt er tausend Tode. Als kleines Sahnehäubchen kommt am Ende der Reise die entscheidende Prüfung. Im Film liegt diese irgendwo in den letzten 10 bis 15 Minuten, kurz vor dem Happy End. Das ist der Moment, in dem die Zuschauer ihre Hände in den Sessel krallen, weil sie denken, dass ihr Held kurz vor dem Ziel doch noch scheitern könnte. Auch Sie können unterwegs auf der Strecke bleiben. Damit Ihnen das nicht passiert und Sie nicht sofort umkehren, gibt es Reiseempfehlungen, die Sie schneller zum Helden machen.

Bei jeder großen Reise in ein unbekanntes Urlaubsland schauen wir in den Reiseführer und sammeln die wichtigsten Tipps. Für das Abenteuerland haben sich, wenn man sich die antiken Mythen vergegenwärtigt oder heutige Lebenshelden befragt, bestimmte Erfolgsprinzipien bewährt. Lernen Sie von denen, die von dort herüberwinken. Wenn Sie sich an die folgenden zehn Reiseempfehlungen halten, stehen die Chancen gut, dass Sie am Ende Ihrer Reise wie Jona vom Wal wieder ausgespuckt werden und sich wie neugeboren fühlen.

1. In einem gesunden Körper steckt ein handlungsfähiger Held

Die Helden in den Mythen, Geschichten und Filmen dieser Welt präsentieren sich durchweg in einem körperlich guten Zustand. Wenn Sie regelmäßig und bewusst darauf achten, wer in der Politik, Wirtschaft oder auch in Ihrem privaten Umfeld dauerhaft Spitzenleistung erbringt und dabei gleichzeitig zufrieden und kraftvoll auftritt, dann sind es mit großer Wahrscheinlichkeit Menschen, die sich bewusst gesund ernähren, sportlich aktiv sind und Entspannungstechniken anwenden.
Wenn wir körperlich angeschlagen sind, steht es schlecht um ein echtes Heldenleben. Leider bringen die Errungenschaften der modernen Gesellschaft nicht nur Fortschritt, sondern sie bergen auch so manche Risiken. Was immer uns das Leben einfach macht, schadet meist unseren Körperfunktionen. Autos, Aufzug, Rolltreppen schränken die Bewegung ein. Fertiggerichte, Kantinenessen und der kleine Snack zwischendurch machen zwar satt, aber versorgen uns nicht wirklich mit nährstoffrei-

cher Energie. Die permanente Erreichbarkeit über Smartphones und die mediale Dauerberieselung lassen uns nicht wirklich abschalten. Kurzum: Inaktivität, mangelnde Entspannung und schlechte Ernährungsgewohnheiten bremsen unser Heldenpotenzial.

Vieles wird in unserer gewohnten Welt als Selbstverständlichkeit angesehen, und wir übernehmen die Standards. Laut dem Eurostat-Jahrbuch geben die Deutschen deutlich weniger für den Konsum frischer Nahrungsmittel aus als ihre europäischen Nachbarn. Geiz ist gerade beim Essen geil. Während wir für unsere teuren Autos beim Tanken nur das Beste wollen, wählen wir bei der eigenen Ernährung einen Kraftstoff minderer Qualität. Im Dorf weiß man ja auch genau, was »echte Männer« brauchen, nämlich Fleisch und Kartoffeln. Dabei ist gerade die Kombination aus täglichem Fleischkonsum und kohlehydratreicher Ernährung mit Kartoffeln, Nudeln, Brot und dem Süßen danach eine gefährliche Kombination. Für Ihre Reise brauchen Sie allerdings Energie, Kraft und Ausdauer. Vor jedem noch so unspektakulären Tauchgang lässt sich der zuständige Dive-Master die Tauchtauglichkeitsuntersuchung zeigen. Bevor Sie in Ihr nächstes Abenteuer abtauchen, sorgen Sie dafür, dass Sie sich selbst ein gutes Attest ausstellen können. Sonst bleiben Sie schneller auf der Strecke, als es Ihnen lieb ist.

2. Planen Sie kurze anspruchsvolle Sprints und keinen Marathon

Das unbekannte Land ist keine Marathonstrecke, sondern erfordert eher viele kleine Sprints. Sobald Sie Ihre gewohnte Welt verlassen, geht es nicht um ein Ziel, sondern um eine Vielzahl von kleinen Etappen in Gestalt von Aufgaben. Bei jedem Ziel werden Sie die Phasen des Rubikonmodells durchlaufen. Es geht also nicht darum, auf einer Strecke von 42,195 Kilometer durchzuhalten, sondern die 100-Meter- oder auch mal die 400-Meter-Distanz, mit und ohne Hürden, zu überwinden. In Ihrem neuen Land der unbekannten Möglichkeiten sind Sprinterqualitäten gefragt. Sie brauchen also keinen langen Atem, müssen aber auf der Kurzstrecke Vollgas geben können. Das macht Lebenshelden aus – geben Sie alles. Bleiben Sie in Bewegung. Erst wenn Sie nach einem kurzen und intensiven Sprint die Ziellinie erreicht haben, dann haben Sie sich Ihre Pause verdient.

Während Dorfmenschen dazu neigen, einen Marathon erst gar nicht zu beginnen, weil Ihnen die Strecke viel zu lang erscheint, ist der kurze Sprint von jedem zu schaffen. Dabei spielt es auch keine Rolle, welche Zeit Sie laufen. Hauptsache, Sie überqueren die Ziellinie. Das Geheimnis der kurzen Sprints liegt im sogenannten Zeigarnik-Effekt. Sobald Ihnen eine Absicht erklärt wurde und Sie damit den ersten Schritt gemacht haben, tritt eine Art geistige Unruhe auf. Ob Sie wollen oder nicht, irgendetwas erinnert Sie daran, dass die Ziellinie vor Ihnen liegt und Sie nur noch ein paar Schritte laufen müssen. Je überschaubarer Sie Ihre Distanzen gestalten, desto größer wird die Anziehungskraft Ihres Ziels. Das ist wie bei einem Magneten, der die Anziehungskraft auf lange Distanz verliert.

Logbuch-Übung:
Nicht erreichte Ziele?

Jeder Mensch hat eine Liste von Dingen, die er in seinem Leben bisher nicht erreicht hat. Werfen Sie einen Blick auf einige dieser Ziele. Kann es sein, dass Sie einen Marathon bestehen wollten?

Wäre es rückblickend einfacher gewesen, kleine Zwischenziele zu verfolgen, dafür aber konkret und kraftvoll in die Umsetzung zu kommen und kleine Erfolge zu feiern?

3. Ihre Ziele sollten besser und nicht nur S. M. A. R. T. sein

Mit dem Ruf kennen Sie die Richtung. Um Ihrem Ruf nun Gestalt zu geben, brauchen Sie Ziele. Im Abenteuerland geht es um nichts anderes als das konsequente Abarbeiten von Zielen.

Die weitsichtige Planung und das Setzen von Zielen ist die Voraussetzung auf dem Weg zum Erfolg. Viele Menschen sind in ihrem Leben nicht erfolgreich, weil sie es nie gelernt haben, die richtigen Ziele zu setzen. Ohne Ziele lassen sie sich nur gefährlich hin und her treiben und verlieren ihre Richtung. Im Abenteuerland brauchen Sie Ziele. Klar, dass Sie Ihre Hauptziele in kleine Unterziele aufteilen sollten. Das gehört zum kleinen Einmaleins des Lebens. Lebenshelden setzen daher sehr bewusst ihre Ziele, doch sie achten darauf, dass sie nicht nur S. M. A. R. T. formuliert sind. In jedem Projektmanagementseminar taucht früher oder später die S. M. A. R. T-Formel auf. Die Kürzel stehen für **S**pecific **M**easurable **A**ccepted **R**ealistic **T**imely. Für Ihr Heldenreiseprojekt bedeutet das:

1. Planen Sie Ihre Ziele und Zwischenziele so spezifisch wie möglich. Je klarer Sie hier sind, umso stärker ist die Wirkung: Was genau wollen Sie erreichen?
2. Finden Sie eine Form der Messbarkeit. Nur was Sie in Zahlen, Daten, Fakten betrachten können, zeigt

Ihnen wirklich, wie weit Sie gekommen sind. Woran genau lässt sich messen, dass Sie auf Ihrem Weg weitergekommen sind?

3. Machen Sie Ihr Ziel **attraktiv**, anziehend und anspruchsvoll. Energien lösen Sie nur aus, wenn Sie begeistert sind. Dazu gehört auch die positive Formulierung eines Ziels. Wie können Sie Ihr nächstes Ziel so formulieren, dass es wirklich anziehend für Sie ist?

4. Bleiben Sie dabei **realistisch**. Gute Ziele unterliegen nicht dem Größenwahn, sondern einer reflektierten Einschätzung. Sie wollen Ihr Ziel ja erreichen. Tatsächlich zeigen viele wissenschaftliche Untersuchungen, dass die rosarote »Alles-ist-möglich«-Brille bei der Zielumsetzung hinderlich sein kann. Der realistische Blick auf Widerstände ist der erfolgversprechende Weg.

5. **Terminieren** Sie Ihr Ziel. Wann genau haben Sie es erreicht? Seien Sie hier so konkret wie möglich.

Warnung: Die S.M.A.R.T.-Formel berücksichtigt nicht, ob das Ziel mit Ihrem Ruf im Einklang steht. Sie kommt aus dem Projektgeschäft der Businesswelt. Es geht um die Ziele des Unternehmens und nicht um die Ziele der einzelnen Mitarbeiter. Wer im fremden Hamsterrad pausenlos für die Unternehmensziele rennt, der sollte sich im Sinne des ökonomischen Erfolgs besser nicht andauernd hinterfragen, ob die jeweiligen Ziele auch Körper, Geist, Herz und Seele füttern. Was der Unternehmenserfolg verlangt, muss noch lange nicht mit dem eigenen Ruf im Einklang stehen. Dabei würden Sie in der Praxis sogar bei den meisten Zielen die Motivation einbüßen. Motiviert sind wir immer dann, wenn wir Dinge zum

Selbstzweck tun. Einfach so, weil es uns erfüllt. Weil wir einen tieferen Sinn darin finden. Zum Beispiel die Erfüllung des Rufs.

Genau das ist der Grund, weshalb im Unternehmenskontext die Mitarbeiter durch Gehälter, Zielerreichungsprämien, Incentives und schöne Titel »motiviert« *werden,* es aber nicht *sind.* Wissenschaftliche Untersuchungen im Bereich der Motivationsforschung weisen immer wieder nach, dass externe Anreize den inneren Antrieb ausschalten. Psychologen sprechen von der »korrumpierenden Wirkung extrinsischer Motivation«. Die Ergebnisse vieler Studien lassen sich auf eine einfache Formel bringen: Äußere Motivation tötet auf Dauer die innere Motivation.

Wie gut, dass der Heldenweg vor allem auf Motivation von innen heraus setzt. Wirklich dauerhaft motiviert bleiben Sie auf unbekanntem und schwierigem Terrain nämlich nur, wenn Sie ab sofort jedes Ihrer Ziele mit Ihrem Ruf abgleichen. Denn wenn Zielerreichung nicht mit Ruferfüllung einhergeht, sind Sie nicht auf dem Helden-, sondern auf dem Holzweg.

Das klingt logisch, ist aber bei weitem nicht so einfach umzusetzen, wie es scheint. Hier meldet sich gerne mal unsere Dorfdenke zurück. Dann gehen wir lieber auf Nummer sicher und folgen allzu schnell fremden Zielen. Echte Lebenshelden formulieren ihre Ziele deshalb nicht nur S.M.A.R.T, sondern vor allem S.M.A.R.R.T.

- S wie spezifisch
- M wie messbar
- A wie anspruchsvoll, attraktiv, anziehend
- R wie realistisch
- R wie rufzentriert, richtungsweisend
- T wie terminiert

Wer fremden Zielen folgt, verfehlt seine Richtung. In Filmen ist das ein dankbares Thema für echte Heldengeschichten. Kurz vor seiner Schwelle, dem Ausstieg aus seiner bisherigen zahlengetriebenen Sportagentur, bittet Jerry Maguire seine langjährige Assistentin, mitzukommen. Sie antwortet völlig entsetzt: »Jerry, es sind nur noch drei Monate bis zu meiner Gehaltserhöhung.« Im normalen Leben ist es nicht immer die Gehaltserhöhung, aber irgendeine andere Form der scheinbaren Sicherheit lässt gerade in den Turbulenzen des Abenteuers häufig die falschen Ziele in den Fokus rücken. Die lassen sich dann zwar alle S.M.A.R.T. formulieren, haben aber nichts mit dem inneren Helden zu tun. Auf dem Grabstein müsste dann stehen: Erfolgreich – aber nicht erfüllt. Für den angehenden Helden hat der Ruf immer Priorität.

Logbuch-Übung:
Wie S.M.A.R.R.T sind Sie im Alltag unterwegs?
Machen Sie sich bewusst, wie häufig Sie bei Dingen des alltäglichen Lebens in Ihrer eigenen Richtung unterwegs sind. Werfen Sie einen Blick auf die einzelnen To-dos des Tages und überlegen Sie, wie häufig Sie Dinge am Tag tun, die fremden Zielen dienen und Sie von Ihrer Richtung abbringen. Worin investieren Sie Ihre Energie, in Ihre oder in fremde Ziele?

4. Machen Sie Ihre Ziele öffentlich

Wir haben bereits über die Kraft der inneren Motivation gesprochen. Menschen, die den Weg durch das Abenteuerland als Selbstzweck begreifen und damit den Weg als Ziel sehen, brauchen keinen Anreiz von außen. Ganz im

Gegenteil. Lehrer, die ihre Schüler mit Crèpes-Backen belohnen, wenn sie im Französischunterricht still sitzen, formen sich eine Generation heran, die für eine Belohnung still sitzt. Lehrer, die bei ihren Französischschülern die Begeisterung für die Sprache wecken, haben dauerhaft motivierte Schüler vor sich sitzen.

Ein Antrieb von außen funktioniert dann, wenn er nicht von irgendjemandem, sondern vom Helden selber initiiert wurde. Der einfachste Weg ist, seinen Ruf und seine Ziele öffentlich zu machen. Sobald Sie mit Freunden, Kollegen und Partnern über Ihren Ruf und Ihre Ziele sprechen, entsteht eine Art Kontrollinstanz. In mehreren Studien hat ein Team um den Psychologen Steven C. Hayes den Effekt der Selbstverstärkung nachgewiesen.[2] Die Wissenschaftler kamen zu dem Schluss, dass das öffentliche Zielesetzen ein Schlüsselfaktor in Sachen Zielerreichung ist. Bernie Rodenkirchen drückt es so aus: »Nachdem ich das allen gesagt hatte, dass ich Berufspilot werden wollte, war ich zum Erfolg verdammt. Ich konnte gar nicht anders.« Sprich: Er konnte nicht mehr zurück ins Dorf. Er musste nach vorne.

Logbuch-Übung: Ziele öffentlich machen

Sobald Sie die Entscheidung für das nächste wichtige Ziel getroffen haben, suchen Sie nach Möglichkeiten, Ihr Ziel öffentlich zu machen. Sprechen Sie mit einem guten Freund, Ihrem Partner, Kollegen oder wem auch immer über Ihren Entschluss. Setzen Sie Ihren Standard öffentlich. Reden Sie so oft wie möglich über das, was Sie erreichen möchten. Sie können sogar darüber nachdenken, Ihre einzelnen Ziele auf Social-Media-Plattformen zu veröffentlichen. Nutzen Sie die Möglichkeit, Ihre selbstgesteckten Ziele durch Ihr Umfeld indirekt überprüfen zu lassen.

5. Lernen Sie von den Besten

In Deutschland gibt es 16 Bundesländer. Jedes Bundesland konnte bisher mindestens auf einen Verein in der ersten Fußballbundesliga stolz sein – außer Schleswig-Holstein. Das knapp 16 000 Quadratkilometer große Bundesland mit seinen 2,8 Millionen Einwohnern scheint offensichtlich im fußballbegeisterten Deutschland zu wenig Talente zu haben, um in der ersten Liga mitzuspielen. Das Emirat Katar ist mit ungefähr 11 600 Quadratkilometern noch einmal eine Ecke kleiner. Für die Fußballweltmeisterschaft, die im Jahr 2022 in dem Land stattfinden wird, können die Sportfunktionäre aus einem Pool von nur 1,7 Millionen Bürgern schöpfen. Das Ganze in einem Land, in dem aufgrund von 50 Grad Außentemperatur niemand Sportarten im Freien nachgeht. Die Frage ist also: Wenn Schleswig-Holstein es nicht einmal schafft, eine Bundesligamannschaft auf die Beine zu stellen, wie wird es dann Katar schaffen, bis 2022 eine Nationalmannschaft zu formen, auf die man in der gesamten arabischen Welt stolz sein wird?

Auch Katar hat mit dem Zuschlag zur Austragung der WM den Rubikon überschritten. Aber den wenigen Sporttalenten im eigenen Land wird in Sachen Fußball das nötige Zusammenspiel von Körper, Geist, Herz und Seele fehlen. Katar hat sich jedoch auch für ein Sportprojekt entschieden, das mit großer Wahrscheinlichkeit aus fußballerischem Mittelmaß echte Sporthelden machen wird. Denn schon bei der Bewerbung zur Austragung wurde die Aspire Academy gegründet – eine Sportakademie, die es sich zum Ruf gemacht hat, die weltweit führende Entwicklungsstätte für Sportler zu werden.

Um diesen Ruf lebendig werden zu lassen, wurde 2005 das Projekt *Aspire Football Dreams* ins Leben gerufen. Was als humanitäres Fußballprojekt daherkommt, ist ein optimal durchdachtes Fußballscouting. Bereits 2007 wurden über zwei Millionen junge Fußballer in Asien, Lateinamerika und Afrika von über 6000 professionellen Beobachtern gescoutet. Die allerbesten dieser dreizehn- bis fünfzehnjährigen Jungen, die zur WM im besten Fußballeralter sein werden, leben in Katar ihren Traum. Jährlich wird in den Entwicklungsländern das Scouting wiederholt. Seit Beginn des Projekts werden jährlich auf drei Kontinenten in über 60 000 Spielen bis zu 750 000 Talente gesichtet. Die besten fünfzig im Alter von dreizehn bis fünfzehn Jahren kommen zu einer Endausscheidung nach Katar, und die besten drei dürfen bleiben. Man kann davon ausgehen, dass diese drei Spieler zu den besten jugendlichen Fußballern der Welt zählen werden. Der Sportdirektor der Aspire Academy, Dr. Andreas Bleicher, wird nicht müde zu betonen, dass diese handverlesene Auswahl an jungen Talenten 2022 nicht für Katar spielen wird. Das wäre ja auch nicht ehrenhaft. Das Emirat möchte jedoch, dass seine eigenen Fußballtalente jeden Tag mit den besten Spielern der Welt auf dem Platz stehen. Die ersten Erfolge stellen sich ein. Top-Jugendmannschaften europäischer Spitzenclubs haben schon heute keine Chance mehr.

Katar entwickelt seine Sporthelden anhand einer Auswahl der besten Vorbilder. Das klingt zunächst nach finanziellem Aufwand, zahlt sich aber über die Jahre aus. Übrigens wird die Aspire Academy seit 2008 vom Emirat als Strategic Business Unit geführt. Es geht nicht um wohlwollende Sportförderung, sondern um ein auf Gewinn angelegtes Geschäftsmodell.

Für jede Zielerreichung brauchen Sie nicht nur einen Willen, sondern auch Fähigkeiten. Wollen und Können bilden zusammen die stabile Säule, auf der sich der Held entfalten kann. Sobald Sie Ihre Ziele formuliert haben, suchen Sie nach den Besten in der geforderten Disziplin. Orientieren Sie sich nicht an Schleswig-Holstein, machen Sie es wie Katar. Verlassen Sie Ihre Grenzen und investieren Sie Zeit und Geld, um diejenigen Menschen zu finden, mit denen es sich lohnt, Zeit auf dem Platz zu verbringen.

Gerade in der zweiten Phase des Rubikonmodells geht es um Planung. Wie erreichen Sie also Ihr Ziel am besten? Erstellen Sie eine Liste der Menschen, von denen Sie wirklich etwas lernen können. Natürlich gibt es Grenzen. Wenn Sie als zukünftiger Bürgermeister Ihre rhetorischen Fähigkeiten verbessern möchten, dann können Sie natürlich nicht im ersten Schritt den Redenschreiber von Barack Obama kontaktieren. Aber Sie können ein Buch von oder über ihn lesen, seine Reden analysieren und aus der Performance des amerikanischen Präsidenten lernen. Sie können aber auch den Rhetoriktrainer buchen, der deutsche Politiker ausbildet, die Ihnen besonders gut gefallen. Hüten Sie sich also davor, das erstbeste Rhetorikseminar zu buchen, nur weil es kostengünstig ist, gleich um die Ecke angeboten wird und Ihnen das Gefühl vermittelt, dass Sie überhaupt etwas tun. Suchen Sie sich im Rahmen Ihrer Möglichkeiten den Besten. Aber seien Sie auch bereit, einen anständigen Preis zu zahlen. Wie Katar.

Wenn Sie von einem schlechten Golflehrer trainiert werden, entwickeln sich vom ersten Moment Schwungfehler, die Sie nur noch schwer wieder ablegen können. Meiden Sie Trainer, Kollegen, Vorgesetzte und Berater, die nur halbherzig und mittelmäßig zur Sache gehen. Streichen Sie den dauerhaften Kontakt mit Menschen, die Sie regelmäßig »herunterziehen« und bei Ihrer Zielerreichung bremsen: Machen Sie es sich vielmehr zu einem Handlungsgesetz, noch mehr Zeit mit Menschen jenseits Ihrer Lebensgrenzen zu verbringen.

Logbuch-Übung:
Scouten Sie Ihre Mitspieler

Von 750 000 gesichteten Spielern dürfen drei in Katar bleiben. Lassen Sie eine Woche lang abends gedanklich Ihren Tag Revue passieren und notieren Sie sich die Namen der drei »Mitspieler«, die Ihnen wirklich gutgetan haben. Machen Sie sich bereits morgens bewusst, dass Sie abends eine Evaluierung vornehmen werden. Sie werden spüren, dass Sie sehr viel selektiver durch den Tag gehen werden. Wiederholen Sie die Übung von Zeit zu Zeit.

6. Suchen Sie sich Verbündete

Shrek – Der tollkühne Held ist einer der erfolgreichsten computeranimierten Kinofilme aller Zeiten. Es gibt einen guten Grund, weshalb der Held auf seiner Reise einen sprechenden Esel, eine Drachendame und eine Prinzessin trifft. Wie in fast allen Heldengeschichten braucht der Held Unterstützer und Verbündete, um an sein Ziel zu gelangen, und in allen guten Geschichten sind die Verbündeten so ganz anders als der Held. Deshalb hat der Drehbuchautor dem Oger Shrek nicht seinesgleichen zur Seite gestellt, sondern Tiere ganz anderer Art.

Eines der bedeutendsten Erfolgsprinzipien angehender

Helden besteht darin, sich Menschen als Reisebegleiter zu suchen, die so ganz anders sind als sie selbst. Hermann Schüller war zu Beginn seiner Selbständigkeit vier Wochen im gesamten Bundesgebiet mit Lieferanten unterwegs, hatte zugehört, hingeschaut und gelernt. Der Designprofessor Clemens Stübner knüpfte in Studienzeiten Kontakte zu Menschen mit besonderem Bezug zur Gestaltung und wurde Mitbegründer einer Ateliergemeinschaft von Kreativen.

Steve Jobs war ein Meister darin, sich die richtigen Verbündeten zu holen. Jobs' Erfolg lag in seiner Fähigkeit, die richtigen Menschen für seine Ideen zu begeistern. Beispielsweise war ihm frühzeitig bewusst, dass er als visionärer Typ nicht in der Lage war, einen Weltkonzern mit allen betriebswirtschaftlichen Herausforderungen zu managen – wie sollte er da seine Delle ins All schlagen?

Nach den ersten Erfolgen setzte er auf John Sculley, Marketingchef von PepsiCo. Nach mehreren Verhandlungen gewann er den Marketingzauberer mit dem legendären Satz: »Willst du den Rest deines Lebens Zuckerwasser verkaufen, oder willst du eine Chance, die Welt zu verändern?« Die beiden hätten von ihrem Wesen her nicht unterschiedlicher sein können. Aber Reibung erzeugt Wärme. Auch dank des »harten Hundes« Sculley wurde der sensible, visionäre Jobs zu Höchstleistungen animiert.

Suchen Sie sich die Verbündeten, die andere Fähigkeiten, andere Fertigkeiten und andere Erfahrungen mitbringen – Menschen, die so ganz anders denken und handeln als Sie. Wenn Sie von Natur aus der große Visionär sind, dann brauchen Sie den Erbsenzähler. Wenn Sie der Meister der Zahlen, Daten und Fakten sind und sich am liebsten im stillen Kämmerlein mit größter Hingabe in komplexe Lösungen vertiefen, dann suchen Sie sich die eloquente Persönlichkeit, die Ihre Ideen in die Welt trägt. Sie müssen nicht alles können. Ganz im Gegenteil. Heldenreise bedeutet, sich auf seine Stärken zu verlassen und diese kraftvoll auszuspielen. Suchen Sie sich die Typen, die Sie ergänzen. Gerade das fällt uns besonders schwer. Denn während zwei große Visionäre stundenlang über ihre Ideen der Zukunftsgestaltung plaudern können, entpuppt sich der dazustoßende detailverliebte Controller für die beiden schnell als nervende Spaßbremse. Umgekehrt genauso. Der eloquente charismatische Dampfplauderer, der es schafft, die Kuckucksuhr samt Vogelfutter zu verkaufen, kann bei Menschen mit Tiefgang den spontanen Brechreiz auslösen. Der Erfolg echter Helden ist häufig eine Frage des Teams. Wenn Sie wie *Shrek* ein Oger sind, dann suchen Sie sich den Esel und den Drachen, auch wenn Sie von Grund auf verschieden sind und die Kommunikation schwierig erscheint. Dann klappt's auch mit der Prinzessin!

Logbuch-Übung:
Welchen Sidekick brauchen Sie für den Erfolg?
Sie kennen Ihre Stärken und wissen, mit welchen Talenten Sie punkten können. Welche Typen brauchen Sie auf Ihrem Weg zum Ziel? Mit wem würde es sich lohnen, Kontakt aufzunehmen, auch wenn diese Wesensart Ihnen noch völlig fremd ist? Von welchem Wissen können Sie profitieren? In welchen Lernfeldern und Disziplinen brauchen Sie auf Ihrem Weg Unterstützung, weil Sie das Aufbauen einer wichtigen Expertise nur unnötig viele Energien kosten würde? Wer sind die Esel und Drachen, die Sie zeitnah für Pläne ansprechen sollten?

7. Sorgen Sie gerade zu Beginn für schnelle Zielerreichung

Teilen Sie Ihre großen Ziele in kleine Zwischenziele auf. Um zu Beginn Ihrer Reise schnell in die Gänge zu kommen, sollten Sie sich zunächst nur Ziele setzen, die Ihnen locker von der Hand gehen. In nahezu allen Filmen kommt die Handlung in Gang, weil der Held zunächst Fähigkeiten ausspielt, die er wirklich »drauf« hat. Das gibt nicht nur der Handlung Schwung, sondern dem Helden und dem Zuschauer ein gutes Gefühl. Es bestätigt: Da ist jemand auf dem richtigen Weg. Nichts ermuntert mehr als schnelle Erfolge. Setzen Sie deshalb auf das, was Sie jetzt schon besonders gut können.

Der Sportagent Jerry Maguire weiß, dass er in einer Disziplin unschlagbar ist. Er verortet seine Kompetenz »im Wohnzimmer«, was nichts anderes bedeutet, als zu den Sportlern nach Hause zu fahren und sie durch vertrauensbildende, visionäre und überzeugende Kommunikation als Klienten für sich zu gewinnen. Klar, dass er nach dem Sprung über die Schwelle im Abenteuerland sofort bei seinem ersten Kandidaten »im Wohnzimmer« Erfolg hat. Er gewinnt seinen ersten Klienten. Beschwingt steigt er ins Auto, stellt das Radio an und grölt völlig berauscht den Tom-Petty-Song *Free Fallin'*.

Das ist das typische Handlungsmuster des Lebenshelden. Je schneller die ersten Zwischenziele umgesetzt werden, umso mehr Power bleibt für die verbleibende Strecke. Die großen Ziele sollten Sie erst angehen, wenn Sie auf dem neuen Terrain Sicherheit gewonnen haben. Als der ehemalige Unternehmensberater Thomas Schneider sich für seinen Weg entschieden hatte, machte er sich auf gewohnte Weise seinen Strategieplan und stieg sofort ein in das Pflegepraktikum. Das war schnell umzusetzen, und er registrierte erste Erfolge. Sich morgens nicht mehr in den Anzug mit Krawatte zu stürzen, sondern einen Pflegekittel überzustreifen, gab ihm einfach ein gutes Gefühl – »Ich habe plötzlich wieder ganz anders geatmet«. Sobald wir einen Fortschritt spüren, steigt unsere Erwartung an den eigenen Erfolg. Psychologen nennen das die »wahrgenommene Selbstwirksamkeit«. Durch diese Erfahrung fühlen Menschen sich viel stärker, so dass sie das eigene Handeln und die Ereignisse in ihrem unmittelbaren Umfeld kontrollieren können.

Auf neuem Terrain laufen wir leicht Gefahr, uns von Beginn an auf Dinge zu stürzen, die uns völlig fremd sind. Dabei kann sich das Gefühl verfestigen, die Ereignisse nicht kontrollieren zu können. Schnell entwickelt sich »gelernte Hilflosigkeit«: eine Art Hoffnungslosigkeitsdepression, die sich in Interesseverlust, Müdigkeit, mangelnder Energie bis hin zu Gefühlen der Wertlosigkeit und Schuld niederschlägt.

Achten Sie also unbedingt darauf, dass Sie aufgrund Ihrer ausgemachten Stärken schnelle Erfolge einfahren. Die Geschichten aller Lebenshelden zeigen, dass jeder Mensch gewaltige Ziele erreichen kann. Doch häufig liegt die Messlatte schon zu Beginn der Reise dermaßen hoch, dass der Motivation kein Spielraum belassen wird. Das traurige Ergebnis: Potenzielle Held geben auf, bevor sie erste Erfolge einfahren können. Setzen Sie also zu Beginn Ihrer Reise auf Bewährtes!

Logbuch-Übung:
Der richtige Plan

Formulieren Sie erste Ziele und teilen Sie diese in kleinere Zwischenziele auf. Achten Sie darauf, dass Sie auf richtungsweisende

Ziele setzen, die im Einklang mit Ihrem Ruf sind. Formulieren Sie Ihre Ziele deshalb S. M. A. R. R. T. und setzen Sie sich erste Zwischenziele, die Sie in kurzer Zeit erreichen können. Bauen Sie dabei auf Bewährtes. Was können Sie besonders gut? Machen Sie dann Ihre Ziele öffentlich und suchen Sie sich die besten Mitspieler, von denen Sie lernen können. Gehen Sie in dem Bereich Ihre ersten Schritte. Das schenkt Ihnen zusätzliche Motivation für neue und größere Ziele.

8. Schärfen Sie Ihre Handlungskontrolle

Die Ablenkungen des Lebens sind gewaltig. Ständig versucht irgendjemand oder irgendetwas, unsere Aufmerksamkeit auf sich zu lenken, in der Arbeit genauso wie im Privatleben. Gerade in der dritten Phase des Rubikonmodells – also dann, wenn es um das Handeln geht – führen Ablenkungen häufig dazu, dass Menschen sich ablenken lassen und die Richtung verlieren. Dann heißt es häufig: »Der Wille war nicht stark genug!« Verhindern lässt sich dies mit dem Handlungskontrollmodell, das der deutsche Psychologe Julius Kuhl entwickelt hat – ein für Helden äußerst nützliches Modell. Im Einzelnen handelt es sich um sieben Strategien, die Ihnen helfen, auf Ihrem Weg zu bleiben:

1. Streichen Sie alle Informationsangebote, die nicht auf Ihr Ziel ausgerichtet sind.
2. Vertiefen Sie jedes Informationsangebot, das im Zusammenhang mit Ihrem Ziel steht.
3. Lernen Sie, Ihre Emotionen zu kontrollieren, und setzen Sie die Emotionen ein, die Ihrem Ziel dienlich sind.

4. Legen Sie den Fokus auf die positiven Erwartungen, die mit der Zielerreichung einhergehen.
5. Schaffen Sie in Ihrem Umfeld alles aus dem Weg, was störend sein könnte.
6. Schenken Sie Alternativen keine Beachtung. Konzentrieren Sie sich auf die Realisierung Ihres Ziels.
7. Schreiben Sie Misserfolge als Lernerfahrung ab. Schenken Sie Dingen, die nicht so gut laufen, nur die nötigste Aufmerksamkeit.

Versuchen Sie bei zukünftigen Zielen die Handlungskontrolle mit diesen sieben Empfehlungen aktiv zu steuern. Falls ein Ziel auf Ihrem neuen Weg darin bestünde, einen Riesenberg an Lernstoff zu verinnerlichen, sollten Sie die sieben Handlungsempfehlungen im Vorfeld durchgehen und planen, wo Sie Kontrolle ausüben können. Hier ein paar Ideen:

- Stellen Sie den Fernseher in den Keller.
- Melden Sie sich bei Facebook ab.
- Rufen Sie keine »Quasselstrippen« an.
- Wenn Hobbys wie Bergwandern, Fahrradfahren oder eine Marathonvorbereitung nicht gerade in Ihrem Heldenfokus liegen, denken Sie nicht permanent darüber nach, dass Sie doch erst einmal Bergwandern, Fahrradfahren oder einen Marathon vorbereiten könnten.
- Machen Sie sich immer wieder bewusst, wie tief Sie schon in die Materie eingetaucht sind.
- Verbringen Sie Qualitätszeit mit Menschen, die Ihnen guttun und die Sie mit positiven Emotionen füttern.
- Machen Sie sich regelmäßig bewusst, wie sehr Sie sich Ihrem Ziel nähern, wenn Sie Ihren Stoff durchgearbeitet haben.

- Feiern Sie Lernfortschritte.
- Erkennen Sie Fehler als Hinweis darauf, dass Sie den Stoff wiederholen sollten.
- Hängen Sie sich Zitate von Vorbildern auf, die durch Ähnliches gegangen sind, wie zum Beispiel Muhammad Ali, der einmal sagte: »Ich hasste jede Minute des Trainings, aber ich sagte mir: ›Hör nicht auf. Leide jetzt und lebe für den Rest deines Lebens als Champion.‹« Finden Sie Zitate von Menschen, die für Sie gute Vorbilder sind.

Logbuch-Übung:
Handlungskontrolle planen

Bevor Sie das nächste Ziel angehen, gehen Sie die sieben Empfehlungen durch und erstellen Sie eine Liste mit dreißig Aktivitäten, die Sie während der Handlungsphase gezielt ausüben, um Ihre Handlungskontrolle zu wahren. Überprüfen Sie von Zeit zu Zeit, ob Sie diese Aktivitäten tatsächlich ausführen. Sobald Sie spüren, dass Sie zum Beispiel Misserfolgen zu große Bedeutung beimessen, dass Sie Ihre Emotionen nicht mehr zielgerichtet unterstützen oder Zeiträuber um Ihre Aufmerksamkeit buhlen, sollten Sie umgehend die Bremser Ihrer Handlungskontrolle ausschalten.

9. Verlassen Sie sich auf Ihre positiven Alltagsrituale

Jeder Mensch hat seine Gewohnheiten. Das sind die verinnerlichten Handlungen, die wir über den Tag hinweg ausüben, ohne großartig darüber nachzudenken. Wenn wir dem Regelmäßigen, dem Gewohnten eine bewusste Bedeutung geben, haben wir ein persönliches Alltagsritual. Rituale sind ein wichtiger Bestandteil einer jeden Kultur; sie sorgen für Struktur, für ein besseres soziales Miteinander. Mit persönlichen Alltagsritualen vertieft man den guten Kontakt mit sich selbst. Sobald Menschen ihren persönlichen Rubikon überschreiten, bewegen sie sich in einer Welt voller Unsicherheiten. Alles ist neu. In solchen Situationen sucht man Stabilität, Sicherheit und Kontrolle. Persönliche Alltagsrituale geben Ihnen diese Sicherheit und erleichtern die Orientierung. Sobald wir sie fest verankert haben, schonen sie unsere Energien. Wir müssen über diese Handlungen nicht mehr nachdenken, sie gehören zum festen Set unserer Handlungsmöglichkeiten. Hier sind fünf empfehlenswerte Rituale, die auch Sie in turbulenten Zeiten unterstützen werden.

Entspannungs- und Ruherituale

Wer im Leben permanent Vollgas gibt und versäumt, zwischendurch den Kopf durchzupusten, lebt im roten Bereich. Die Folgen sind häufig fatal. Japanische Mediziner sprechen in diesem Zusammenhang von »Karoshi« und meinen damit »Tod durch Überarbeitung«. Entspannungs- und Ruherituale durchbrechen das Muster und verschaffen einem wichtige Inseln der Ruhe. Dabei muss nicht einmal viel Zeit investiert werden. Morgens eine Tasse heißes Ingwerwasser, nach dem Mittagessen eine Runde an der frischen Luft, um 15 Uhr ein Espresso, um 17 Uhr eine Minute bewusst atmen und vor der Nachtruhe noch einmal über den Kopf der schlafenden Kinder streicheln – solche Dinge können einem unruhigen Leben Ordnung schenken. Das regelmäßige Treffen mit Freunden, gute Sozialkontakte oder echte Qualitätszeit mit der Partnerin gehören genauso dazu. Wichtig ist, dass Sie

Ihre eigenen Inseln der Entspannung und Ruhe finden und diese als Ritual gezielt in den Alltag einfließen lassen.

Belohnungsrituale

Nicht nur die große Zielerreichung sollte gefeiert werden. Oftmals liegen Ziele so weit vor uns, dass wir zwischendurch vergessen, dass wir schon einiges erreicht haben. Auch hier sorgen Rituale für eine Musterdurchbrechung; sie schenken uns Kraft für die nächsten Schritte. Am Ende eines erfolgreichen Arbeitstages seinen Lieblingssong im Auto zu hören, nach einer gelungenen Präsentation ein Eis zu genießen oder am Ende einer guten Woche sich ein teures argentinisches Dry-Aged-Steak zu gönnen geben unserem Unbewussten das Gefühl, dass wir uns und unsere Leistung wertschätzen. Das schenkt Sicherheit.

Vorbereitungsrituale

Gerade wenn wir uns durch Berge von Arbeit wühlen müssen, um unserem Ziel näher zu kommen, helfen Rituale dabei, das Umfeld auszublenden und uns auf das Wesentliche zu fokussieren. Bernie Rodenkirchen arbeitete tagsüber für sein Unternehmen und büffelte dann jeden Abend unterm Dach für seine Pilotenprüfung. Ritualisierte Abläufe und die Wahl eines festen Ortes, verbunden mit einer täglichen Routine, die auch am Wochenende nicht durchbrochen wurde, waren wesentlicher Bestandteil einer erfolgreichen Lernstrategie. Leistungssportler schaffen es wohl nur mit täglicher

Routine, den inneren »Schweinehund« gar nicht erst bellen zu lassen. Sobald innere Widerstände durch eine wiederkehrende ritualisierte Handlung überwunden werden, lösen sie sich mit der Zeit völlig auf. Sie kennen das vom Zähneputzen. Wie war das damals, als Sie damit anfingen? Wie können Sie bestimmte zielführende Handlungen bewusst und regelmäßig in den Tag integrieren, dass sie so selbstverständlich werden wie Zähneputzen?

Zustandsrituale

Zu jeder Leistungserbringung gehört ein Zustand, aus dem heraus wir agieren. Auch hier lässt sich von Spitzensportlern lernen, die im Wettkampf auf bestimmte Rituale setzen. Bekannt sind zum Beispiel die Boris-Becker-Faust, Usain Bolts Pfeil und Bogen oder Cristiano Ronaldos seltsamer Pfauengang beim Freistoß.
Rituale befähigen uns, Spitzenleistungen auf den Punkt abzurufen. Die immer wiederkehrenden Schritte, ein bestimmter Song, Worte, innere Dialoge und die sich daraus ergebenden Routinen führen zu dem fokussierten Tunnelblick, den es für Spitzenleistungen braucht. Welche ritualisierte Routine können Sie nutzen, um auf den Punkt fokussiert zu sein?

(Tag-)Traumrituale

Im Eifer des Handelns verlieren wir häufig das Ziel vor Augen. Wir sind so sehr mit dem Was beschäftigt, dass wir das Warum vergessen. Schaffen Sie sich Inseln; werfen Sie bewusst Ihr Kopfkino an und schwelgen Sie in Ihrer Zielerreichung. Tauchen Sie ein in den »Als-ob-Zustand«. Was immer Sie als Ziel vor Augen haben – genießen Sie in Ihren Vorstellungen den Moment des Erreichens. Mit dieser Strategie ist Roger Bannister 1954 als erster Mensch die Meile unter vier Minuten gelaufen. Reines Kopfkino. Bernie Rodenkirchen hat sich jeden Abend ins Bett gelegt und sich vorgestellt, wie er als Berufspilot die großen Maschinen fliegt. Nacht für Nacht. Welche kraftvollen Bilder können Sie zu festgesetzten Zeiten am Tag auf den Punkt abrufen?

Rituale leben von der Wiederholung. Erst wenn sie durch eine gewisse Regelmäßigkeit fest in unseren Alltag integriert sind, entfalten sie ihre Wirksamkeit. Natürlich dauert das eine Zeit. Je häufiger Sie sich bewusst auf die wiederkehrende Handlung einlassen, umso stärker ist ihre Wirkung, gerade in stürmischen Zeiten. Das ist reine Trainingssache und kostet tatsächlich nur wenig Zeit. Lassen Sie Rituale gezielt in Ihren Alltag einfließen und spüren Sie, wie Sie Sicherheit, Stabilität, Ordnung und Kontrolle gewinnen.

Logbuch-Übung:
Positive Alltagsrituale

Positive Alltagsrituale sind eine persönliche Angelegenheit. Beginnen Sie auch hier mit dem ersten Schritt und entscheiden Sie sich für ein bestimmtes Ritual, zum Beispiel ein Entspannungs- und Ruheritual. Finden Sie einen Weg, der Ihnen entspricht, das Muster des Tages zu durchbrechen und sich regelmäßig in einen Ruhezustand zu versetzen. Vielleicht ist es der bewusst gegessene Apfel um 16 Uhr oder eine Entspannungsmusik auf dem Weg nach Hause. Verankern Sie dieses Ritual innerhalb der nächsten zwei

Wochen durch regelmäßige Wiederholungen. Erweitern Sie Ihre Handlungskontrolle durch weitere Rituale. Wie bei allem im Leben lohnt es sich, die Rituale von Zeit zu Zeit zu variieren.

10. Bleiben Sie offen für neue Wege und Strategien

Eines verbindet alle Helden in Mythen, Geschichten, Filmen und im wahren Leben: Früher oder später scheitern sie auch mal. In allen Rocky-Filmen geht Balboa im Kampf zu Boden. Das Entscheidende ist allerdings, dass er wieder aufsteht. Der Glasveredelungsproduzent Hermann Schüller stand gleich mehrfach vor dem Aus. Nicht weil der Erfolg ausblieb, sondern weil er zu erfolgreich wurde. In einem oligopolistisch geprägten Markt wurde der kleine David massiv durch den übermächtigen Goliath attackiert. Es gab jede Menge unfaire Schläge, die dem engagierten Jungunternehmer fast das Kreuz gebrochen hätten. Auch für Clemens Stübner war der Weg in die Selbständigkeit als Möbeldesigner nicht mit Rosenblättern verziert. Stefan Wentzels Schulprojekt in Kenia war alles andere als ein Selbstläufer. Im Februar 2013 brannten sogar zwei der vier Schulgebäude fast vollständig ab. Scheitern gehört zum Heldenweg. Und deshalb noch einmal in aller Deutlichkeit: Scheitern ist nichts anderes als eine wertvolle Lernerfahrung. Im Rubikonmodell bewegen wir uns in der vierten Phase, der Bewertungsphase. Sie erinnern sich: In der ersten Phase sind die Würfel gefallen, nur offensichtlich bringt der gewählte Weg Sie nicht näher an Ihr nächstes Ziel. Wenn Sie wissen, dass Sie die richtige Richtung eingeschlagen haben und dennoch das Ziel nicht erreichen, gibt es nur zwei Möglichkeiten. Entweder Sie haben sich trotz der richtigen Richtung für den falschen Weg entschieden, oder Sie haben einfach die falsche Strategie gewählt.

Ob Cäsar im Jahr 49 v. Chr. schon der Ansicht war, dass »alle Wege nach Rom« führen, ist nicht überliefert. Dennoch gibt es zur Zielerreichung immer mehrere Wege. Sollten Sie nicht weiterkommen, können Sie sicher sein, dass es einen anderen Weg gibt. Robert De Niro, Vidal Sassoon, Larry Flynt, Richard Branson und David Karp, der 2013 seine Blogging-Plattform Tumblr für eine Milliarde US-Dollar an Yahoo verkauft hat, sind allesamt in der Schule oder im Studium gescheitert. Trotzdem sind sie ihren Weg gegangen. Diese Lebenshelden sind Menschen mit Urteilsvermögen, und ihre Fehler haben ihnen geholfen. Echte Helden gehören also nicht zu den Menschen, die keine falschen Wege einschlagen. Echte Lebenshelden gehen konstruktiv mit ihren Entscheidungen um.

Zu dem konstruktiven Umgang mit dem Scheitern gehört auch die Überprüfung der gewählten Strategie. Manchmal sind Menschen auf dem richtigen Weg, befolgen jedoch die falsche Strategie. Wenn Sie heute im Hochsprung punkten möchten, können Sie natürlich an der Latte immer noch den Straddle springen. Deutlich höher kommen Sie mit dem Fosbury-Flop. Der Weg ist der gleiche, nur die Strategie an der Latte eine andere. Beißen Sie sich nicht an Strategien fest, sondern bleiben Sie in der Bewertungsphase offen für neue Ansätze, Ihr Ziel zu erreichen. Hier schließt sich der Kreis. Sollten Sie wirklich auf einer Zwischenetappe scheitern, dann beginnen Sie doch einfach wieder von vorne im Rubikonmodell. Seien Sie offen, realitätsbezogen und treffen Sie eine neue Entscheidung. Nicht mehr, aber bitte auch nicht weniger.

Logbuch-Check

- In der unbekannten Welt stellt sich der angehende Held den Prüfungen. Hier wird der Ruf lebendig. Das Leben gewinnt an Dynamik.

- Die einzelnen Prüfungen werden in Zwischenziele und Ziele aufgeteilt, die der angehende Held auf seiner Reise zu überwinden hat.

- Bei jedem Ziel durchläuft er die vier Phasen des Rubikonmodells. In der Vorentscheidungsphase erfolgt die Auswahl zwischen den möglichen Wegen. In der Planungsphase geht es um die Fragen nach dem Wann, Wie und Wo. In der Handlungsphase fokussiert sich der Held auf das Machen. In der letzten Phase, der Bewertungsphase, erfolgt die Analyse – auch des möglichen Scheiterns.

- Jedes Hindernis und jeder Gegenspieler auf dem Weg sind eine Prüfung für den Helden. An ihr kann der Held wachsen.

- Die Anforderung zur Veränderung liegt immer beim Helden. Durch bewusstes Hinterfragen lässt sich die Quelle des Mangels (Körper, Geist, Herz oder Seele) und damit der Entwicklungsbereich erkennen.

- Im Land der Prüfungen haben sich zehn Strategien bewährt, die Ihren Weg einfacher machen.

- Helden brauchen Energie. In einem gesunden Körper steckt ein handlungsfähiger Held.

- Planen Sie kurze anspruchsvolle Sprints und keine Marathons. Damit stiften Sie eine innere Unruhe, die Sie schneller ans Ziel führt.

- Formulieren Sie Ihre Ziele nicht nur S. M. A. R. T. – setzen Sie vor allem auf richtungszentrierte Ziele. Seien Sie bei Ihrer Zielplanung immer S. M. A. R. R. T.

- Echte Motivation entsteht immer von innen heraus. Das ist das Geheimnis des Heldenwegs. Die einzig sinnvolle Art der Motivation von außen liegt in der Veröffentlichung der eigenen Ziele. Das schafft eine Art soziale Kontrolle, die Sie beflügelt.

- Lernen Sie nach Möglichkeit immer von den Besten. Orientieren Sie sich bei Ihren Mitspielern an Katar. Die Quote lautet »3 von 750 000«.

- Suchen Sie sich Verbündete, die so ganz anders als Sie sind. Auch wenn Sie ihre Sprache noch nicht sprechen, lohnt sich der Einsatz doppelt und dreifach.

- Sorgen Sie gerade am Anfang der Heldenreise für eine schnelle Zielerreichung. Setzen Sie deshalb auf Bewährtes. Das stärkt Sie für die größeren Ziele.

- Sobald Sie in die Handlungsphase kommen, sollten Sie Ihre Handlungskontrolle stärken. Sieben Empfehlungen helfen Ihnen, nicht den Fokus zu verlieren.

- Positive Alltagsrituale sorgen gerade in stürmischen Zeiten und auf schwierigem Terrain für psychischen Halt. Sie verleihen Struktur, Ordnung und Sicherheit.

- Bleiben Sie offen für neue Wege und Strategien. Gerade das Scheitern gehört zum Abenteuerland und formt den Helden. Geben Sie nicht auf, bevor Sie neue Wege oder neue Strategien ausprobiert haben. Ihre Richtung stimmt!

15 DER HELDENMOMENT

Die Na'vi sagen, dass jeder zweimal geboren wird,
die zweite Geburt ist die,
wenn man sich seinen Platz im Volk
verdient hat für alle Zeiten.
Avatar – Aufbruch nach Pandora

Ihr Moment wird kommen. Jeder, der aufbricht, wird auch seinen persönlichen Schatz finden und sich auf unglaubliche Weise lebendig fühlen. Auch Sie werden am Ende bemerken, dass sich die Welt für Sie verändert hat. Christopher Vogler beschreibt das für einen fiktiven Filmhelden so: »Und du erkennst noch etwas: Du bist anders geworden. Ja, du hast dich verändert. Ein Teil von dir ist gestorben, etwas Neues ist dafür geboren worden. Du und die Welt, ihr werdet nie wieder das sein, was ihr einmal wart.«[1] In jeder Hollywood-Heldengeschichte gibt es diesen Moment. Kurz zuvor hatte der Protagonist noch dem Tod ins Auge gesehen und seine schwerste Prüfung durchlebt, und schließlich hat er seine Bestimmung gefunden.

Der Film *Mavericks – Lebe deinen Traum* erzählt die wahre Geschichte des kalifornischen Surfers Jay Moriarity, der bereits im Alter von 16 Jahren gigantische Wellen, die sogenannten Mavericks, ritt. Sein väterlicher Mentor Frosty lehrt ihn die »vier Säulen des menschlichen Fundaments« – Körper, Geist, Herz und Seele – in Einklang zu bringen, um die Welle auch tatsächlich reiten zu können. Der Film zeigt die Heldwerdung in beeindruckenden Bildern. Es ist nur ein kurzer Moment, in dem sich das volle Potenzial des jungen Surfers zeigt. Nachdem Jay seine erste Welle fast mit dem Leben bezahlt, stellt er sich erneut der gigantischen Herausforderung. Es ist der Augenblick, in dem Jay auf der Spitze der Welle steht und ein Fotograf diesen Moment des Heldwerdens festhält – ein Bild, das kurze Zeit später die Surfmagazine weltweit zieren sollte. Mythenforscher nennen diesen Moment Initiation, Individuation oder Selbstwerdung.

Gerade als Jay die Welle reitet, liest sein Mentor Frosty mit Blick auf die gigantische Welle einen Brief, den er kurz vorher von Jay bekommen hatte. Diese Zeilen bringen zum Ausdruck, worum es in jeder Heldenreise geht und warum genau dieser Moment so wertvoll für die Zuschauer ist.

Lieber Frosty,
in Wirklichkeit habe ich Angst.
Angst davor, dass ich meinen Vater nie wiedersehen werde und meine Mutter niemals glücklich sein wird.
Ich habe Angst davor, Kim zu verlieren, die die Liebe meines Lebens ist.
Und natürlich habe ich Angst, Dich zu verlieren.
Ich weiß nicht, was Du glaubst, wie Väter sich verhalten müssten, aber ich weiß jetzt, wie sie sein sollten …
Ich weiß, das klingt komisch, aber ich hatte immer das Gefühl, nicht lange hier zu sein. Und genau deswegen will ich diese Welle reiten.
Wenn ich erst einmal von ihrem Kamm nach unten sehe und sie erwische, werde ich eins mit ihr.
In diesem Moment werde ich spüren, dass ich am Leben bin.
Jay

»In diesem Moment werde ich spüren, dass ich am Leben bin«: Dieser Moment ist gerade gekommen, als sein väterlicher Freund und Mentor den fiktiven Abschiedsbrief liest. Was für ein Leben, wenn man am Ende seiner Reise alle Ängste überwunden hat, tiefe Liebe spürt, über sich hinauswächst und eins mit sich und der Welt ist …

Aus diesem Grund haben auch so viele Nicht-Surfer diesen Film gesehen, denn es geht erst in zweiter Linie um die Welle und vor allem um das Eins-mit-sich-Sein, den Kern jedes Helden. Wenn in unserem Alltag Körper, Geist, Herz und Seele zusammenfinden, dann reiten auch wir die Welle unseres Lebens und fühlen uns lebendig.

Dieser Moment bewusster Lebendigkeit kann in der Tat sehr kurz sein. Manchmal ist es nur der Hauch einer Sekunde, der durch unseren Körper fährt und uns bewusstmacht, dass wir gewachsen sind: Gerade bin ich über meinen Schatten gesprungen, gerade bin ich an meine Grenzen gegangen, gerade eben bin ich gewachsen, gerade eben bin ich ein Held geworden. Campbell nennt es den »Aufstieg in einen höheren Rang«. In Filmen tauchen die großen Symbole auf, damit auch der Zuschauer in der letzten Reihe begreift, dass soeben etwas Wertvolles passiert ist. Der Griff zum Schwert, das Töten des Drachen, das Reiten der Welle oder das Enthüllen des Geheimnisses des Heiligen Grals dienen zu nichts anderem, als diesen inneren Moment nach außen hin erlebbar zu machen.

Auch im wirklichen Leben sind diese Momente häufig nur ganz flüchtig. Als Axel Mitbauer am 18. August 1969 um 7:14 Uhr von einer Leuchtboje in der Lübecker Bucht auf ein Schiff gezogen wurde, war es »ein kurzer Moment innerer Freude«. Er hatte den Wettkampf seines Lebens gewonnen. Es war eine tiefgreifende Erfahrung, die von nun an sein ganzes Leben beherrschen würde.

Das Gleiche gilt für alle anderen Lebenshelden. Es ist ein kleiner Moment und ein großer Augenblick für die Selbstwerdung. »That's one small step for a man …« Der berühmte kleine Schritt, der erst einmal das eigene Leben verändert, um für die Welt ein besserer Mensch zu sein. Etwas ist passiert. Mehr Körper, mehr Geist, mehr Herz, mehr Seele … mehr Leben. Nur ein Moment, aber eine Weichenstellung für den Rest des Lebens.

Gerade weil dieser Moment häufig so minimalistisch daherkommt, gilt es, ihm mehr Bedeutung zu geben. Gestalten Sie ihn erinnerungswürdig – und zwar richtig. Jetzt dürfen Sie es erst einmal krachen lassen. Im Kleinen wie im Großen – im Leisen wie im Lauten. Was auch immer Ihnen näherliegt. Nur sollten Sie Ihren Moment auch wirklich auskosten. Geben Sie ihrem Wachstum bewusst Raum.

Sich selbst zu feiern und die eigene Entwicklung wertschätzend anzuerkennen fällt vielen Menschen schwer. Die Erfahrung aus vielen Coachings zeigt immer wieder, dass Menschen Herausragendes leisten, aber es verlernt haben, dies als bedeutsamen Entwicklungsschritt zu zelebrieren – mit Freunden, der Familie oder auch nur mit sich selbst. Das Schärfen des Bewusstseins, etwas erreicht zu haben, ist für die weiteren Wege eine der größten Ressourcen. Es tut gut, fördert Selbstbewusstsein und erschafft Selbstwirksamkeit. Nun steht man als Held da und darf sich den Rest des Lebens auch so fühlen. Und das spüren auch die Menschen um Sie herum – an Ihrem Schwung, Ihrer Ausstrahlung, Ihrer Lebendigkeit. Verstärken Sie diesen Moment. Schmälern Sie nicht Ihre Leistung, sondern nehmen Sie den Respekt vor Ihrer Entwicklung in aller Größe, Freude und auch gerne voller Bescheidenheit an. Je mehr Sie sich einen Raum geben, sich diesen wichtigen Entwicklungsschritt bewusstzumachen, umso mehr stärken Sie auch Ihr Selbstvertrauen. Denn Sie haben etwas geleistet. Sie können sich von nun an noch mehr vertrauen.

Christopher Vogler macht darauf aufmerksam, dass auf diesen großen Moment in Geschichten gerne eine Lagerfeuerszene folgt. Der Held und seine Verbündeten sitzen um das Feuer und schwelgen in Erinnerungen. Es ist eine Form der Besinnung, die deutlich macht, dass sich etwas Gewaltiges verändert hat. Mehr Sicherheit. Mehr Selbstwert. Mehr Bindung. Und so können auch Sie sich den Moment der Besinnung gönnen und auf das zurückblicken, was Sie geleistet haben. Mit Stolz, Wertschätzung und Selbstliebe. Das gehört zur Heldenreise unbedingt dazu. Nur keine falsche Bescheidenheit.

Jeder gute Fußballtrainer nutzt die Meisterschaftsfeier nicht nur, um vergangene Erfolge zu feiern, sondern vor allem, um die Identität der Mannschaft für die Zukunft zu stärken. Werden Sie wie Jürgen Klopp, Jupp Heynckes und die vielen anderen Meistertrainer zu einem echten Feierbiest. Sie haben für einen außergewöhnlichen Wettkampf sich selbst trainiert und das Zusammenspiel von Körper, Geist, Herz und Seele zur Vollendung gebracht. Das verdient Ihre ganz persönliche Meisterschaftsfeier. Lassen Sie es auf Ihre Weise krachen!

Vielleicht sind Sie überrascht darüber, dass gerade dieses Kapitel so überschaubar ist. Achten Sie einmal in Filmen darauf, wie viel Zeit die eigentliche Heldwerdung einnimmt. Im Endspiel einer Fußballweltmeisterschaft ist es dieser ganz kurze Augenblick nach dem Abpfiff des Schiedsrichters, der signalisiert, dass es die Mannschaft geschafft hat. Ab diesem Moment läuft zukünftig mit dem Gewinner immer der Weltmeister auf den Platz. Genauso ist es bei den Lebenshelden. Das ist der Moment.

Whitney Houston brachte diesen Moment für die Sporthelden der Olympischen Spiele in Los Angeles 1984 musikalisch auf den Punkt:

Give me one moment in time
When I'm more than I thought I could be
When all of my dreams are a heartbeat away
And the answers are all up to me
Give me one moment in time
When I'm racing with destiny
and in that one moment of time
I will feel, I will feel eternity.

Dies ist der Moment, in dem man spürt, dass man mehr ist, als man jemals von sich erwartet hat. Das ist der Moment für die Ewigkeit!

16 DIE RÜCKKEHR

Es ist eine witzige Sache, das Nach-Hause-Kommen.
Sieht genauso aus, riecht genauso, fühlt sich genauso an.
Du wirst realisieren, das, was sich geändert hat, bist du.
Der seltsame Fall des Benjamin Button

Reisen bildet; und auf jeder Reise verändern sich Menschen. Nur im Dorf bleibt alles gleich. Das liegt in seinem Wesen. Deshalb brechen Menschen auf. Nicht nur, um die Welt zu entdecken, sondern vor allem, um ein anderer, wirkungsmächtiger Mensch zu werden. Ihnen wird es nicht anders gehen. Axel Mitbauer, Thomas Geierspichler, Thomas Schneider, Stefan Wentzel und all die anderen Lebenshelden sind nicht mehr die Männer, die sie in der Vergangenheit waren. Sie haben sich gegen das Leben innerhalb ihrer Dorfgrenzen entschieden und waren bereit, einen Preis dafür zu zahlen, der letztlich viel höher gewesen wäre, wenn sie sich für eine Zukunft in sicheren Bahnen entschieden hätten. Pastor Zbiek ist mit seinen 87 Jahren ziemlich weit gereist, und sein Resümee lautet: »Was soll ich sagen, ich hatte doch ein schönes Leben!« Manche von den hier vorgestellten Männern sind noch mittendrin und unternehmen immer wieder kleine und große Heldenreisen – so wie Stefan Wentzel, der in Kenia jeden Tag mit Leidenschaft für seine Projekte kämpft. »Im schlimmsten Fall sind die Reserven aufgebraucht. Und das ist kein schlimmer Fall. Weil wir zwischenzeitlich Gutes gemacht haben.« Bernie Rodenkirchen drückt es mit Ende vierzig ähnlich aus: »Wenn ich jetzt sterben würde, täte mir das für meine Familie sehr leid. Aber irgendwie könnte ich auch entspannt den Löffel abgeben. Ich habe mein Leben ziemlich vollgepackt und mehr erreicht, als ich mir als Kind vorstellen konnte.« Es ist diese innere Sicherheit, die am Ende einer jeden Reise den Lebenshelden gut zu Gesicht steht.

In den großen Hollywoodfilmen schließt sich genauso wie in den antiken Mythen am Ende der Kreis. Der Held überschreitet noch einmal die Schwelle und kehrt oftmals zurück in sein Dorf. »In psychologischer Hinsicht geht es in dieser Phase um den Entschluss des Helden, in die gewohnte Welt zurückzukehren und dort anzuwenden, was er in der anderen Welt gelernt hat.«[1] Lebenshelden sind dankbar und wollen auch etwas zurückgeben; es zeichnet sie aus, dass sie ihre Erfahrung nutzen, um die Welt mit ihrem Schatz zu bereichern.

Echte Lebenshelden werden nach ihrer Rückkehr zu Mentoren. Sie teilen ihre Erfahrungen und führen dadurch nur das fort, was ohnehin in ihnen angelegt war und auf ihrer Reise entwickelt wurde. Deshalb ist die Rückkehr auch kein Akt der Aufopferung oder des Verzichts, sondern der einfachste Weg, Körper, Geist, Herz und Seele lebendig zu halten. Clemens Stübner, der heute als Professor für technische Grundlagen im Produktdesign täglich mit Studenten arbeitet, sagt: »Am wichtigsten ist mir heute, dass ich mit den Studierenden zusammenarbeiten und mich austauschen kann. Sie in gestalterischen Prozessen zu unterstützen, Materialien und Technologien kreativ einzusetzen – das erfüllt mich ungemein. Das ist nicht altruistisch. Ich belohne mich selbst damit.«

Stefan Wentzel, der mit seinem Team über tausend afrikanischen Kindern eine erstklassige Schulbildung ermöglicht, möchte vieles, nur nicht als »Wollsocken strickender Auswanderer« wahrgenommen werden. Allein schon aufgrund seiner Position ist er in der Rolle des klassischen Mentors, dennoch sieht er es pragmatisch: »Letztlich ist es Egoismus, der mich antreibt. Ich genieße es, hier im sonnigen Afrika dreimal die Woche Golf zu spielen. Ich genieße es aber mindestens genauso, Menschen zu helfen. Wenn ich die Lebensgeschichte eines jungen Menschen in eine neue, eine bessere Richtung lenken kann und dafür ein Strahlen bekomme, dann ist mir das mehr wert, als eine Rolex aus der Packung zu nehmen.«

Echte Lebenshelden verschenken sogar ihre Schätze und werden dadurch umso reicher. Der Glasveredelungsproduzent Hermann Schüller produziert an zwanzig Standorten mit fast 1500 Mitarbeitern nicht nur Edelglas, er entwickelt vor allem Menschen. Mit beeindruckender Leidenschaft spürt er Talente in seiner Belegschaft auf und sorgt dafür, dass sie entdecken, was wirklich in ihnen steckt. Und so ganz nebenbei führt er die Geschäfte der EWE Baskets Oldenburg, eines Basketball-Bundesligavereins, den er mit seinem Erfahrungsschatz bereichert. Altruismus? Helfersyndrom? Nein, ganz und gar nicht. Auch Hermann Schüller macht nur das, was er über die Jahre für sich selbst entwickelt hat. Das füllt ihn aus. Und nebenbei fliegt er seine Privatmaschine und genießt die Freuden eines erfüllten Lebens.

Der international renommierte Soziologe und Reichtumsforscher Thomas Druyen weist immer wieder darauf hin, dass sich diejenigen Menschen stärker gesellschaftlich engagieren, die sich den Erfolg selber erarbeitet haben. Die Erbschaft, der Lottogewinn oder die schlichte Unternehmensnachfolge sorgt in den seltensten Fällen für ein echtes Heldengen. Internationale Studien zum Stiftungsverhalten stützen seine Aussagen.

Wer mit offenen Augen durch das Leben geht, erkennt die Helden, die nach ihrem Reifungsprozess die Welt verbessern wollen. Selbst ein Mensch wie Stefan Raab, der jahrelang den musikalischen und talkenden Blödelbarden gegeben hat, ist an einem Punkt angekommen, an dem er mit seinem Wissen und seiner Erfahrung die TV-Welt ein bisschen besser macht. Seine Inszenierung um den Eurovision Song Contest, die gezielte Förderung musikalischer Talente und der Versuch, neues Politikfernsehen zu machen, ist nicht das Werk eines eitlen TV-Darstellers. Stefan Raab zeigt echte Mentorenqualität. Voller Willenskraft, beherzt und beseelt. Trotzdem verdient er damit seine Brötchen und gar nicht mal so schlecht. Aber das ist nicht sein primäres Motiv, denn Geld hat er längst genug.

Keiner der hier vorgestellten Lebenshelden hätte jemals gedacht, dass er so weit kommen würde. Das war ja auch nicht der Plan. Doch die Mythen und zahllose Romane und Filme lehren uns, dass das Leben für die, die aufbrechen, reiche Früchte trägt.

Axel Mitbauer entschied sich nach seiner erfolgreichen Flucht, an der Sporthochschule Köln zu studieren, und zog seitdem sechs Generationen von Leistungsschwimmern heran. Seine tiefgreifenden Lebenserfahrungen prägten seinen Stil als Trainer. Bei einem Treffen zeigte mir Mitbauer einen Brief, den er von einer Schwimmerin erhalten hatte. Es ist ein Brief, den nur echte Lebenshelden erhalten.

Lieber Trainer,
ich bin mir sicher, dass Sie mich am allerbesten ver-
stehen, wenn ich Ihnen diesen Brief schreibe, statt
mich persönlich bei Ihnen für die vergangenen

sechseinhalb Jahre zu bedanken. Ich wäre zu schnell
sprachlos.
Unglaublich, aber wahr. Ich möchte einfach noch
einiges loswerden. Wie ich es erwartet habe, fällt
mir der Abschied vom aktiven Schwimmen nicht
leicht. Fünfzehn Jahre sind eine lange Zeit. Ich den-
ke, es liegt daran, dass ich freiwillig und meistens
gerne zum Training gegangen bin. Würde mein
Herz entscheiden, dann würde ich wohl noch drei-
ßig Jahre ins Fächerbad watschen. Mein Verstand
sagt mir aber, dass jetzt die Zeit für neue Ziele ge-
kommen ist … Mit gutem Gewissen kann ich sa-
gen, dass die letzten sechseinhalb Jahre die schöns-
ten Schwimmjahre meines Lebens waren. Dazu
haben Sie einen großen Teil beigetragen.
Auch wenn ich denke, dass mein Herz fürs Schwim-
men schlägt, muss ich und jeder, der Sie jemals im
Training erlebt hat, neidlos anerkennen, dass Sie ein
Schwimmverrückter sind. Ihr Herzblut, die wahn-
sinnige Kompetenz und Ihr klarer Verstand machen
Sie für mich zum authentischsten Trainer über-
haupt.
Wahrscheinlich ist es Ihnen gar nicht mal so be-
wusst, dass Sie in den vergangenen Jahren wohl zu
den Menschen gehörten, die mich ziemlich geprägt
haben. Ich bin immer wieder beeindruckt von Ihrer
stets positiven Einstellung zum Leben, Ihrer Art,
auf Menschen zuzugehen, der Fähigkeit, das wirk-
lich Wichtige vom Unwichtigen zu unterscheiden,
Ihrer Menschenkenntnis, Ihrer berechtigten Selbst-
sicherheit gegenüber jedem Kritiker und Ihrer be-
wundernswerten Gleichgültigkeit gegenüber dem
Unnötigen. Danke für dieses Vorbild.

Wenn es heißt, es kann nicht nur Häuptlinge geben, es muss auch Indianer geben, dann war ich sehr gerne ein Indianer, einer, der mit Ihrer Hilfe sein persönliches Maximum herausgeholt hat. Danke dafür!

Um zum Ende zu kommen:

Danke, dass Sie nie böse waren. Danke für Ihre unzähligen dummen, aber sehr guten und wahren Sprüche. Danke für jedes liebe Wort und für jeden Ratschlag über den Beckenrand hinaus. Danke für jede Sekunde, die ich auch mal früher gehen durfte. Danke für das, was ich jetzt schon von Ihnen lernen durfte und jetzt noch lernen darf. Danke für das Gesamtpaket Trainer.

Es macht mich ziemlich stolz, dass Sie mein Trainer sind und immer bleiben werden.

Das Leben bietet einem unendliche Möglichkeiten, immer wieder auf die Reise zu gehen. Körper, Geist, Herz und Seele in Einklang zu bringen ist ein Spiel ohne Grenzen. Letztlich stellt sich die Frage, wofür wir uns entscheiden werden – für das sichere, stabile Leben im Dorf oder ein erfülltes Heldenleben? Für Stillstand oder persönliches Wachstum? Für Stabilität oder Weltverbesserung? Wenn Sie andere inspirieren, begeistern und bewegen, dann bereichern Sie nicht nur Ihr Leben, sondern werden gleichzeitig zu einem Vorbild. Jeder Mensch ist als Held zur Welt gekommen. Aufbruch, Veränderung und Wachstum wurden uns in die Wiege gelegt. Bereits als Babys haben wir unendliche Versuche unternommen, uns zum ersten Mal zu drehen, zu kriechen und dann aufzustehen. Und das alles ohne Belohnung von außen – einfach so, aus uns heraus. Das sind Augenblicke, in denen wir gelernt haben, dass die Welt von nun an eine andere sein wird. Augenblicke, in denen wir Handlungskontrolle, Selbstvertrauen und Selbstbewusstsein gewonnen haben. Das waren unsere ersten Heldenmomente. Danach waren wir in der Lage, selbst mehr zu geben, weil wir über uns selbst hinausgewachsen sind. Diese Momente sind auch später noch Teil unseres Lebens. Wir müssen sie nur lebendig halten.

Eine der größten Gaben, die wir Menschen haben, besteht darin, uns selbst hinterfragen zu können, den eigenen Weg zu erkennen und aus eigener Kraft zu handeln. Wenn wir es gleichzeitig lernen, die Prüfungen des Lebens positiv als echte Wachstumschancen zu begreifen, dann sind wir schon auf dem Weg zum Lebenshelden. Dann zeigen wir unser bestes Ich und machen die Welt »im Vorbeigehen« zu einem besseren Ort. Wie viel wertvoller wäre unsere Welt, wenn sich noch mehr Menschen wie Sie aufmachen würden, ihr Bestes zu suchen.

Deshalb möchte ich mich bei Ihnen bedanken. Danke, dass Sie diesen Weg gegangen sind. Ich hoffe, dass Sie die Mythen und Geschichten, die Filme und die Lebenshelden genauso begeistert haben wie mich. Ein ganz besonderes Geschenk in meinem Leben ist es, dass ich jeden Tag neuen Menschen bewusst begegnen darf – Menschen, die über sich hinauswachsen möchten. Sie sind Ansporn und Inspiration zugleich, denn nichts belebt mehr als die ansteckende Lebendigkeit von Menschen auf der Suche nach Veränderung.

In meinen Vorträgen, Seminaren und Coachings spreche ich gerne davon, dass meine Inhalte nur *eine* Wahrheit sind. Meine Wahrheit. Jeder Teilnehmer kann, darf und soll sich eine eigene Meinung bilden. Die Heldenreise ist auch nur *eine* Wahrheit, aber eine Wahrheit, die sich in allen Kulturen und auf allen Kontinenten bewährt hat. Das macht sie so faszinierend. Wir können uns gegen alles wehren, nur nicht gegen eine Wahrheit, die seit Jahrtausenden Bestand hat. Wenn Sie dieser Wahrheit folgen, können Sie sicher sein, dass sich Körper, Geist, Herz und Seele auf gute Weise entwickeln.

Auch wenn wir uns nicht persönlich kennen, bin ich mir sicher, dass Sie bereits auf Ihrem Weg sind. Ich freue mich, dass ich Sie ein wenig begleiten durfte. Erzählen Sie mir, wie es Ihnen unterwegs ergangen ist. Damit bereiten Sie mir ein Geschenk. Bis zu unserer nächsten Begegnung wünsche ich Ihnen von Herzen eine gute Reise!

WAHRE LEBENSHELDEN

Das *Logbuch für Helden* beruht zum großen Teil auf Begegnungen und Interviews mit wahren Lebenshelden. Ohne sie würde es dieses Buch nicht geben. Bei der Auswahl der hier vorgestellten Männer war mir wichtig, eine breite Lebenswirklichkeit darzustellen. Gleichzeitig wollte ich Ihnen Menschen präsentieren, die Sie vermutlich genauso inspirieren wie mich.

Wenn Sie auf Ihrer Heldenreise mit einem hochmodernen Privatjet zu einem Ziel in Europa fliegen möchten, dann wenden Sie sich ruhig an die Business Aircraft Charter (BAC). Ihr Geschäftsführer **Bernhard Rodenkirchen** wird Sie gerne überall hinfliegen.

Die Vorlesungen von **Prof. Dipl.-Des. (FH) Clemens Stübner** erleben Sie an der FH Aachen; sein Lehrgebiet: die technischen Grundlagen des Produktdesigns.

Das Leidenschaft von **Hermann Schüller** erleben Sie am besten in seiner Firma SEMCO, die Edelglasprodukte herstellt, oder am Spielfeldrand seiner Bundesligamannschaft, den EWE Baskets Oldenburg.

Die Kreativität von **Manfred Gotta** offenbart sich Ihnen in der Welt des Konsums an nahezu jeder Straßenecke. Und natürlich finden Sie ihn auch im Netz.

Thomas Geierspichler rollt mit seinem Rollstuhl erfolgreich von Turnier zu Turnier. Zwischenzeitlich hält er Vorträge und spielt auch immer besser Rollstuhltennis.

Thomas Schneider steckt mitten im Studium. Wenn Sie ihn als Hausarzt konsultieren möchten, müssen Sie noch ein paar Jahre warten.

Axel Mitbauer pendelt zwischen Sardinien, Karlsruhe und Basel. Dort finden Sie ihn mit großer Wahrscheinlichkeit im Trainingsanzug am Rand eines Schwimmbeckens.

Pastor **Herbert Zbiek** begegnen Sie mit seinen über 85 Jahren im Altenzentrum St. Bruno in Köln, entweder beim Gottesdienst oder in der Seelsorge.

Stefan Wentzel lebt in Kenia, gerne auf dem Golfplatz und noch lieber für seine vier Schulen, die über tausend Kindern und Jugendlichen eine erstklassige Schulbildung ermöglichen. Das Projekt wurde durch anerkannte Organisationen geprüft und ausgezeichnet. Die Leidenschaft, mit der das Projekt vor Ort geführt wird, ist beeindruckend und absolut förderungswürdig. Wenn Sie Gutes tun wollen, dann besuchen Sie www.mekaela.net. Diesen Lebenshelden gilt mein ausdrücklicher Dank – dafür, dass sie auf ihre Art mutig vorweggegangen sind und damit gezeigt haben, welche Möglichkeiten das Leben bietet, für die geteilte Lebendigkeit, die Zeit und die Inspiration. Vor allem bin ich dafür dankbar, dass ich ungeachtet der erlebten großen Bescheidenheit jedes Einzelnen ihre Geschichten hier erzählen darf.

Danke!

DANK

Ich habe dieses Buch geschrieben, weil ich in meiner Arbeit immer wieder erfolgreichen Menschen begegne, die auf der Suche nach dem »Mehr« sind. Ohne ihre Fragen hätte ich nicht versucht, Antworten zu finden. Deshalb danke ich neben den im Buch vorkommenden Lebenshelden allen, die mir in den letzten 15 Jahren in Vorträgen, Seminaren und Coachings ihr Vertrauen geschenkt haben.

Außerdem danke ich
- meinen Eltern Marthita und Sergio Gálvez, meiner Schwester Gloria und meinem Sohn Luis. Ihr schenkt mir Sicherheit, Herkunft und Zukunft.
- Greta Andreas, Robert Dilts, Deborah Bacon Dilts, Tom Andreas, Eva Wieprecht, Joseph Campbell, Christopher Vogler, Stephen Gilligan und meinen Lehrern in Los Angeles/Hollywood. Ihr habt mich für den Heldenweg begeistert.
- Christof Kaiser, Dr. Wilhelm Künsting, Prof. Dr. Lothar Seiwert, Martina Schmidt-Tanger, Rolf Witthaus, Marcus Richter, den Freunden und Experten aus dem Club55, den »Engelskirchenern« und allen Menschen, die mich durch ihre Freundschaft, Expertise oder Leidenschaft gefördert, motiviert und inspiriert haben.
- Matthias Klegraf und Dr. Patrick Krause. Der Austausch mit euch begeistert mich immer wieder neu.
- René Borbonus, Markus Hofmann, Slatco Sterzenbach und Bernhard Wolf. Es ist ein Geschenk, mit euch einer der www.keynoter.de zu sein. Ihr seid

meine ganz persönliche Aspire Academy und noch viel mehr.

- meinem Lektor Dr. Thomas Tilcher, der auch bei diesem Buchprojekt an meine Ideen geglaubt hat und mir dabei geholfen hat, meine Gedanken zu sortieren.
- noch einmal ganz besonders Greta Andreas und Bernhard Wolff. Ihr beide wisst, wofür.

Mein größter Dank gilt meiner Frau Nadine, die mich von der ersten Idee bis zur letzten Seite begleitet und ausgehalten hat. Du hast nicht nur mein Herz beflügelt – du »vervollständigst mich«.

ANMERKUNGEN

Der Heldenbauplan

1 C. G. Jung: *Psychologie und Religion*. Zürich/Stuttgart 1963, Bd. 11, S. 54.

2 Vgl. Christopher Vogler: *Die Odyssee des Drehbuchschreibers*. Frankfurt am Main, 2010.

3 Vgl. Bill Moyers/Joseph Campbell, *The Power of Myth*, hg. von Betty Sue Flowers. New York 1988.

4 Steve Jobs, Abschlussrede vor Studenten der Stanford University am 12. Juni 2005.

Der Heldencocktail: Dopamin, Testosteron & Co.

1 Gerald Hüther: *Männer. Das schwache Geschlecht und sein Gehirn*. Göttingen 2009.

Erfolgreich oder erfüllt?

1 Christopher Vogler, a. a. O., S. 173.

2 Joachim Hammann: *Die Heldenreise im Film. Drehbücher, aus denen die Filme gemacht werden, die wirklich berühren*. Frankfurt am Main 2007, S. 104.

Das Dorf: Ihre »gewohnte« Welt!

1 Eva Illouz: *Die neue Liebesordnung. Frauen, Männer und Shades of Grey*. Berlin 2013.

2 Ian Stewart/Vann Joines: *Die Transaktionsanalyse. Eine Einführung*. Freiburg i. B. 2000, S. 229.

Wasteland – Sex, Drugs und Rock 'n' Roll

1 T. S. Eliot: *The Waste Land – Das öde Land*. Berlin 2008.
2 Vgl. http://www.faz.net/aktuell/feuilleton/buecher/clemens-meyer-und-der-roman-im-stein-die-welt-ist-bunt-und-rot-und-stimmt-nicht-mehr-12 536 013.html
3 Christian Pfeiffer: *Gefährdet die Dominanz der Männer das Überleben der Menschheit?* In: *Der Rotarier* 4/2000, S. 17–22, hier S. 19.

Die Mentoren

1 Michael G. Zey: *The Mentor Connection: Strategic Alliances in Corporate Life*. Piscataway, New Jersey, 1991.
2 ZEIT ONLINE, Christian Ewers, 15. 01. 2004.

Die Schwellenhüter

1 Walter Isaacson: *Steve Jobs*. München 2011, S. 150 f.
2 Christopher Vogler, a. a. O., S. 124.

Angst und Furcht

1 Steve Jobs', Abschlussrede vor Studenten der Stanford University am 12. Juni 2005.
2 Dokumentarfilm *Man on Wire. Der Drahtseilakt*. Arsenal Filmverleih 2009.
3 Blaise Pascal: *Über die Religion*. Heidelberg 1963, S. 168.
4 http://www.wdr2.de/sport/klopp176.html

Das Land der Prüfungen

1 Das Rubikonmodell wurde von den deutschen Psychologen Heinz Heckhausen und Peter M. Gollwitzer entwickelt.
2 Steven C. Hayes u. a.: *Self-Reinforcement Effects: An Artifact of Social Standard Setting?* In: *Journal of Applied Behavior Analysis* 18 (3), S. 201–214.

Der Heldenmoment

1 Christopher Vogler, a. a. O., S. 306.

Die Rückkehr

1 Christopher Vogler, a. a. O., S. 325.

BIBLIOGRAPHIE

Bear, Mark F./Connors, Barry W./Paradiso, Michael A.: *Neurowissenschaften. Ein grundlegendes Lehrbuch für Biologie, Medizin und Psychologie*. Heidelberg 2009.

Biddulph, Steve: *Männer auf der Suche. Sieben Schritte zur Befreiung*. München 2010.

Bly, Robert: *Eisenhans. Ein Buch über Männer*. Hamburg 2011.

Borbouns, René: *Respekt! Wie Sie Ansehen bei Freund und Feind gewinnen*. Berlin 2011.

Brand, Heiner/Löhr, Jörg: *Projekt Gold*. Offenbach 2008.

Brandstätter, Veronika/Otto, Jürgen H.: *Handbuch der Allgemeinen Psychologie – Motivation und Emotion*. Göttingen 2009.

Campbell, Joseph: *Der Heros in tausend Gestalten*. Frankfurt am Main 1999.

Chopra, Deepak/Chopra, Gotham: *The 7 Spiritual Laws of Superheroes*. London 2011.

Covey, Stephen R.: *Die 7 Wege zur Effektivität. Prinzipien für persönlichen und beruflichen Erfolg*. Offenbach 2011.

Dilts, Robert B.: *Die Veränderung von Glaubenssystemen*. Paderborn 2006.

Dilts, Robert/Delozier, Judith/Dilts, Deborah B.: *NLP II – die neue Generation*. Paderborn 2013.

Dilts, Robert/Hallbom, Tim/ Smith, Suzi: *Identität, Glaubenssysteme und Gesundheit. Höhere Ebenen der NLP-Veränderungsarbeit*. Paderborn 2011.

Evslin, Bernard: *Götter, Helden, Ungeheuer. Die Welt der griechischen Mythen*. München 2011.

Frankl, Viktor E.: *Der Mensch vor der Frage nach dem Sinn*. München 2011.

Gálvez, Cristián: *Du bist, was du zeigst! Erfolg durch Selbstinszenierung*. München 2007.

Gálvez, Cristián: *30 Minuten Storytelling*. Offenbach 2012.

Geierspichler, Thomas: *Mit Rückgrat zurück ins Leben.* Wien 2011.

Gilligan, Stephen/Dilts, Robert B.: *Die Heldenreise. Auf dem Weg zur Selbstentdeckung.* Paderborn 2013.

Goldsmith, Marshall: *What Got You Here Won't Get You There.* New York 2007.

Hammann, Joachim: *Die Heldenreise im Film.* Frankfurt am Main 2007.

Hansch, Dietmar: *Evolution und Lebenskunst. Grundlagen der Psychosynergetik.* Göttingen 2004.

Häusel, Hans-G.: *Think Limbic! Die Macht des Unbewussten.* Planegg 2000.

Häusel, Hans-G.: *Brain View.* Freiburg 2012.

Höcker, Angelika: *Business Hero. Eine Heldenreise in 7 Etappen.* Offenbach 2010.

Hofmann, Markus: *Hirn in Hochform. So funktioniert Ihr Gehirn.* Wien 2009.

Hüther, Gerald: *Männer. Das schwache Geschlecht und sein Gehirn.* Göttingen 2009.

Isaacson, Walter: *Steve Jobs. Die autorisierte Biografie des Apple-Gründers.* München 2011.

Jones, Laurie B.: *Die Macht der Vision. Der Weg zum erfüllten Lebenstraum.* München 2003.

König, Eckard/Volmer, Gerda: *Systemisches Coaching. Handbuch für Führungskräfte, Berater und Trainer.* Weinheim und Basel 2003.

Kuhl, Julius: *Lehrbuch der Persönlichkeitspsychologie. Motivation, Emotion und Selbststeuerung.* Göttingen 2010.

Lay, Rupert: *Charakter ist kein Handicap. Persönlichkeit als Chance.* Berlin 2000.

Martens, Jens U./Kuhl, Julius: *Die Kunst der Selbstmotivierung.* Stuttgart 2005.

Mittermair, Franz: *Neue Helden braucht das Land. Persönlich-

keitsentwicklung und Heilung durch Rituelle Gestaltarbeit. Wasserburg 2009.

Neveling, Elmar: *Jürgen Klopp. Echte Liebe.* München 2011.

Radatz, Sonja: *Beratung ohne Ratschlag. Systemisches Coaching für Führungskräfte und BeraterInnen.* Wien 2008.

Rebillot, Paul/Kay, Melissa: *Die Heldenreise. Das Abenteuer der kreativen Selbsterfahrung.* Wasserburg 2011.

Rost, Wolfgang: *Emotionen. Elixiere des Lebens.* Heidelberg 2001.

Roth, Gerhard: *Persönlichkeit, Entscheidung und Verhalten.* Stuttgart 2012.

Rothermund, Klaus/Eder, Andreas: *Motivation und Emotion. Lehrbuch.* Wiesbaden 2011.

Rudolph, Udo: *Motivationspsychologie.* Berlin 2003.

Schäfer, Reinhold H.: *Wüstlinge. MännerQuest im Sinai.* Uhlstädt-Kirchhasel 2008.

Schmidt-Tanger, Martina: *Charisma-Coaching. Von der Ausstrahlungskraft zur Anziehungskraft.* Paderborn 2009.

Schwarz, Tony/Loehr, Jim: *Die Disziplin des Erfolgs.* München 2003.

Smart, Jamie: *Clarity.* Cornwall 2013.

Spitzer, Manfred: *Dopamin & Käsekuchen. Hirnforschung à la carte.* Stuttgart 2011.

Spitzer, Manfred: *Lernen. Gehirnforschung und die Schule des Lebens.* Heidelberg 2012.

Sterzenbach, Slatco: *Der perfekte Tag. Die richtige Energie zum richtigen Zeitpunkt.* München 2007.

Stewart, Ian/Joines, Vann: *Die Transaktionsanalyse. Eine Einführung.* Freiburg 2010.

Thomas, Peter H.: *Be Great.* Brentwood 2009.

Vogler, Christopher: *Die Odyssee des Drehbuchschreibers.* Frankfurt am Main 2010.

Voytilla, Stuart: *Myth and the Movies. Discovering the Mythic Structure of 50 Unforgettable Films.* Studio City 1999.

Ware, Bronie: *5 Dinge, die Sterbende am meisten bereuen*. München 2013.

Wolff, Bernhard: *Denken hilft. Frische Ideen für Gedächtnis und Kreativität*. München 2009.

Zey, Michael G.: *The Mentor Connection. Strategic Alliances in Corporate Life*. New Jersey 1993.

Cristián Gálvez

DU BIST,
WAS DU ZEIGST!

Erfolg durch Selbstinszenierung

Jeder Mensch stellt etwas dar, jederzeit. Wie wir die Bühne unseres Alltags betreten, bestimmen wir selbst: mit den Mitteln der Selbstinszenierung. Der erfolgreiche Moderator und Persönlichkeitstrainer Cristián Gálvez hilft uns dabei, die Methoden der Profis zu nutzen und in jeder Situation die beste Wirkung zu erzielen – von der Stehparty bis zum Vorstandsvortrag. Mitreißend und kompetent zeigt er, wie wir einen optimalen ersten Eindruck vermitteln und Menschen innerhalb kürzester Zeit für unsere Ideen begeistern, Souveränität und Glaubwürdigkeit ausstrahlen, körperliche und stimmliche Präsenz entwickeln, zielsicher Humor einsetzen und packende Geschichten entwickeln, die bei den Menschen Emotionen wecken.

Du bist, was du zeigst! ist eine Regieanweisung mit vielen praktischen Tipps für den perfekten persönlichen Auftritt. Cristián Gálvez liefert eine Fülle von Umsetzungsbeispielen und Anregungen, wie man die eigenen Potenziale entdeckt und erfolgreich ausspielt.

CRISTIÁN GÁLVEZ LIVE!

Motivierende Vorträge für Ihren Event-Erfolg

Cristián Gálvez bewegt und begeistert Menschen. Seine Referenzen lesen sich wie das „Who-is-Who" der Unternehmenswelt. Der mehrfach ausgezeichnete Referent sorgt für nachhaltige und emotionale Vortragserlebnisse: begeisternd, erfrischend und kompetent.

Beste Vortragsbewertungen durch:

- relevantes psychologisches Wissen
- intelligentes Infotainment
- Erfahrung aus über 6000 Präsentationen

Vortragsthemen, Firmenseminare und Referenzen finden Sie unter **www.galvez.de**

MACHEN SIE DEN HELDENTEST

Sie suchen noch mehr anregende Impulse für Ihre persönliche Heldenreise? Besuchen Sie **www.heldentest.de**